盛宣怀与"中国的十一个第一"

（修订版）

盛承懋 著

西安交通大学出版社
XI'AN JIAOTONG UNIVERSITY PRESS

图书在版编目（CIP）数据

盛宣怀与"中国的十一个第一"/盛承懋著. -- 修订版. -- 西安：西安交通大学出版社，2024.8
ISBN 978-7-5693-3801-0

Ⅰ.①盛... Ⅱ.①盛... Ⅲ.①盛宣怀（1844-1916）-传记 Ⅳ.①K825.3

中国国家版本馆 CIP 数据核字（2024）第 108293 号

书　　名	盛宣怀与"中国的十一个第一" SHENG XUANHUAI YU "ZHONGGUO DE SHIYI GE DIYI"
著　　者	盛承懋
责任编辑	李嫣彧
责任校对	蔡乐芊
装帧设计	伍　胜
出版发行	西安交通大学出版社 （西安市兴庆南路 1 号　邮政编码 710048）
网　　址	http：//www.xjtupress.com
电　　话	（029）82668357　82667874（市场营销中心） （029）82668315（总编办）
传　　真	（029）82668280
印　　刷	西安五星印刷有限公司
开　　本	720mm×1000mm　1/16　印张 19.5　字数 267 千字
版次印次	2024 年 8 月第 1 版　2024 年 8 月第 1 次印刷
书　　号	ISBN 978-7-5693-3801-0
定　　价	68.00 元

如发现印装质量问题，请与本社市场营销中心联系调换。
订购热线：（029）82665248　82665249
投稿热线：（029）82668525

版权所有　侵权必究

2016年4月6日下午1点30分,西安交通大学在兴庆校区主楼东侧举行交通大学创始人盛宣怀塑像揭幕仪式。西安交通大学校长王树国、党委副书记宫辉,盛宣怀后人盛承懋先生,塑像设计者贾濯非教授,西安交通大学常州校友会会长史新昆、天津校友会副会长谢乐成共同为盛宣怀塑像揭幕。

盛宣怀像揭幕仪式

"宇土茫茫,天风朗朗,西安交大,山高水长。"在慷慨激昂的诗朗诵《交大百廿赋》声中,盛宣怀塑像揭幕仪式正式开始。西安交大党委副书记宫辉主持仪式。

盛承懋先生向西安交通大学赠送盛氏宗谱

专程从苏州赶来参加揭幕仪式的盛承懋先生向西安交通大学赠送了盛氏宗谱。盛承懋先生随后回顾了盛宣怀创办南洋公学的感人故事,他指出,正是盛宣怀坚守"实业兴国"的理念,才能勇于探索,敢于创新,兴办实业,创办学府。盛承懋说:"西安交大西迁60年来,在教学、科研及人才培养等方面为国家作出了杰出贡献。作为盛宣怀的后人,我为西安交大感到无比骄傲和自豪。"他衷心祝愿西安交通大学在建设世界一流大学的征途中取得更辉煌的成绩。

王树国校长讲话

"一百二十年风雨征程,交大人饮水思源,致敬先贤,以激励我辈责任。"西安交大校长王树国说,饮水思源是交大的优良传统,学校先贤为民族复兴殚精竭虑之精神,是交大人宝贵的精神财富。王树国勉励交大师生肩负起使命责任,凝心聚气,团结一致,加倍努力,为国家、民族复兴,为人类历史进步贡献交大人的智慧与力量。王树国校长说:"希望交大学子秉承交大优秀传统,早日成为国之栋梁,希望在国家发展、人类进步的历史进程中都有交大人的身影。"

盛宣怀塑像高1.6至1.8米,站立高度约2.5米,材料为青铜,由西安交通大学人文学院贾濯非教授设计,由西安交通大学常州校友会、天津校友会联合捐建

西安交通大学规划与基建中心、后勤保障部、校团委、校史中心、校庆办等部门负责人,校友、师生代表参加揭幕仪式。

南洋公学创始人盛宣怀曾孙盛承懋

南洋公学创始人盛宣怀曾孙盛承懋(右二)、唐文治老校长之孙唐孝宽(左一)、彭康校长之子彭城(右一)和钱学森学长之子钱永刚(左二)齐聚西安交通大学建设世界一流大学誓师动员大会

2018年9月，天津大学党委书记李家俊（左一）会见盛承懋与夫人陈秀

盛承懋与天津大学宣怀学院师生合影

前言

今年（2016年4月27日）是我的曾祖父盛宣怀逝世100周年，我以此书的出版发行，表示对他的崇敬与纪念！

1840年之后，中国处在外国资本主义侵略下空前剧变的"非常之世"，盛宣怀是在"非常之世"中，奋力探索新的"非常之路"的人群中的佼佼者。

从19世纪70年代初到90年代中后期，在将近30年创办实业的过程中，盛宣怀先后涉足轮船、电报、矿务、铁厂、铁路、纺织、银行等关系到国民经济命脉的大型实业，这在当时中国的历史上是前所未有的。他意识到只有加快发展实业，才能使国力强盛。他走的是一条"创业"与"创新"的路、一条"实业强国"的路。

甲午战争失败后，盛宣怀进一步意识到要加快"实业强国"的步伐，必须"兴教强国"，培养中国自己的人才。为此，他先后创办了北洋大学堂（今天津大学）与南洋公学（今交通大学）。

通过创办实业的经历，盛宣怀开始意识到，中国社会的变革不能仅仅停留在经济领域，中国要走上自强之路，仅仅依靠科学技术的进步是不够的，还必须有政治上和法律上的进步。

一百多年前盛宣怀所从事的"创业"与"创新"，与我们当今举国上下掀起的"大众创业、万众创新"的伟大事业是无法相比拟的，但是，他那种勇于探索、敢于奋进的精神，仍然是我们应该提倡的。他的"创新观""教育观"和"人才观"，仍然可以被我们学习与借鉴；他的"创

I

新之道",仍然值得我们推崇。我们纪念他,就是要使当今"大众创业、万众创新"的事业,取得真正辉煌的业绩,为实现中国梦作出贡献!

华东师范大学夏东元教授是国内著名的研究清朝"洋务运动"的历史学家,他提出盛宣怀在历史上的贡献,有所谓"中国历史上的十一个第一",他的研究进一步转变了人们以往对清末那一段历史的评价。夏东元教授于1988年出版《盛宣怀传》,为后人了解盛宣怀及那个时代人们为"创业"与"创新"所作出的努力提供了资料。

著名学者、思想家王元化先生说:"盛宣怀所处的年代,是一个'转换'的年代,他所做的那么多的事情,是近代中国政治、经济、社会形态发生着变化的典型缩影。"

上海学术界、图书界于20世纪末、21世纪初花费了大量的人力物力整理出版了盛宣怀档案。王元化先生称,"盛档"的出版是一项具有现实意义与历史意义的文化工程。他说:"盛宣怀档案的价值,是其他档案不可比的。其存世数量之大,内容之丰,涉及面之广,罕有匹配。更重要的是,它对近代中国史和近代上海史,具有填补空缺的作用。"他评价其有"补史之阙,纠史之偏,正史之讹"的作用。王元化先生还说:"'盛宣怀档案'出版、研究工作的启动,是一项具有现实意义与历史意义的文化工程,可以使我国近代史研究进入新的阶段。"

我编写《盛宣怀与"中国的十一个第一"》一书的一个重要原因,是想为当今的企业家、创业者、创新者,提供一本比较通俗的读物,让他们了解一百多年前,中国第一代企业家、创业者所遇到的问题、所经历的艰难、所付出的代价。也许,他们可以从中得到一点启发。

历史上各个时代、各种权威、各种人物如何评价盛宣怀,这已经不是主要问题了。盛宣怀作为一个创业者、一个实业家,他不可能是一个完人,更何况,他本就处于腐朽没落的晚清时代。盛宣怀曾经在中国比较贫穷、薄弱的时候,对中国社会的发展起过一定的推动作用,我觉得这已经很了不起了。在这一点上,作为盛宣怀的后人,我感到无比的骄傲和自豪。后人之所以还在敬仰他、学习他,应该是认可了他曾经对社会进步起到过推动作用。

仅以我的这一本通俗读物，献给中国的企业家！献给中国的创业者、创新者！

盛承懋
2016年，元宵

修订说明

2016年，我应邀参加西安交通大学建校120周年暨迁校60周年校庆，以及交通大学创始人盛宣怀铜像揭幕仪式，亲身感受西安交通大学建校以来，在教学、科研及人才培养方面为国家作出的杰出贡献，我为西安交通大学感到无比的骄傲！

为了表示我对西安交通大学的尊敬与热爱，我将所写的书稿《盛宣怀与"中国的十一个第一"》送至西安交通大学出版社，在出版社领导与编辑的悉心指导、帮助下，该书如期出版发行，受到广大读者的欢迎！

《盛宣怀与"中国的十一个第一"》一书的出版发行，不仅使读者了解了盛宣怀的创新创业精神，知晓他在实业强国、教育兴国活动中对推动社会进步中所起的作用；也使广大读者、学校师生进一步关注到盛宣怀所创办的西安交通大学及其毕业生在改革开放、振兴中华的伟大事业中，所创造的无数个国内第一、世界第一，在创新创业活动中作出的令世人瞩目的成绩。由此，激励了许多青年学子以考上西安交通大学、上海交通大学、天津大学而自豪。从这个角度看，该书的出版发行，起到了一些积极作用，这也是使我感到欣慰的。

然而，不应回避的是，2016年所完成的书稿，是我第一次撰写盛宣怀传记方面的书籍，无论在史料的收集、内容的选择、文字的表述方面都存在不少欠缺，尽管花费了很大的努力，但是书稿还是略显粗糙。为此，我内心总是有些遗憾和不安。

从2016年至今，我一直没有停歇，也没有偷懒，先后撰写出版了《盛氏家族·苏州·留园》（文汇出版社）、《盛宣怀与湖北》（武汉大学出版社）、《中国近代实业家盛宣怀——办实业走遍天下》（天津大学出版社）、《盛宣怀与汉冶萍》（武汉大学出版社）、《盛宣怀与晚清招商局和电报局》（社会科学文献出版社）、《盛宣怀与近代中国高等教育》（武汉大学出版社）、《盛宣怀与近代中国金融和保险》（武汉大学出版社）、《盛宣怀与近代中国铁路建设》（武汉大学出版社）等书籍，通过持续学习研究，我在原先的基础上掌握了更为翔实的一手资料，对盛宣怀所从事的各项实业发生的时代背景、具体发展过程、取得的成效和影响，有了更进一步的认识，从而所写的书稿具有一定的理论性、前沿性、可读性。

在此基础上，我对2016年完成的书稿再次做了认真的阅读与思考，针对书稿各章节确定需要修改、补充、完善的内容，经过半年多的努力，完成了各章节的修订。与此同时，我在书稿的文字表述上也花费了一些功夫，希望经过修订后的书稿，能更好地反映盛宣怀在实业强国、教育兴国上作出的业绩，能进一步得到读者的认同。

2024年是中国近代著名实业家盛宣怀诞辰180周年，谨以修订后的书稿，表达对他的崇敬与纪念！

盛承懋

2022年11月4日

目 录

第一章　盛宣怀——中国近代著名的实业家
一、盛宣怀何许人也　•2
二、青少年时期的盛宣怀　•3
三、注重经世致用、善于观察研究　•6
四、经受金融、管理的历练，放弃"科举"之路　•8
五、进入李鸿章幕府，大展实业宏图　•10
六、抓住机遇，展开全方位投资创业　•11
七、晚年盛宣怀"故园独处，书画自娱"　•15
八、家族违背其意愿，为盛宣怀搞了一场"大出殡"　•16
九、盛宣怀的"十一个第一"指的是什么　•17

第二章　轮船招商局伴随了盛宣怀的整个实业生涯
一、轮船招商局产生的背景　•22
二、李鸿章对办轮船招商局的设想　•23
三、盛宣怀对办轮船招商局的主张　•25
四、"官督商办"下最早的股份制　•27
五、29岁的盛宣怀出任轮船招商局"会办"　•29
六、有利于企业发展的《轮船招商章程》　•30
七、轮船招商局并购美国旗昌公司的船产　•32
八、盛宣怀对轮船招商局加强科学管理　•35
九、盛宣怀因购买"旗昌"船产而受弹劾　•36

I

十、轮船招商局由盛宣怀唱主角　　•38

十一、盛宣怀任招商局督办后，加强保险事宜　　•39

十二、"商本商办"，股东大会行使权力　　•41

十三、轮船招商局开创了中国股票的发行与认购　　•42

第三章　起起伏伏，中国第一个勘矿公司

一、广济采煤，圆了盛宣怀青年时期的梦　　•46

二、采取可行性分析，为采煤作出决策　　•47

三、煤厂由"官督商办"改为"官本官办"　　•49

四、全力以赴，创办"湖北开采煤铁总局"　　•50

五、广济煤矿"官本官办"，以失败告终　　•52

六、办理荆门煤矿，仍然失利　　•53

七、在矿务实践中树立正确的人才观　　•56

八、在办矿热潮中，再次受挫　　•58

九、维护国家矿权，防止列强掠夺　　•59

十、维护国家利权的中国勘矿总公司　　•61

第四章　在与洋人争权中，创办中国电报总局

一、电报在中国产生的背景　　•66

二、19世纪70年代中国早期的电报活动　　•67

三、丁日昌——"中国电报第一人"　　•69

四、为办电报引起的胡、盛之争　　•70

五、盛宣怀办电报的思想与主张　　•71

六、盛宣怀力主电报局"官督商办"　　•72

七、历经250余天，津沪电报线架设全线竣工　　•75

八、重视电报专业人才的培养　　•78

九、"杀鸡儆猴"，夺回电报自主权　　•80

十、在全国架设电报线　　•82

十一、中国人必须牢牢抓住"德律风"的主权　　•83

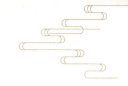

　　十二、19世纪90年代初苏州最早的住宅电话　•84
　　十三、一份值得后人拜读的奏折　•86
　　十四、盛宣怀与袁世凯为轮、电二局争斗　•87

第五章　中国第一个内河小火轮公司
　　一、盛宣怀倡议设立内河小火轮公司　•92
　　二、小火轮公司得到官商一致认可　•94
　　三、内河小火轮航运公司利国利民　•95
　　四、疏浚小清河，为开通内河航运创造了条件　•96
　　五、在全国范围推行内河小轮航运　•98
　　六、台湾最早的内河小轮航运　•99

第六章　中国第一个真正的钢铁联合企业"汉冶萍"
　　一、时代呼唤中国近代新型钢铁企业的诞生　•104
　　二、张之洞创办汉阳铁厂，翻开了近代工业史新的一页　•105
　　三、盛宣怀与张之洞在办铁厂上的分歧　•107
　　四、盛宣怀接办汉阳铁厂　•109
　　五、盛宣怀承办铁厂后抓的几件事　•110
　　六、萍乡煤矿开挖，解决了铁厂缺煤问题　•112
　　七、李维格领衔，闯过钢材质量关　•115
　　八、"汉冶萍"正式宣告成立　•116
　　九、汉冶萍公司对西方钢铁技术的移植　•118
　　十、汉冶萍公司对钢铁专业人才的培养　•120
　　十一、汉冶萍公司被誉为"东方的芝加哥"　•123
　　十二、第一部钢轨制造标准的产生　•125
　　十三、客观看待向日本的借款　•126
　　十四、辛亥革命之后的汉冶萍公司　•130

第七章 中国的第一家银行

一、盛宣怀青年时代的金融活动　•136

二、外国银行抢滩上海，"汇丰"风头十足　•138

三、盛宣怀借助汇丰银行击败了胡雪岩　•140

四、在烟台任上探索办银行、铸钱币　•142

五、盛宣怀欲创办中国人自己的银行　•144

六、中国通商银行曲折的诞生历程　•145

七、中国通商银行的用人之策与货币发行　•147

八、盛宣怀的金融思想与主张　•150

九、凭借冷静机智，化解假钞事件　•152

十、盛宣怀的铸币主张　•153

十一、新式民营银行纷纷诞生　•154

第八章 中国第一条铁路干线卢汉铁路

一、督办铁路，取得"专折奏事特权"　•160

二、卢汉铁路为什么成为清政府的首选　•161

三、卢汉铁路建设资金的筹措　•163

四、盛宣怀紧紧抓住"中权干路"不放　•165

五、"中权干路"将向南北东西伸展　•167

六、卢汉铁路的建造过程　•169

七、沪宁铁路的建设　•174

八、与主干线相关的部分支线的修筑　•177

九、因铁路而建功，因铁路而获罪　•180

第九章 中国第一所正规大学北洋大学堂

一、中国第一所正规大学的创设　•186

二、"实业强国"需要培养新式人才　•189

三、变法图强，以培养人才为先　•191

四、北洋大学堂办学的场地与经费　•193

五、北洋大学堂制定了成套的规章制度　　•195
　　六、北洋大学堂设置现代大学的课程体系　　•198
　　七、重视教师的选聘与招生质量　　•200
　　八、北洋大学堂开了中国高等教育的先河　　•202

第十章　中国第一所高等师范学堂南洋公学

　　一、南洋公学的创办　　•206
　　二、何嗣焜出任南洋公学首任校长　　•209
　　三、聘请福开森担任公学教务总长　　•211
　　四、创造性地提出一套全新的学制体系　　•213
　　五、南洋公学附设的"译书院"　　•216
　　六、为南洋公学寻觅人才不遗余力　　•219
　　七、南洋公学附设的"商务学堂"　　•221
　　八、轮、电二局积极为两校筹措经费　　•223
　　九、积极派遣留学生出国深造　　•226
　　十、为南洋公学的顺利办学鞠躬尽瘁　　•228
　　十一、盛宣怀与唐文治的交往与友情　　•231
　　十二、盛宣怀对南洋公学的贡献　　•233

第十一章　中国红十字会第一任会长

　　一、盛宣怀慈善思想的形成　　•238
　　二、淳朴的常州民风，起着潜移默化的影响　　•239
　　三、年少时的"逃难"生活，加深了对百姓疾苦的了解　　•240
　　四、"慈悲为怀"的思想铭记在心　　•241
　　五、直隶赈灾，增强了"担当"意识　　•242
　　六、"丁戊奇荒"，主持了一个地区的赈灾　　•243
　　七、以工代赈，受到社会各界赞赏　　•246
　　八、在天津筹建慈善机构"广仁堂"　　•247
　　九、历时三年，集资70多万两，解决山东小清河水患　　•249

V

十、勇敢地挑起了赈灾的重任　　•251
　　十一、出任中国红十字会第一任会长　　•254

第十二章　中国第一家私人图书馆
　　一、勤奋好学，与图书特有的情缘　　•258
　　二、盛宣怀与苏州藏书　　•259
　　三、出巨资，编刻《常州先哲遗书》　　•261
　　四、东渡考察日本图书馆　　•263
　　五、"愚斋"图书馆的落成　　•264
　　六、"盛档"是一座亟待挖掘的史料宝藏　　•266

附　录
　　曾祖父盛宣怀与北京"竹园"　　•270
　　曾祖父盛宣怀在苏州的故居　　•274
　　留园盛景长留天地间　　•277

参考文献　　•289

第一章

盛宣怀

——中国近代著名的实业家

一、盛宣怀何许人也

盛宣怀，字杏荪，又字幼勖；号次沂，又号补楼，别号愚斋，晚号止叟；另有思惠斋、东海、孤山居士等字号。1844年11月4日（道光二十四年九月二十四日）生于常州盛氏祖居。

盛宣怀的祖父盛隆生于1786年（乾隆五十一年）阴历正月初四，字树堂；号惺予，另号龙溪主人，晚号拙园叟。1810年（嘉庆十五年）科举乡试中举。先后任浙江安吉知县、浙江海宁知州。

盛宣怀的父亲盛康是盛隆的二儿子，盛康以父亲为榜样，于1840年（道光二十年）中举，不仅如此，他更是一鼓作气于1844年（道光二十四年）中了进士，获得封建社会的最高学历，先后任湖北粮道、武昌盐法道（分管粮食、食盐等物资），又候补浙江道，成为朝廷外派地方官员中的实力派。

盛宣怀的父亲盛康虽然是进士出身，但是却十分注重经世致用之学，这也深深影响了盛宣怀。尤为重要的是，盛康在湖北任职期间，正好是李鸿章在湖北奉命围剿太平军的时候。盛康为其操办后勤军务，李鸿章对其擅长理财、办理军饷的能力大加赞赏，这实际上为盛宣怀日后进入李鸿章的幕府创造了条件，也为后来盛宣怀兴办中国实业奠定了基础。

盛宣怀是中国近代一位著名的实业家。他靠创办洋务实业起家，并且很长时间内掌控着晚清时期的重要实业，如轮船招商局、中国电报总局、华盛纺织总厂、中国铁路总公司、汉冶萍煤铁厂矿有限公司、中国通商银行……这些开创性经济实体的创办和发展，为中国近代工业化奠定了基础。这些企业的生命延续了100多年，至今仍在产生影响。

盛宣怀不仅是一位实业家，也是一位教育家。他在探索经济实体创办和发展的过程中，深感发展教育（特别是高等教育）、培养人才的重要性，先后创办了北洋大学堂（即现在的天津大学）与南洋公学（即现在的上海交通大学、西安交通大学等），为发展我国高等教育奠定了基础。盛宣怀在中国近代实业发展史与中国高等教育发展史上的作用，是被历史公认的。

盛宣怀办实业的可贵之处，首先在于"敢为天下先"。在晚清那个年代，无论轮船、电报、矿务、铁厂、铁路、银行等，在中国都是全新的事情，国内没有任何可以借鉴的先例。尽管那时国外已经发展到一定的水平，但限于当时政治、外交、交通、信息、资金、科技、人才等多方面因素的制约，国内无法真正从外部得到帮助。但是他肯学习，善于发现与任用于实业、于工程技术有用的人才，这使得他的事业能够不断得以推进。其次是不怕困难。正如盛宣怀1912年在《送儿孙游学箴言》中所说的"我生平好为其难"，表达了他生平最喜欢迎难而上的精神。当时办实业遇到的情况是，一无资金、二无人才、三无环境，更不用说朝廷上下有一批保守派人士，随时都会冒出来攻击或弹劾，至于由于交通、通信、科技水平低下给创业带来的困难更是不计其数。因此，他的整个创业过程是十分艰难的，可以说没有这种精神是难以持之以恒的。最后是具有开阔的视野与胸怀。盛宣怀所创办的实业，之所以能涉及这么多领域、这么多地域，之所以他敢"铁厂、铁路、银行三者一手抓"，甚至在他年岁已高的时候，又把创办北洋大学堂、南洋公学和发展文化事业当作头等大事来办理，都与他有开阔的视野和胸怀密切相关，这是因为他心中有国家、人民，有对社会进步的期望。

二、青少年时期的盛宣怀

盛宣怀家族从盛宣怀的"六世祖父"盛时贤开始，经济上就有了初步的实力。盛时贤善于经商，生活相对宽裕，担任了其支的族长，组织、号召族人草修了《盛氏宗谱》。他激励子孙要奋发读书、获得科举功名。

盛时贤的孙子盛洪仁在家族兴旺过程中起了关键的作用。1772年（乾隆三十七年）盛时贤的儿子盛云瑞去世了，当时盛洪仁年仅25岁（其弟盛林才14岁)。盛洪仁通过经营典当行积累了一些钱财,并倾尽全力"抚幼弟弱妹以至成人,各以时婚嫁",而自己则终生未娶。他利用自己的能力,帮助同族贫穷的乡亲。不仅如此,他还在地方上修祠堂、置祠业、办赈捐。通过盛时贤、盛云瑞、盛洪仁(盛林)三代的努力,盛氏有了"经世致用,业精于勤"家风的雏形。

盛宣怀的祖父盛隆是盛林的长子,并成为盛洪仁的嗣子,盛洪仁在盛隆幼年时就为他聘名师教读。盛隆在盛洪仁、盛林的教诲下,刻苦努力,1810年(嘉庆十五年)应顺天乡试考中举人。之后盛宣怀的父亲盛康又先后中了举人、进士。盛氏家族到了盛隆、盛康这两代,开始进入常州地方精英之阶层,并形成了"经世致用,业精于勤"的家风。盛宣怀出身于这样富裕的家庭,耳濡目染,自然认为出任朝廷命官,或经世致用、投资理财是人生成功的优先之路。

盛宣怀从小便在常州入塾读书,前后10余年熟读孔孟经书。他聪慧好学,言谈举止十分得体,深受长辈及亲朋的喜爱,曾被长辈誉为"颖悟洞彻,好深湛之思",众人都认为其将来必成大器。

盛宣怀在年少时,就对穷苦人很有同情心。那时候,临近除夕,盛家附近的穷人家里揭不开锅,没钱过年,在家中啼哭。盛宣怀得知后,就拿了家里的钱和米送过去,以救他们的燃眉之急。

盛宣怀故居

由于盛康长年在外做官,年少的盛宣怀更多的是随母亲、祖父母生活。1850年冬,盛康在安徽和州做官,6岁的盛宣怀跟着母亲和祖父母前往和州。两年后,太平军逼近安徽,和州告急,他们只好返回老家。1856年,盛宣怀的伯父盛应出任浙江归安县令,接他们前去暂住,但不到一年,浙西又告急,他们只好再次返回故里。

少年时代的盛宣怀,尽管生活在动荡的环境下,但是在祖父盛隆的督促下,他在私塾认真读书。盛宣怀对学习充满兴趣,习字与作文是每天的必修课,由于用心与认真,他写得一手好字与好文章。他写的文章既没有空谈、八股的气息,也不是鸟语花香、酒色财气之作。因少儿时代对气象、生态、自然的好奇,以及对家族与亲戚邻里关系的关注,盛宣怀逐渐将视野拓展至社会的进步、民生的改善、国家的前途,他的文章的立意往往要高出同龄少年一大截。由于文字功底扎实,再加上他养成了写文章之前要先反复思考、明确主题、清晰纲目、打好腹稿之后,再动笔写就的习惯,这些成就了他日后草拟文稿,"万言立就"的好本事。

盛康虽然是进士出身,却十分注重经世致用之学,在急剧变化的时代里,盛康反对恪守教条,希望用经世致用的实学来治理国家和社会,经世致用之学奠定了盛宣怀走实业兴国之路的基础。

1860年2月,太平军攻破杭州城,盛宣怀的伯父盛应战死沙场,全家人充满了恐惧。不久,从镇江南下的太平军逼近常州,盛宣怀随祖父母逃往江阴长泾镇,之后又逃至苏北盐城。是年,盛康任湖北粮道,他不放心在苏北盐城的父母与儿子,就派人辗转东去把自己的家人接到湖北来生活。当时盛宣怀16岁,他便随祖父母从盐城到达南通,再由南通航行至宁波,经浙江、安徽、江西,辗转半年抵达湖北。路途十分艰辛,他们有时可搭上车马、便船,有时不得不靠双腿徒步。祖父母都已是七十五六岁的老人,16岁的盛宣怀便挑起了大梁,一路上肩扛手提、小心侍奉着祖父母,每到一处先想方设法为祖父母安排好吃住。经过艰辛的旅途,他们终于到达盛康的任处。

读万卷书不如行万里路。从江苏至湖北,横跨五省,长途的"逃难"生活,打破了盛宣怀平静的诵读孔孟经书的生活。这种颠沛流离的生活环境,使青少年时期的盛宣怀对当时社会的动荡、官吏的腐败、

第一章 盛宣怀——中国近代著名的实业家

底层百姓生活的艰难有了真切的了解；也萌发了他身体力行，要为国家、为百姓多做有益的事的想法。他开始意识到要改变国家落后的面貌，可能靠诵读孔孟经书是行不通的。沿途的山川平原、大江大河，各地百姓的生活习俗，帮助盛宣怀增长了知识与才干，扩宽了视野；同时也锤炼了他的意志。这为他日后的人生与事业发展奠定了基础。

青少年时代这一段"逃难"的经历，可以看作是盛宣怀整个实业生涯的一个"前奏"，使盛宣怀终生受益。他看问题，谈理想，已经不局限于一地一方，而是有了更远大的抱负。这段经历促使盛宣怀在办实业的过程中，不惜走遍天下。

三、注重经世致用、善于观察研究

盛宣怀的青年时代主要生活在湖北。湖北处于天下之中，武汉又地处长江中段，扼东西南北之咽喉，是当时太平军和清政府的必争之地。双方经过反复较量，湘军占了上风。湖北相继两任巡抚胡林翼、严树森在政治、军事等方面采取了一系列有效措施，掌控了湖北的局面。当时年少而颇有思想的盛宣怀，处于"军务吏治，严明整饬，冠于各行省"（见《愚斋》卷首，《行述》）的湖北，凭借父亲盛康同官场多方面的关系，他接触到了许多人和事，接触到了社会上的许多问题。对于善于思考、喜爱研究问题的盛宣怀来说，这对他早期思想的形成产生了很大的影响。经过在湖北这一特殊环境中的观察研究，盛宣怀至少形成了以下一些观念：第一，建立一支训练有素、装备精良的军队，无论对于抵抗外国势力侵入或维持社会稳定都是十分必要的；第二，军队必须有取之不尽的饷源，为此，必须采用开源节流等理财方法加以解决；第三，政府应创造条件让百姓休养生息，给人民出路。为此他初步意识到，欲使国家富强、社会进步、人民生活提高，应尽早兴办以西方先进科学技术为主要内容的实业。①

---

① 夏东元：《盛宣怀传》，四川人民出版社，1988，第4-5页。

盛宣怀在湖北期间，其父盛康由粮道改任武昌盐法道。但是，很快盛康在盐务上就遇到了一些麻烦。首先是两淮盐商向他禀报说："现在官军节节胜利，淮盐运输逐渐恢复，请求禁止川盐再入鄂省行销。"不久，四川盐商又禀呈："军兴以来，淮盐中断，若非川盐入鄂，后果岂堪设想。近年四川各井旺产，而销地有限，以致盐场存盐堆积如山……恳请大人准将鄂省列为川盐引地。"双方都要在新任盐道面前争夺湖北这一引地。

盛康做官十余年，应付上司同僚、处理民间事项，可以说驾轻就熟，然而对接手不久的盐政，却感到有些棘手。按照盛康以往行事的惯例，户部已有规定，湖北原是淮盐引地，应驳回川商的禀文，单独给两淮盐商颁发销盐凭证。但是，经了解川商已在湖北站稳了脚跟，井盐质地虽然不如海盐，但因运输成本低，很受省内盐栈的欢迎。如果就此驳回川商的禀文，不仅川商不同意，就是省内经销川盐的商人也不会愿意。

正当盛康举棋不定的时候，武昌周边的州县不时传来川、淮盐商为争夺地盘而引起争吵斗殴的消息，甚至发生了捣毁盐栈的事情。由于盛宣怀经常去文案房翻阅档案，并向师爷们讨教，他对如何解决川、淮盐商之争有了自己的见解，并私下草拟了一份"川、淮并行之议"的材料。盛宣怀通过查阅资料了解到，户部以往规定淮盐行销江苏、安徽等6省，都是人口稠密的省份；川盐行销四川、西藏、贵州、云南、甘肃等省，除四川以外，都是人口稀少之地。近年，四川井盐发展到24处州县，产量大增，原有引地消纳不了，自然而然转向邻近的湖北、湖南行销。前几年，受战事影响，淮盐时有时无，川盐弥补淮盐不足。因此，湖北成了淮盐与川盐共同的引地。

于是，盛宣怀建议父亲："为政者只可因势利导，切不可不顾时事推移、历史变化而固执于户部的原规定。"但盛康担心："户部规定乃由朝廷谕旨颁发，彰彰在案，谁人敢违？"盛宣怀又进一步举例："盐政上两处盐场同在一省行销，事例很多。就按户部规定，河南一省由山东、两淮、长芦三场行销；江苏、安徽由山东、两淮盐场行销；江西、湖南则为广东、两淮共同引地。"这表明，湖北将川、淮列为共同引

第一章　盛宣怀——中国近代著名的实业家

地，已不是先例。但盛康认为要变更规定，必须改变朝廷原来的谕旨，不是轻而易举的事。

盛宣怀对于巡抚胡林翼很崇拜，他深信将湖北定为淮盐与川盐共同的引地符合湖北的实际情况，会得到胡林翼的支持，建议父亲请求抚台出奏，向朝廷提出"川、淮并行之议"。如巡抚肯出面，定会受到朝廷重视。盛康随即禀请抚台转奏朝廷，准予将湖北列为淮盐和川盐共同行销的引地。历时半载，朝廷批复照准，川商欢天喜地，淮商亦无多大反应，盛康了却了一件心事。盛康按照儿子所提的想法，较好地解决了川、淮争引地的矛盾。于是，本来就很注重经世致用的盛康，越加勉励盛宣怀致力于"有用之学"。

盛宣怀在湖北期间，有一次看到一份《广济县禀禁开挖武穴煤山》的文件，注意到当地煤的蕴藏状况。1867年，盛宣怀已返回江苏，但由于湖广总督官文的保奏，盛宣怀于当年赴湖北广济考察那里的煤矿。那里交通比较方便，他又查看了地方志，"始知该山属官"。这次考察给他的印象很深，他清楚地认识到，煤矿就是财富，国家要富强是离不开它的，需要有人将它开采出来，尽管当时他没有能力去开采煤矿，但这为他日后在广济等地发展矿业，奠定了思想基础。

四、经受金融、管理的历练，放弃"科举"之路

1867年，盛宣怀的祖父盛隆去世，其父亲盛康从湖北盐道的任上返回常州。当时太平天国战争结束不久，常州一带的难民纷纷返回重建家业，却缺乏资金。时任江苏巡抚的李鸿章是盛康的同年，建议他开几家典当行、钱庄，定可赚钱。受祖上经营典当行、钱庄的影响，一向注重经世致用的盛康，对李鸿章的荐言深信不疑，他本因"丁忧"而赋闲在家，听了李鸿章的话，一回常州就带着盛宣怀积极筹办此事。

盛康到了苏州后与苏州怡园的园主顾文彬商议开办典当行的事宜。顾文彬是盛康在湖北盐道的前任，之后任浙江宁绍台道员，盛康"丁忧"之后也被派赴杭州，所以他们有许多共同语言。两人商议后又邀

请李鸿裔（官至江苏按察使，苏州网师园园主）、吴云（官至苏州知府，著名画家）等人合伙，在苏州、常熟开办典当行。1868年7月，盛家与顾文彬等人合伙的第一家典当行"济大典"在吴县（今苏州）开张，没想到生意好得出奇。

典当行刚办的时候，日常管理由盛宣怀与顾文彬的儿子顾承负责。经营一段时间之后，典当行的业务逐渐走上正轨，他们又在常熟办起了另一家典当行。

随着吴县、常熟的典当业务逐渐展开，从1869年起，盛宣怀又先后在江阴（当时江阴属常州府管辖）青阳南弄开设均大典当行、江阴西大街开设济美典当行、江阴城内南锁巷开设源大典当行，拥有资金20万两，时称江阴"盛氏三典"。盛宣怀也有了自己的"第一桶金"。

盛康、盛宣怀看出办典当行、钱庄是一种快速的生财之道，于是在常州、南京、江阴、无锡、宜兴、常熟等地办起钱庄、典当行。不到10年，盛氏旗下有钱庄、典当行30余家，盛氏私有账号"愚记"的资产高达数百万两白银。办典当行要融资，因此典当业的经营与钱庄是分不开的。盛氏家族于是又集资开起了钱庄。本钱和利润从钱庄流到典当行，又从典当行流回钱庄。

典当行、钱庄的盈利，不仅成了盛宣怀投资实业的创始资本，也成为他办实业过程中遭遇不测、出现亏损时的赔付资金。如湖北煤矿亏款，盛宣怀自认赔贴制钱一万串，这样连同垫用制钱六千四百二串二百六十七文。共赔一万六千四百二串二百六十七文，都是从家族的典当行、钱庄中支付的。

在当时的封建社会里，长辈们自然为盛宣怀选择了一条走科举成才的道路。1866年，盛宣怀与他的弟弟盛𩖿怀同在常州参加童子试，两人同时中了秀才。然而，盛宣怀走科举成才的路，却从此停滞不前了。1867年、1873年、1876年，盛宣怀前后三次参加乡试，均榜上无名，一时间他十分迷茫，找不到未来的去向。

盛康对于盛宣怀的教育培养与成才之路，一直坚持实事求是、因材施教的理念，注重经世致用之学。他不强求子女必须走自己走过的路，也不强求子女走大多数人认为"成功"的路。在当时的制度下,"科举"被认为是"唯一"通向成功的道路。盛宣怀的祖父盛隆走的是这条路,中了举,当了官;盛康走得更靠前一些,不仅中了举,还中了进士,然后再当官。对盛康来说,一开始他显然认为盛宣怀也应该走这条路的。事实上,盛宣怀最早也通过了乡童子试,但是之后三次乡试未过,只好从此意绝科举。在这个过程中,盛康既没有强求盛宣怀一定要在这条路上走下去,也没有责备盛宣怀。他发现盛宣怀的兴趣可能是在类似经济、管理这样一类的学问及运用上,所以他一方面鼓励盛宣怀自学经世致用之学;另一方面尽量让他接触社会实际,如让他在湖北参与处理实际事务,在苏州参与置业、房屋装修、经办典当行等,锻炼盛宣怀的实际才干。之后,他通过朋友帮助、举荐,让盛宣怀进入李鸿章幕府,找到了可以发挥、施展盛宣怀这方面才干的场所。

五、进入李鸿章幕府,大展实业宏图

1870年,盛康的老朋友杨宗濂随李鸿章西征进入陕西,不久又奉命调往直隶。在赶赴直隶之前,他感觉李鸿章身边缺少人手,于是就想到了盛康的儿子正闲在家中。由于他之前见过盛宣怀几次,在接触过程中对他十分赏识,认为盛宣怀是个难得的人才,办事精明能干,于是,他从千里之外写信给盛康,请盛康把儿子盛宣怀送出来。

1867年,盛隆去世,之后几年家中丧事不断;同时盛宣怀经历了几次乡试落榜,在家乡十分无聊。盛康接到老朋友杨宗濂的信后,下决心让盛宣怀出去锻炼锻炼。

盛宣怀初到李鸿章麾下的时候,正是李鸿章率军北上围剿捻军的紧张阶段,李鸿章让他担任"行营文案兼充营务处会办"(相当于机要秘书)的职位。由于盛宣怀办事事必躬亲,且实事求是、讲究实效、精明强干,很快就得到李鸿章的赏识,从此他扶摇直上,成为李鸿章手下的洋务大将。

盛宣怀为了发展实业,走遍大江南北。他的足迹遍及江苏、浙江、安徽、江西、湖北、湖南、山西、陕西、甘肃、河北、河南、福建、台湾、四川、山东、广东、广西、黑龙江、吉林、辽宁等20多个省份、200多个州县。可以说，他为创办与发展实业，走遍天下。

他一生勤奋努力，1872年，盛宣怀就参与创办了轮船招商局。1874年奉李鸿章"中国地面多有产煤产铁之区，饬即密禀查复""中土仿用洋法开采煤铁，实为当务之急"的旨意，赴湖北开发矿业。1882年，中国电报总局成立，全国20余个省份的电报线基本都是在盛宣怀的主持下架设的。此后，他更是在工商界频频出手，创办山东内河小火轮船航运公司，在上海创立华盛纺织总厂，1896年接办汉阳铁厂，改官办为商办。1897年1月中国铁路总公司成立后，盛宣怀主持纵贯中国南北铁路大动脉的卢汉铁路的修筑，同年创设中国通商银行，后来又组建亚洲最大的煤铁联合企业汉冶萍煤铁厂矿有限公司。此外，盛宣怀一生竭尽全力组织赈灾，从事慈善事业，是功德无量的历史人物。

从1870年至1910年，盛宣怀差不多平均每三年就要创办一项新的事业，或承担一项新职，而且他一贯事必躬亲、讲究实效。盛宣怀虽然办了很多大事，做了高官，但是他所有来往的文书、奏章、信函，都是亲自动手，不喜欢请人代笔。正式的公文通常要起草三稿，多则五稿。那时候文稿都是用毛笔写的，每写一稿，都要花不少时间，晚上所点的油灯、蜡烛，比起现在的电灯亮度差多了，经常半夜12点多他还在操劳。

盛宣怀于18岁（1862年）娶妻成家，先后育有八儿八女，使盛氏家族得以枝繁叶茂。从此盛氏家族不仅在中国近代史上占有一席之地，而且其影响还扩展到了世界各地。

六、抓住机遇，展开全方位投资创业

盛宣怀奉李鸿章之命，最初投身于轮船、矿务、电报等创业活动。通过招商局、电报局招股的成功，盛宣怀不仅掌握了招股运作的步骤和方法，而且增强了投资信心与规避风险的能力。盛宣怀深信：创业所挣得的钱财，不应该窖藏起来，而应该通过投资等方式，让它流通增值。这不仅对经济发展起促进作用，也是致富的捷径。当然，盛宣怀清醒地认识到：投资创业风险是很大的，在从事轮船、矿务、电报等不到10年的时间中，他屡次受到参劾、弹劾，遭受赔偿、降职等处分；但这也是投资创业者必须面对的。在接下来的10多年中，盛宣怀开始了全方面的投资，并取得了一系列的成功。

1882年6月，盛宣怀受北洋大臣张树声的委托，率矿师池贞铨和委员冯庆镛赴烟台查勘铅矿，以备制造铅弹。随后，盛宣怀又派有办矿务经验的冯颂南、张逸卿、池贞铨、林日章及英国矿师马利生等人一起到辽宁金州骆马山等地去勘查，并积极着手筹办成立矿务局。1882年9月，金州矿务总局正式成立，盛宣怀任督办，聘郑观应为总办，负责招集股份。招股预定的目标是20万两，没有多少天，就完成了目标。盛宣怀也投入了资金，成为股东（后因将金州矿务局的款项挪到闽、粤电报线路建设上去，受到弹劾）。

1883年，世界经济危机波及中国，年中，轮船招商局会办徐润投资房地产和股票失败，无法偿还22家钱庄100多万两白银，导致招商局股票大跌。当年11月，李鸿章派盛宣怀对招商局进行查处，委以"妥筹整顿、定立规条、认真率循、禀候核办"的重任。1885年8月1日，李鸿章委派盛宣怀为招商局督办，调唐廷枢办理开平矿务。此时的徐润也因投机地产而被清政府革职。盛宣怀趁低价大量购进招商局股票，成为招商局举足轻重的大股东。由于经营管理措施得当，招商局逐渐走向正轨，经营形势转危为安，并很快得到发展，招商局的股票由当初的50两涨至100至200两之间。

自1880年秋，盛宣怀担任中国电报总局总办始，截至1898年底，将近20年的时间内，中国电线架设遍及黑龙江、吉林、辽宁、内蒙古、北京、天津、河北、河南、山东、山西、陕西、甘肃、上海、江苏、安徽、江西、湖北、湖南、浙江、福建、广东、广西等东部、中部20多个省，几乎遍及大半个中国，这大大提升了中国通信近代化的水平，也迅速增加了电报的收益。

1886年初，仁和与济和两家保险公司召开董事会，经协商，决定将仁和、济和合并为"仁济和保险公司"，本金100万两，并重新推举8名董事。盛宣怀作为大股东亲笔拟定了《重订仁济和保险章程》十条，正式将两家保险公司合二为一，它就是全新的"仁济和保险公司"。1886年2月8日，仁济和保险公司正式开门营业。

1886年6月，经盛宣怀批准，动用招商局附属仁济和保险公司资金30万两，投资开平矿务局，限定分年带利归还。这是中国保险有史以来第一笔投资企业的实例，也是盛宣怀与唐廷枢的进一步合作。这表明盛宣怀不仅进行个人投资，而且开启了机构投资。

1886年，李鸿章委任盛宣怀接手收购烟台缫丝局。盛宣怀以3万两白银彻底收购了总理盎斯手中持有的40%的股票。烟台缫丝局完全成为华商控股和经营的企业。收购完成后，盛宣怀在给李鸿章的信函中这样写道："烟台缫丝局之设可以使东省野茧仿制洋丝，倍价销售。"

1887年2月，在李鸿章支持下，中国第一家内河小火轮航运公司在山东烟台创立，盛宣怀担任督办、马建忠担任会办，独资经营300吨的"广济号"轮船运输，小火轮开始在烟台、龙口、登州之间通航。盛宣怀在长江及沿海的航运之外，开辟了内河航运。

1888年9月10日，经过盛宣怀的努力，"台湾船合于招商局，盛保十年无人另树旗帜"。李鸿章意："暂由招商局代理数月，试看盈亏，再与台抚刘铭传商定分合。招商局搭股二万，盛自搭股一万。"内河航运除在山东开启之外，又先后在广东、广西及台湾等省发展。

1890年10月，仁济和保险公司将公积金30万两，投资上海机器织布局。这表明盛宣怀已涉及纺织行业的投资。

1892年7月，盛宣怀欲于上海机器织布局之外另设纺纱分局，此时，盛刚赴天津任职，不可能亲自筹办，便与办事能力较强的江西盐商朱鸿度合作，在上海筹建纺纱分局。8月，朱鸿度到上海调查，见棉纱市场价飞涨至每包65两，因此认为，纱厂办得愈早愈好，而订购机器是最迫切的任务。朱因资金不够，向盛宣怀报告。盛提出采用双方各筹一半的方案，帮助他解决了资金的难题。

第一章　盛宣怀——中国近代著名的实业家

1893年10月19日，一场意外的大火使李鸿章倾尽14年心血一手创办的上海机器织布局付之一炬，损失白银约70万两。

11月26日，盛宣怀"奉到规复上海机器织布局札委"。为了加快筹建新厂，他将筹款计划分为两个阶段：先募集资金50万两，安装纺纱机70台，纱锭25000枚，先行纺纱；再筹集资金100万两，订购织布机1000张，纺纱机100台，在原有的基础上建一个大厂。资金筹集除官方的20万两外，主要通过仁济和保险公司和盛宣怀名下的钱庄来提供。至1894年2月5日，"筹本百万，已有就绪"。

1884年12月，李鸿章、吴大澂等人奉旨筹划架设中朝电报线事宜。1885年6月22日，盛宣怀拟定了具体的架线方案，同意贷款10万两（该贷款实际上是从轮船招商局借贷，最终共贷20万两）。1885年年底，架线工程全部竣工。这表明轮船招商局的投资活动，已涉及国外。

中日甲午战败后，1895年7月19日，光绪皇帝提出救亡图存的六项"力行实政"，把修建铁路置于首位。1896年10月20日，盛宣怀奉命"以四品京堂候补督办铁路总公司事务"，并被授予"专折奏事特权"。盛宣怀顺势而为将"铁厂，铁路，银行一手抓"，进一步拓展了投资创业的范围。

可见，投资理财对盛宣怀的创业成功起到决定性作用。盛宣怀后来在谈到家族钱财对他投资创业的作用时，曾说："……（盛宣怀）家素有富名，实不自今日始。同治丁卯（1867），李文忠督两江，即命故父招股开张公典三十余家，以便劫后穷民。癸酉（1873）创轮船，庚辰（1880）创电报，即替出典当首先入股……故乡田园，浙广别业，多属旧物，班班可考。今为汉厂、萍矿集巨资，不得不招摇过市，以取众商之信。"（《盛宣怀致岑春煊函》，见《盛宣怀实业函电稿》下册，792页）

作为一位投资创业者，盛宣怀在晚年曾说："至责其（指盛宣怀）化私意而出公理，其所谓私者，创轮船与各洋商争航路；开电政阻英、丹海线不准越中国海面；建纱布厂以吸收洋纱洋布之利；造京汉以交通南北干路；恢张汉冶萍，以收钢铁利权；他人坐享海关道大俸大禄贻之子孙，我则首先入股冒奇险而成兹数事。私乎公乎？……试问天下有十个盛杏荪，实业便有数十件。可惜天下人才莫不鉴其吃亏，苦太甚，俱各援以为戒。竟无一人肯步其后尘！"（见盛档，盛宣怀：《寄孙中丞（慕韩）函》，宣统二年三月二十九日）

七、晚年盛宣怀"故园独处，书画自娱"

1902年10月24日（九月二十三日）盛康去世，盛宣怀带着妻妾儿女回到苏州留园（1876年阴历四月初一，盛康在苏州买下园林"寒碧庄"，修葺后更名为留园）为父亲奔丧，并为父亲"丁忧"守孝。当时盛宣怀已是工部左侍郎，因是朝廷重臣，他不可能在苏州逗留过长时间。之后，留园成了盛宣怀在京、津、沪等地奔波途中难得小憩的驿站，也是他在官场、商海中受挫时休养生息的后花园。1906年，他因办汉冶萍公司与张之洞意见相左，就流露出"俟得替人可以接手，即当寻桃源入山，惟恐不深矣"。

随着朝廷摇摇欲坠、宦途频频浮沉，加之老年丧子的痛楚，盛宣怀在治事余暇，颇寄情于金石书画，亟以此道遣怀。除了为筹备"愚斋"图书馆操心之外，他也多了一点休闲的心境。留园西部缘溪行一带的桃源意境，似乎是为盛宣怀"不欲知秦汉以后事"的心境而特意营构的。此时，盛宣怀也有了一些时间，因此布置留园的园丁更加悉心地伺候园中的花草，以致后山上的花草长得更加鲜艳、茂盛，颜色一度超过20种。有时，他也会让家人带着小辈一起到留园游。有一次，盛宣怀看着园中盛开的鲜花，突然很有兴致地以鲜花盛开或果树结果的时间，给四个孙女（长子盛昌颐的孩子）取名，分别为蓉宝、菊宝、茶宝与橙宝。

盛宣怀对"留园三峰"（冠云峰、瑞云峰、岫云峰）尤其喜爱，每次到留园休闲，都会在冠云楼内品茶，并观赏"留园三峰"。他的四子盛恩颐结婚生子之后，盛宣怀为三个孙女（四子盛恩颐的孩子）分别取名为冠云、瑞云和岫云。

1911年10月，清王朝将盛宣怀作为替罪羊革职，当年12月他流亡日本。1912年10月，盛宣怀从日本返回上海。晚年他创办"愚斋图书馆"，从苏州等地的藏书楼购置大量珍贵的藏书，了却了他一生，特别是青年时代对图书的情怀。盛宣怀希望自己像父亲盛康那样，晚年在净土（指留园）中参悟人生，寻求超脱。1913年，他在给友人的信中说："归国后故园独处，书画自娱，如梦初醒，不欲知秦汉以后事。"

苏州留园冠云峰

八、家族违背其意愿，为盛宣怀搞了一场"大出殡"

1916年4月27日，盛宣怀在成就了他一生的事业之后，在上海静安寺路的老公馆里安详地离开了人世。

盛宣怀一生十分辛劳，生活并不奢华，经常会想到穷苦百姓。盛宣怀在晚年曾说："平生最致力者实业而外，惟赈灾一事。"辛亥革命后他隐迹上海，值各省兵戈、旱潦，仍力疾任筹义赈，及江皖水利各端。即病榻呻楚中，每口授函电，措拨款项。易箦前二日，犹命筹备黑龙江赈需。

盛宣怀生前曾遗命"僧衣薄殓"，然而家族违背了他的意愿，按当时最大的排场和规矩，为他举行厚葬。按照家乡的风俗，要将他的棺椁停放在家中一年半后，第二年冬至1917年12月31日（十一月十八日）才举办出殡仪式——这成了一次不是国葬而胜似国葬的"盛典"！

出殡队伍从盛家老公馆出发，先是仪仗队，中为灵柩，后为送葬队伍。盛宣怀的灵柩上盖着红缎绣花大棺罩，上缀合金顶；杠夫六十四名，均从北京雇来（据说他们曾为慈禧太后抬过灵柩），步伐极为齐整。送葬队伍三人一辆马车，整个队伍从静安寺路、南京路折入广西路、福州路，直达外滩，蜿蜒三五里地之遥。除了自家亲戚朋友，还有招商局、汉冶萍、电报局、慈善机构的队伍，浩浩荡荡，走了整整一下午。

出殡队伍所路过的街道，沿途各界均设有路祭棚、路祭桌、茶桌、看台等。所到之处，人山人海，热闹非凡。沿途旁的旅馆、茶肆、饭店和一般的店铺、游乐场所，更是乘机大做生意，排好座位，收取座位票。沪宁、沪杭铁路的客车生意也出奇兴隆，车票出售一空，车厢拥挤不堪，挤满了特地赶到上海来观看大出殡的江浙游客。

由于排场盛大，队伍杂长，工部局决定用巡捕队为出殡队伍开道，并维持沿途的安全。电车公司也暂停沿途电车行驶，以免路途堵塞，引起混乱。当天下午1点，英、美总巡捕麦高云即命令巡捕房派出通班。中西各捕房分赴各路弹压。总巡捕房除派印度马巡，驰往主干道护送外，还选通班中西各捕，沿途巡护，确保安全，以防滋扰。

盛宣怀的灵柩在轮船招商局金利源码头停放了几天，1918年1月6日（阴历十一月二十四日）才用船送至苏州。灵柩运到苏州码头后，又有隆重的迎送仪式。在乐队和吹鼓手的吹打声与家族的啼哭声中，灵柩送至留园义庄。

生前盛宣怀也有过到苏州留园养老的念头，但事实上他一生忙于事业，没有那么多机会到留园休憩。作为他的后人，考虑到盛宣怀在世的时候没有真正在苏州留园好好休息过，过世后想让他在留园停歇下来。1920年4月9日（二月二十一日），盛宣怀的棺椁由一支庞大的船队运到老家的墓地——江阴马镇名为老旸岐的墓园安葬。

九、盛宣怀的"十一个第一"指的是什么

在中国近代史上，盛宣怀作为洋务运动中一个十分重要的人物，被后人誉为"中国近代企业的开拓者""中国的实业之父"；有人评价"中

国近代化第一阶段中创建起来的主要近代工矿交通运输和金融企业，大半通过盛宣怀之手"。盛宣怀创办的实业对中国近代经济社会的发展起到了重要的引领与推动作用。

华东师范大学教授夏东元，是国内著名的研究清朝"洋务运动"的历史学家，他提出盛宣怀在历史上的贡献，有所谓"中国历史上的十一个第一"。他的研究进一步转变了人们以往对清末那一段历史的评价。陈立夫也认为"凡为国家社会立德立功立言者，虽一时不为人所知，然终必为人所了解而追念者，称之曰三不朽，盛宣怀公为一例也"。

夏东元教授认为，盛宣怀创办了中国第一个民营股份制企业轮船招商局、第一个电报局中国电报总局、第一个内河小火轮航运公司、第一个钢铁联合企业汉冶萍厂矿有限公司、第一家银行中国通商银行、第一个铁路总公司并修建了第一条铁路干线卢汉铁路（京汉铁路）、第一所近代工科大学北洋大学堂、第一所高等师范学堂南洋公学、第一个勘矿公司、第一家私人图书馆，同时他还是中国红十字会第一任会长，这些成就共同开创了中国历史上的"十一个第一"。

盛宣怀出生在鸦片战争刚刚结束的年代，在他出生的前两年，清政府与英国签订了《南京条约》，在他出生的当年，清政府又与美国、法国分别签订了《望厦条约》与《黄埔条约》；那一年，也是洪秀全领导的拜上帝教成立的一年。在民族矛盾与阶级矛盾日益激烈的日子里，他经历了外国势力的侵略，看到了清廷的摇摇欲坠。他力图通过借鉴、运用西方先进的科学技术来发展中国的实业，旨在使国家富强，增强抵御外国入侵的能力，从而改善人民生活，让人们过上更安逸的日子。他在发展实业的过程中最先想到的是交通与通信的重要性，所以他将轮船招商局与内河小火轮航运公司的创立，铁路的修建及邮政电报的创办等事业放在优先位置。他深知要发展交通与通信，必须有强大的工业作为支撑，而矿业是其基础，因此，他十分重视煤、铁与各种金属矿的勘探与开采。与此同时，他也抓住了钢铁与纺织这两大关乎国计民生的关键产业。此外，他意识到这些产业都与金融息息相关，因此他又创办了中国第一家民营银行。面对发展实业的需要，他进一步认识到，不注重教育（特别是高等教育）与人才培养（包括图书馆与红十字会等），是无法保障实业发展的质量与进度的。因此，他积极投身这些领域，为中国近代化进程贡献自己的力量。

盛宣怀的认识是随着他的实践不断提升、不断扩展的。当然，受到历史时代的局限，教育与家庭背景的限制，以及来自各方的压力与阻力，他所从事的实业，与今天国家的发展与成就是无法比拟的。

但是，我们仍然应该客观公正地予以评价。盛宣怀曾经在中国比较困难的时候，对中国社会的发展进步起过一定的推动作用，这就很了不起了。后人之所以还在敬仰他、学习他，应该是看到了他对社会进步的奠基作用与推动作用。

第二章

轮船招商局伴随了
盛宣怀的整个实业生涯

一、轮船招商局产生的背景

19世纪中叶，西方列强大举入侵中国，第一次、第二次鸦片战争之后，英、法等西方列强通过与清政府签订一系列不平等条约，强迫清政府在我国沿海与长江开放通商口岸，攫取庞大的水运利权。外国轮船日益增多，航行于沿海与长江内河，揽载客货之外，漕粮亦归其运输，获利甚丰。中国的江海航运权开始被外国势力垄断。

19世纪50年代末，少数华商亦涉足外资航运业。由于华商行船不但要交纳捐税，还须支付厘金，于是他们索性与外人结盟，各图所求，采取"诡寄经营"的方式。当时国内轮船悬挂着洋旗，逃避税收的现象相当普遍。

外国航运势力的入侵，一方面摧残破坏了中国的木帆船航运业，同时又孕育着中国新式航运业。19世纪40年代到70年代，中国新式航运业经历了漫长的孕育过程，经过数十年的艰苦探索，遭受了无数次的挫折与失败，终于找到了中国兴办航运业的途径，即创办轮船招商局。

中国封建社会千百年的官粮运输，主要是依靠水道运输的，这种运输方式被称为"漕运"，这样官粮亦被称为"漕粮"。清政府当年征收漕粮的主要省份有山东、河南、安徽、江苏、浙江、江西、湖北、湖南八省，以江南六省所征漕粮为主。

漕运有一整套完整的制度和相应的管理系统，盛宣怀的家乡常州历来是漕粮的主要承担地区，在江南首屈一指。据历史记载，为了漕运，常州专门成立了漕运队伍。1724年（雍正二年），武进全县共有漕船120余艘，停泊在西门城外永丰里西大王庙一带（西仓）和东门白家桥一带（东仓）。1826年（道光六年）武进、阳湖两县，派出定沙船89艘，县仓库共雇驳船231艘，装运漕粮90000余石。然而由于黄河屡次决口，从1826年起，清政府决定将漕粮的运输方式由以往主要依赖内河运输，改为以海运为主，这样促使了沙船业的繁荣。①

随着外国航运势力的入侵，利润丰厚的运输漕粮业务逐渐被外国轮船抢走了。国内一些有识之士，也想自己创办轮船公司，夺回厚利。如1862年商人吴南昌等人欲购4艘轮船以参与漕粮运输，但由于受到阻力，最终未能实行；1868年道员许道身、候补同知容闳请求政府劝谕华商购置轮船，除参与漕运之外，兼揽客货。两江总督曾国藩、江苏巡抚丁日昌都予以支持，但公文转了一圈，最后还是无法成行。

19世纪60年代，江南机器制造总局和福州船政局两家造船企业相继成立，但由于管理不当，制造成本又昂贵，清政府投资已入不敷出。1872年初，大学士宋晋趁机发难，奏请朝廷裁撤这两家企业。主张与反对办中国新式轮运的两派之间展开了一场剧烈辩论，经过长达半年之久的争论，以曾国藩、李鸿章、沈葆桢、左宗棠等为代表的洋务派占了上风。当年3月，由于曾国藩突然病故，创办中国新式轮运的任务，自然落到了经过周密思考、作出缜密筹划的李鸿章头上。

1872年12月23日，李鸿章上书奏请清政府试办轮船招商局，三天后，同治皇帝批准设立轮船招商局。1873年1月14日，官督商办的轮船招商局在李鸿章的主持下于上海洋泾滨永安街正式成立。

二、李鸿章对办轮船招商局的设想

1872年12月23日，李鸿章向清廷奏呈《论试办轮船招商折》，提出"为派员设局招商试办轮船，分运来年江浙漕粮，以备官船造成雇领张本"，充分表明李鸿章认为"创办招商局，试办轮船"是一件史无前例、与国计民生有关的大事。

奏折中提出："若由官设立商局招徕，则各商所有轮船股本必渐归并官局，似足顺商情而张国体。拟请先行试办招商，为官商浃洽地步，

---

① 季全保：《寻访老常州》，南京大学出版社，2012，第34-35页。

俟机器局商船造成，即可随时添入推广通行。江浙沙船只日少，海运米石日增，本届因沙船不敷，诸形棘手，应请以商局轮船分装海运米石，以补沙船之不足。将来虽米数愈增，亦可无缺船之患……"（见李鸿章《试办轮船招商折》，同治十一年，以下同），从中可见，李鸿章强调招商局应该"由官设立"；试办轮船招商是"顺商情而张国体"的大事。同时，再次说明"试办"招商局是可行的。

奏折中又提出："请照户部核准练饷制钱借给苏浙典商章程，准该商等借领二十万串，以作设局商本，而示信于众商，仍预缴息钱助赈，所有盈亏全归商认，与官无涉。"即李鸿章为支持创办招商局，提出由清政府借给招商局二十万串"以作设局商本"，作用在于"示信于众商"，强调要交利息，并且"所有盈亏全归商认，与官无涉"。

奏折中还提出："饬拨明年海运漕米二十万石，由招商轮船运津。其水脚耗米等项，悉照沙船定章办理。至揽载货物，报关纳税仍照新关章程办理，以免借口。"即李鸿章为扶持招商局，下令调拨漕粮20万石，由招商局承运，具体要求都做了明确规定。

奏折中特别指出："目前海运固不致竭蹶，若从此中国轮船畅行，闽沪各厂造成商船，亦得随时租领，庶使我内江外海之利，不致为洋人占尽，其关系于国计民生者，实非浅鲜。"此处，李鸿章充分阐明了"试办轮船招商"的重大意义和所寄予的期望。

李鸿章创办轮船招商局的根本目的是推行洋务实业，实现"强兵富国"的政治抱负。他的具体设想如下。

第一，必须将"漕运"的利权掌握在中国企业手中。外国航运势力入侵，使原先国内承运漕粮的沙船业迅速衰落，漕粮运输事关国计民生，如何解决因沙船业衰落导致的漕运困难，成为清政府亟待解决的难题。创办轮船招商局，可以使漕运困难迎刃而解。

第二，先收回部分航运权，振兴民族航运业的发展。航行于沿海与长江内河的外国轮船日益增多，除揽载客货之外，部分漕粮亦归其运输，所获利润极高，一般的沙船无法与之抗衡，创办轮船招商局，建立自己的航运企业，有利于收回部分航运权。

第三，要加快发展新式造船业，国家需要商船与兵轮。面对宋晋发难要朝廷裁撤两家造船企业的时候，李鸿章认为"国家诸费皆可省，惟养兵、设防、练习枪炮、制造兵轮之费万不可省"。创办轮船招商局，可以使两家造船企业在制造兵轮的同时兼造商船，解决暂时的财政困难，促进发展新式造船业。

第四，抵御部分华商"诡寄经营"，保障国家税收。创办轮船招商局，可以将原先依附于外国公司名下的部分华商资本吸引到轮船招商局来，遏制他们继续采取诡寄经营的方式，防止部分华商偷税漏税。

李鸿章的设想，影响着轮船招商局最初几十年的发展历程。

三、盛宣怀对办轮船招商局的主张

1870年5月，盛宣怀入李鸿章幕府，深受李鸿章的器重。当时盛宣怀认为中国要实现强盛，最迫切的任务是发展资本主义工商业。他向李鸿章建议用建造商船所得的资金作为军队建造兵轮的费用，他的意见被李采纳。1872年，沿海和长江航运已被英、美两国的航运公司垄断。为了争夺在航运领域的权益，盛宣怀建议李鸿章创办中国轮船招商局。1872年4月，李鸿章命盛宣怀策划轮船招商局。为此，盛宣怀草拟了《轮船章程》，这是轮船招商局的第一个章程，也是盛宣怀办理轮船航运的开始。

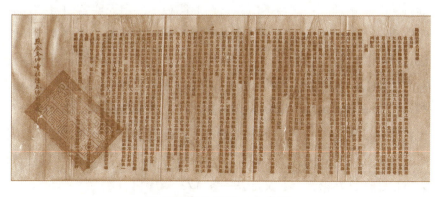

轮船招商局的第一个章程

盛宣怀在草拟的第一个章程的序言中说:"伏思火轮船自入中国以来,天下商民称便,以是知火轮船为中国必不能废之物。与其听中国之利权全让外人,不如藩篱自固……今人于古人尚不甘相让,何夷狄之智足多哉!"他在序言中又说:"中国官商久不联络,在官莫顾商情,在商莫筹国计。夫筹国计必先顾商情。倘不能自立,一蹶不可复振。试办之初,必先为商人设身处地,知其实有把握,不致废弛半途,办通之后,则兵艘商船并造,采商之租,偿兵之费。息息相通,生生不已。务使利不外散,兵可自强。"(见盛档,盛宣怀:《上李傅相轮船章程·序言》,同治十一年)

这些充分表明了盛宣怀对办理轮船航运的认识与主张:(1)创办先进的轮船航运,有利于国计民生,是社会发展进步的需要,是"必不能废之物";(2)中国轮船航运业的利权,不能"全让外人",而应收回自办,必须掌握国家航运的自主权;(3)洋人能办好的事,中国人也一定能办好,洋人之"智"未必"足多",应勇于创办并经营好轮船公司;(4)办好轮船航运之后,可以"采商之租,偿兵之费",为军队提供充足的经费,可增强国家的军事实力。

盛宣怀为轮船招商局所拟的第一个章程,即主张轮船招商局"商本商办",这在当时是符合资本主义工商企业经营要求的,然而这个主张并不符合李鸿章"官督商办"的原则。李鸿章在1872年12月23日给总理衙门关于建立中国轮船招商局的文书中,仍明确坚持"官督商办"的基本理念:"目下既无官造商船在内,自无庸官商合办,应仍官督商办,由官总其大纲,察其利弊,而听该商董等自立条议,悦服众商。"

然而,官办轮运是不可能持久的。盛宣怀清醒地认识到,官办轮运,单靠运输漕粮,不揽载客货,起不到与洋商争利的作用;官办轮运,也很难使商股存于自己的名下,尤其很难使已经依附洋商者转而依附自己。尽管清政府拨款20万串以"示信于众商",但还是难以得到商人的信任。官办轮运,不仅无法联络商人,更顾不了商情。

1873年春,李鸿章指派盛宣怀为轮船招商局重新起草章程。盛宣怀又接受了李鸿章"饬议章程"的任务，他在这次所拟章程的条目中，明确提出了"委任宜专""商本宜充""公司宜立""轮船宜先后分领""租价宜酌定""海运宜分与装运"六款内容，充分体现了盛宣怀"筹国计必先顾商情"的观念，尤其贯穿着他"为商人设身处地"着想的思想。

四、"官督商办"下最早的股份制

1872年10月，受李鸿章令，朱其昂带着他的弟弟朱其诏到上海筹建"轮船招商官局"。朱其昂原为宝山的一个富裕家庭的子弟，因为个头矮小，年少的时候经常受乡里欺负。但他志向远大，决定要干一番大事业。未满二十岁的他便倾其所有与人合伙在上海十六铺开南北洋贸易，每年出海三次，积攒下万把两银子。后与人拆伙，和弟弟朱其诏省吃俭用，订造了大沙船。

李鸿章在《论试办轮船招商折》中，对朱其昂等"试办轮船"有这样的评价："朱其昂承办海运已十余年，于商情极为熟悉，人亦明干，当即饬派回沪，设局招商。迭据禀称，会集素习商业、殷富、正派之道员胡光墉（胡雪岩）、李振玉等公同筹商，意见相同，各帮商人纷纷入股。现已购集坚捷轮船三只，所有津沪应需栈房、码头及保险股份事宜，海运米数等项，均办有头绪，并禀经臣咨商江浙督抚。"李鸿章在奏折中，一一细数朱为创办招商局所做的工作，并给予充分肯定，向朝廷举荐朱其昂办理轮船招商局事务。

盛宣怀与朱其昂办理轮船招商局的主张既有相同之点，又有不同之处。朱其昂说："现在官造轮船，并无商船可领，稔知在沪殷商，或置轮船，或挟资本，向各口装货贸易，向俱依附洋商名下，若由官设商局招徕，则各商所有轮船股本，必渐归并官局。"（见《交通史·航政编》，第1册，140页）从中可以看出，朱其昂将依附洋商名下的华商轮船股本招徕的见解与盛宣怀的主张是相同的；但是盛宣怀对朱其昂要将这些招徕的资本逐渐"归并官局"的主张是不赞同的。因为这与他一贯强调的"筹国计必先顾商情"的观点是相悖的。但是，一开始盛宣怀的观点并没有被李鸿章、朱其昂所认同。

1873年1月14日，轮船招商官局正式开始营业，朱其昂专门制定了《轮船招商局条规》28条。朱其昂本意是想从政府那里领取资金，"官本官办"，但是清政府拿不出那么多钱，只有10万两作为官股，朱其昂、朱其诏兄弟各10万两，李鸿章5万两；再向民间筹集一部分资本。所以说轮船招商官局，是洋务运动中由军工企业转向兼办民用企业、由官办转向官督商办的第一个股份制企业。营业之初，招商官局有轮船4艘，以及一项运输江浙20万漕粮的专利权。

但是，资金问题并没有得到解决，招商官局第一期计划招股100万两，但正式开局之后，筹得开办资本仅18万余两，其中官款12.3万余两，即商局从户部拨借直隶练饷局存款制钱20万串，借款期限为3年，年息7厘，扣除预缴利息和手续费等，实际收到18.8万串，折合规银12.3万余两。

朱其昂负责招商，他试图说服浙江富商胡雪岩带头入股，但是没有得到响应。上海商人担心"官督"之下，商股权利无法得到保障。至1873年4月，朱其昂只筹集到1万两的现款和10万两的认购承诺。

朱其昂对于经营新式轮船业务并不在行，由他经手购买的4艘轮船，"伊敦"号"船大而旧"，"福星"号"舱通而小"，其他2艘也不大合用，"而购价反较洋行新造之头等好船尤贵"[①]。此外，受官局衙门作风影响，招商官局管理不善，滥支浪费现象十分严重，创办不到半年，便已亏损4万余两。果然，轮船招商官局开办时间不长，就筹议改变官办的局面。

其实，由朱其昂任总办（或称督办）的轮船招商官局，也还不是一个真正的"官督商办"的企业，而是如朱其昂为其所定的"轮船招商官局"这一名称所示，是一个官办企业。

由于招募商股不成功，于是，李鸿章决定将轮船招商官局的运营

---

① 中国史学会主编《中国近代史资料丛刊：洋务运动（第6册）》，上海人民出版社，1962，第6册，第38页。

模式改为官督商办,并从名称中去掉了一个"官"字。

五、29岁的盛宣怀出任轮船招商局"会办"

1873年7月,轮船招商官局改为轮船招商局。9月9日(七月十八日),李鸿章签署了一份文件——《札饬盛宣怀入局》。这是一份委任状,任命29岁的盛宣怀出任轮船招商局的"会办"(相当于副总经理),兼管漕运、揽载。这是继之前任命唐廷枢出任"总办"(总经理)、朱其昂留任"会办"之后,第三个到位的高管。一个月后,李鸿章又任命徐润担任"会办"。至此,改制后的轮船招商局形成了由唐廷枢、徐润、朱其昂、盛宣怀四人组成的领导班子。其中,唐为外资洋行背景,朱为漕粮北运代表,盛为李鸿章代表,徐为具有买办背景的国内工商业主代表。

唐廷枢既有管理经验,又有资本和人脉。李鸿章请其出马,接手轮船招商局,就是看中其丰富的资源。徐润15岁那年就随其叔父、著名买办徐荣村到上海,进入英商宝顺洋行当学徒,此时他已在商海里打拼了20年,也有了相当的积累和成就。唐廷枢与徐润均为广东香山(今中山)人氏。朱其昂在盛宣怀年仅12岁(1856年)时就已经开始从事海运,后来成为沙船行业的"大鳄",在官商两界都很吃得开,这也是李鸿章最初选择其主导轮船招商局的原因。但是,朱其昂毕竟不适应新式企业,李鸿章决心对公司进行改制,但依然请朱其昂留任"会办"。朱其昂的弟弟朱其诏,自轮船招商局创办起,一直参与其间,此次改制后,也继续留在公司内。不久,朱其昂去世,朱其诏便接任兄长的"会办"之职。朱其昂是江苏宝山人,距离苏州很近,与盛宣怀也算得上是老乡。

1873年8月7日,公司迁至上海三马路新址,改名为轮船招商总局,除上海总局外,还设立了天津、牛庄、烟台、福州、厦门、广州、香港、汕头、宁波、镇江、九江、汉口及国外的长崎、横滨、神户、新加坡、槟榔屿、安南、吕宋19个分局。

作为班子成员,李鸿章对盛宣怀的工作安排是相当特殊的。李鸿章确定了由盛宣怀具体办理漕运、揽载,以及参与招商局的一切"规划事宜"。对此,李鸿章身边的要员沈能虎曾解释,盛宣怀在招商局"只此二语、全权在握"。不少研究者据此也认定盛宣怀在招商局握有全权。实际上并非如此,有些言过其实。漕运之事既是商品调剂,更是国家官粮的储备,而漕运交给招商局,也是李鸿章对这家公司予以特别扶持的表现。对于这个新班子,李鸿章本人是很得意的,他说:"在事五人(包括朱其诏),本极一时之选。"

但是,不知是李鸿章有意安排,还是无心为之,招商局的四人班子中,正好有两个广东人、两个江苏人。表面上,唐、徐与朱、盛似乎形成两派;实际上,在坚持"商本商办"的观念上,唐与盛基本是一致的,朱其昂则主张"商本官办"或"官本官办"。早在1872年8月间,有一次盛宣怀与朱其昂谈起轮船航运招股商办时,朱对此持否定态度。盛宣怀记述朱其昂的见解说:"其见到处尤为切而不浮,轻而易举。惟朱守意在领官本,而职道意在集商本,其稍有异同之处。"(见盛档,《盛宣怀致李鸿章函》,同治十一年秋)他们之间错综复杂的矛盾,成为招商局初期最大的内部问题。盛宣怀担任会办,从此他开始正式成为清末洋务运动的核心人物之一。

六、有利于企业发展的《轮船招商章程》

1873年春,盛宣怀所拟定的《轮船招商章程》一共有六款,这六款贯穿着他"筹国计必先顾商情"的思想,尤其体现了他"为商人设身处地"着想的精神。

第一款:委任宜专。即招商局应由政府委派具有"道""府"头衔、"公正精明、殷实可靠"的人来主持工作,并且"创成规矩,联络官商,而后官有责成,商亦有凭藉"。强调了领导成员必须德才兼备,并且获得政、商各界的认可。

第二款:商本宜充。即招商局的资本,借鉴外国洋行股份制的模式,招股50万两，每100两为一股，出股票一张，认票不认人，"以收银日为始，按年一分支息，一年一小结，总账公阅，三年一大结，盈余公派"。体现了在招募和使用资金上公开、透明、公正的做法，并且注重维护出资人的利益。

第三款：公司宜立。即轮船招商局应在上海设立总局，并且应在天津、烟台、香港、宁波、汉口、镇江等通商口岸设立分局。凡招商局的职员，"不准私做贩运""官场来往搭客搭货照例收取水脚"。坚持公司经营的市场原则，强调公司的职员，特别是领导不得假公济私，以权势损害公司的利益。

第四款：轮船宜先后分领。招商局对从江南制造局、福建船政局所租的轮船，应派员搞清各船装货的分量、耗煤的多寡、吃水的深浅等，逐号开单；对船政局尚未交货的两艘轮船，应限定领船的先后日期。强调了招商局对装备、设施的性能要求、保养规范、使用时间与寿命等必须搞得一清二楚，不打无准备之仗。

第五款：租价宜酌定。轮船招商局"试办之初，诸事创立，本重利轻，未知商人装货能否相信；洋行争利之心最重，势必大减水脚……而试办实无把握，必难起色"。为确保招商局初办即获成功，向江南制造局、福建船政局所租的轮船，应"照船大小，分别议缴租价试办三年"。招商局"本重利轻"，必须斤斤计较。

第六款：海运宜分与装运。为了增强轮船招商局与洋商的竞争实力，朝廷应"准每年分拨江浙漕米四十万石交招商局"装运，其水脚耗米，仍按照民间运漕的沙船核算。因为招商局"必须借海运漕米一层，佥议皆同，如不准行，恐商人无立足之地"。政府对企业的支持，是保障企业生存发展的关键所在①。

盛宣怀在《轮船招商章程中》，对轮船招商局面临的组织、管理、经费、装备、成本、盈利，以及与洋商的竞争态势、政府的扶持政策，乃至轮船招商局的应对策略等问题，都进行了极为周密的考虑，这是十

---

① 易惠莉：《中国第一代实业家盛宣怀》，《江苏文史资料》编辑部，1994，第9、10页。

分难能可贵的。足见,《轮船招商章程》是真正有利于企业发展的章程。

在唐廷枢的主持下,轮船招商局核定股本为白银100万两,每股100两,对社会招商入股,徐润附股24万两。为了实现招集商股的目标,盛宣怀认领了50万串商股,他先后两次到苏州和常熟,从他与苏州怡园的主人顾文彬合开的典当行中去提款至上海轮船招商局去参股。

七、轮船招商局并购美国旗昌公司的船产

轮船招商局在"分洋商之利"的目标下诞生,尽管一开始就遭遇了外商轮船公司的抵制与激烈竞争,但是由于它受到政府的扶持,如"漕运"保证了运输货物的充足,政府的低息贷款保证了资金的周转,加上唐廷枢、徐润等人的精心管理,招商局充满了生机。

当时,轮船招商局遇到的强劲对手是历史悠久、实力强盛的美国旗昌轮船公司与英资太古洋行,招商局加入了与美国旗昌轮船公司、英资太古洋行在航运业发展中的竞争。

旗昌洋行由美国人塞缪尔·罗素于1818年创办于广州,起名为"剌素洋行",早期主要从事鸦片航运和贸易。鸦片战争后移至上海,改名为"旗昌洋行"。旗昌洋行地址在外滩9号,有一幢新建的三层楼房。1862年美国旗昌轮船公司成立,旗昌轮船公司首开长江航运,并在一段时间内垄断了长江航运的业务。

旗昌轮船公司从1862年创立起,到1872年时,拥有江海轮船十几艘,总资产达到332万两[①]。但是自从招商局加入竞争以后,旗昌经营不善,越亏越多,旗昌股票的面值跌掉了百分之三十,股东的红利也大大缩水,它打算退出中国的内河航运市场。

1876年末,旗昌轮船公司主动通过中介人——瑞生洋行的经理卜加士达与招商局徐润接洽,愿以250余万两的代价,出售它所拥有的

---

① 刘广京:《英美航运势力在华的竞争(1862—1874)》,上海社会科学院出版社,1988,第153页。

轮船、码头、栈房等全部财产，并试探轮船招商局是否还愿意对它进行收购。且以经理人即将更换，时间仓促为借口，希望早日成行①。

可是，当时轮船招商局只有11艘轮船在营运，全部资本才75万两。负责接洽的徐润考虑到时间紧迫，内心十分着急，于是亲自赶到湖北广济武穴煤矿与盛宣怀商议，请盛宣怀回局想办法。虽然之前盛与徐存在一些分歧，但他对徐润与旗昌的谈判结果很满意，"赞许大有见识"。盛对徐说"筹款不难"，但他担心并购旗昌船产之后，"船多货少洋商争衡"。为此，盛宣怀"乃同回南京，适唐景翁（唐廷枢）亦至，公同商酌"。盛宣怀所提出和所顾虑的问题，唐、徐"均有解说"，三人取得一致意见后，盛宣怀亲自帮助徐润完成"正约"。

面对巨额的收购资金，盛宣怀并没有手足无措。他考虑到在外资银行不可能融到资金，而中国民间的钱庄、票号没有那么强的实力，因此"毅然请于幼帅（沈葆桢）以定此议"，请朝廷官员来帮助解决这一难题。

"沈文肃公（沈葆桢）初以无款拒之，继经杏翁（盛宣怀）指筹各款约近百万，措词得体，颇动宪听。然款项仍未足，须再筹商。次日，杏翁复同梅方伯等禀见，又指某处有二十万金可拨……沈文肃公乃一面出奏，一面拨款相助。"②

确实，在并购美商旗昌轮船公司中，两江总督沈葆桢给予了全力支持，1876年12月28日（光绪二年十一月十三日），沈葆桢在病榻上接见了盛宣怀、朱其昂、徐润等招商局主事人。盛宣怀遂以并购旗昌既可增强招商局实力，又可少一个有力的竞争对手为由，向沈葆桢陈述并购旗昌的利害关系。其说辞的主要内容是：招商局已有轮船11艘，旗昌轮船公司有轮船16艘，并购后便可有27艘轮船"分布江海"，而外国在华航运公司"断无三十号轮船之公司"。因此，并购旗昌可使招商局在中外竞争中处于有利地位。至于筹款方式，他们向

---

① 徐润：《徐愚斋自叙年谱》，江西人民出版社，2012，第19页。

② 徐润：《徐愚斋自叙年谱》，江西人民出版社，2012，第20、37页。

沈葆桢建议：（1）劝令旗昌原有华商股本20万两投资招商局；（2）请两江总督奏拨官款100万两，免息交招商局，分10年归还；（3）请两江总督"札饬两淮盐运司会同劝令两淮运商每一引搭银一两"，"便可招股七十九万二千两"；（4）请饬各藩司各海关道向通商口岸商人随时劝谕入股。沈葆桢对盛宣怀的说辞颇为赞赏，"告以（并购旗昌）中国利权所系，极当努力为之"。沈葆桢决定摒弃历史存见，在来不及征询李鸿章意见的情况下，毅然同意筹借官款100万两予以支持，为并购旗昌打下了基础①。沈葆桢的支持不仅使唐廷枢、盛宣怀和徐润等人信心大增，而且还落实了具体的资金筹集方法。据有关历史资料记载，并购资金迅速筹齐，"计江宁藩司认筹银十万两，江安粮道认筹银二十万两，江海关道认筹银二十万两，浙江省二十万两，江西省二十万两，湖北省十万两，共一百万两"，"并奏准此项官本息银不限定额，与商民一体"。其余的款项则由招商局另行招股筹集。

1876年12月31日至1877年1月2日（光绪二年十一月十六日至十八日），轮船招商局与旗昌轮船公司的代理商旗昌洋行函件往复，最后由唐廷枢代表轮船招商局与美国旗昌轮船公司签订正式合同，招商局以总价222万两买下旗昌的所有产业，包括7艘海轮、9艘江轮，各种趸船、驳船、码头、栈房及位于上海外滩9号的办公大楼等，成为当时国内规模最大的轮船公司。

轮船招商局在上海的办公大楼

---

① 胡政：《招商局珍档》，中国社科学出版社，2009，第138、149页。

收购旗昌的合同并规定，轮船招商局必须在1877年3月向旗昌支付120万两首付款，其余的款项也必须在之后的五年内分期付清①。这是中国近代史上第一个中资企业并购外资企业的成功案例，也是一个闻名业界的"蛇吞象"案例。盛宣怀在关键问题上，即在收购资金上为招商局作出了贡献，不仅如此，他还通过这次运作，清醒地认识到，中国缺乏投资融资渠道，这是在今后办实业的过程中，必须尽力解决的。

八、盛宣怀对轮船招商局加强科学管理

在1873至1878年间，尽管盛宣怀只是轮船招商局的会办，但由于他兼管漕运、揽载二事的特殊身份，加之他坚持按市场原则办企业，故对招商局作出了重要的贡献。

1873年的改组，实际是轮船招商局作为股份制企业的真正组建，这时开始有唐廷枢、徐润等资本雄厚的买办进入。重新修订的公司章程规定，将股份较大者公举入局作为董事，在主要港口协助总董经营业务；每百股推举一名董事，在所有董事中推举一位总董；董事各管理一个设在各港口的分局，由总局给予任命证书，这些分局的董事可以自聘其职员，各个分局除按月领取经费之外，从1879年起，每个分局可以留取其出口运费收入的4%和进口或转运运费收入的1%。在这种制度下，负责各分局的董事，实际成了轮船招商局的佣金代理人，他们和轮船招商局之间类似承包关系，分局自身则像是一个家族企业。

盛宣怀并购旗昌之后，"洋商争衡"并未平息，而是进一步加剧了。1877年12月26日，轮船招商局与两家英资轮船公司怡和洋行及太古洋行达成"齐价合同"，共同经营水运业务。但是由于招商局在制度上落后于对手，英资轮船公司不久便重新占据了中国水运的主导地位。

盛宣怀采取的是"知己知彼、针锋相对"的策略。首先，他针对

---

① "中央研究院"近代史研究所：《海防档》，"中央研究院"近代史研究所,1957，第946、947页。

招商局的问题提出了整顿意见,"船旧应将保险利息摊折""商股应推广招徕""息项应尽数均摊""员董应轮流驻局经理""员董应酌量提给薪水""总账应由驻局各员综核盖戳"等。这些整顿意见,基本上是科学管理近代企业的意见,大多数被招商局所采用。他就赫德所拟《整顿招商局条陈》整理出《招商局的弊源和救弊之法》,有针对性地对轮船、机器、房产等物的折旧,官本的归还,轮船的自我保险提出了解决的办法[①]。其次,盛宣怀强调要使招商局得以发展,必须购置新式轮船,并竭力推行之。这样,招商局终于站稳了脚跟。

盛宣怀在办招商局的时候,在用人问题上有自己独特的见解。他认为招商局在一些关键岗位应该任用国人,也没有必要出重资在一些岗位上安排可有可无的洋人。此外,他发现以往招商局"任用私人"的弊端十分突出,由此,盛宣怀提出:凡局员之亲戚本家,"无论若何出众,均宜引嫌辞去",不得以"某人得力为词",出局后如有与局为患者,"即惟某局员是问"。这些除弊端之法,实际上就是任人唯贤、降低成本、提高生产效率、加强竞争能力,是符合近代企业经营原则的。

九、盛宣怀因购买"旗昌"船产而受弹劾

招商局买下了美国旗昌轮船公司的所有资产后,实力大大增强,成为当时国内最大的轮运公司,然而它的压力与困难也加大了。从资金方面看,招商局欠下清政府190万两的债,此外还欠旗昌100万两(尚未付款),光这两笔债就够盛宣怀他们几个挠头的了。而此时太古、怡和这两家外国轮运公司采用削价等手段与招商局对抗,盛宣怀就大抓内部整顿,进行科学管理。这样,招商局在唐廷枢、徐润等人的具体负责下,逐渐有了起色。至1881年,招商局还清了旗昌的欠款,并从该年起,开始偿还欠清政府的钱。

---

① 夏东元:《盛宣怀传》,四川人民出版社,1988,第25-33页。

盛宣怀在招商局发展中的作用越来越大，但是，他与唐廷枢、徐润等人之间的矛盾也越来越深。由于他在招商局只是一个"会办"，无法真正掌控招商局，因此，他一直"坚请督办"，祈望能在招商局拥有更大的发言权。

1880年，盛宣怀"坚请督办"尚未实现时，就先遭遇了王先谦（湖南长沙人，清末著名学者，在学术上取得巨大成就，但是他在政治上与洋务派、维新派势若水火）等人弹劾招商局营私舞弊案。王先谦等人的弹劾罪状大多属于反对近代新型企业的一些章程与做法，弹劾中矛头对准盛宣怀的，是关于购买旗昌时"扣帑入己"和"侵渔中金"。

王先谦所指的盛宣怀的第一宗罪名"扣帑入己"，即所谓购买旗昌时盛宣怀克扣钱财，入了自己的腰包。但是，这宗罪名很快得到澄清，知情者唐廷枢出来作证，他讲"画押之日，盛道已回湖北"，付款是在画押之后，盛宣怀没有机会染指。第二宗罪名中所谓的"中金"是指中介费。事实证明，购买旗昌资产的"买卖双方面对面成交，绝未假手于人"，既无中人，何来"中金"。所以，这两宗罪名都是莫须有的。

唐廷枢虽然在工作中与盛宣怀有矛盾，但是面对王先谦等人无中生有的指控时，他还是站出来为盛宣怀辩护，说："职道经手之事，固不便使盛道受不白之冤。总之，盛道于收买旗昌一事，仅与职道等主其议，而领款付款，盛道皆未经手，其因公而未因私，不言可知。且其在局从未领过分文薪水；凡遇疑难事件，顾公商酌，无不踊跃，向为各商所钦服。今以清白之身，忽遭污蔑，亦不得不代声明。"（见《唐廷枢禀李鸿章》，光绪七年）尽管如此，1882年盛宣怀还是因为弹劾风波不得不暂时离开招商局①。

第二章　轮船招商局伴随了盛宣怀的整个实业生涯

---

① 盛承懋：《盛宣怀与晚清招商局和电报局》，社会科学文献出版社，2018，第51-54页。

十、轮船招商局由盛宣怀唱主角

盛宣怀虽从一开始就参与了轮船招商局的创建,但是直到1884年仍没有成为主角。1873至1878年间,他一直只担任会办。1879年他被委任为天津河间署理兵备道(这是他获得的第一个正式行政职位),暂时离开了轮船招商局。1881年,盛宣怀在成为当年新成立的电报局督办的同时,开始大规模购买轮船招商局的股票,为入主轮船招商局作准备。

1884年底时,唐廷枢和徐润因挪用公款之事败露而被解聘,1885年8月1日,李鸿章委任盛宣怀为轮船招商局督办,成为轮船招商局的第一任督办。

盛宣怀出任轮船招商局督办后,制定了新章程,禁止大股东担任分局董事,除非他们是能力和财力都有保证的人。他还要求公司的官员和雇员,包括各分局的董事,都不准接受薪俸和红利之外的其他报酬,禁止为私人目的借用公司资金,而且在他们任职轮船招商局期间,不能接受别的雇用。但是这些举措效果有限,裙带关系形成了复杂的贪腐网络,"两套账册"现象普遍。尽管如此,盛宣怀任督办的1885至1902年间,仍是轮船招商局作为官督商办企业的鼎盛时期。

"官督商办"的轮船招商局,其实并非由清政府监管,而是一直由直隶总督兼任的北洋大臣监管。1902年,盛宣怀因父亲盛康去世回家守孝,11月12日,盛宣怀听说"轮(船)、电(报)两局将派张翼为督办"。他认为如果这样,厂矿必致受挤,不得不恳求一起脱卸,以免溃散。当月,袁世凯到上海,借口吊唁盛康丧事,与盛宣怀面谈轮(船)、电(报)二局事。盛答:"船宜商办,电宜官办。"[①] 袁世凯以自己的亲信杨士琦替代盛宣怀出任了轮船招商局督办。直到1907年,盛宣怀才再次夺回了对轮船招商局的控制权,盛宣怀为此亲笔拟《轮船招商局节略》,回顾了自己经办30年的成绩和功劳,揭露袁世凯掠夺招商局后经营腐败的情形。

---

① 夏东元:《盛宣怀传》,四川人民出版社,1988,第520页。

1907年2月28日，盛宣怀组织召开了一次江浙股东大会，决定请求农工商部根据新公司法的规定，将轮船招商局作为一个商办企业注册，超过发行股份一半的198位股东在盛宣怀的上海静安寺路公馆出席了会议。会议选举出了一个倾向盛宣怀的委员会，负责执行注册事宜。3月20日，另一部分股东也同意参加注册，但是他们要求由徐润负责注册，还致电袁世凯，劝其不要委任其他官员。不久，袁世凯离开直隶总督之位，盛宣怀通过徐润的继任者王存善（会办）和钟文耀（驻局总办）行使自己对轮船招商局的控制权时，他又选择了保持轮船招商局"官督商办"的体制。

十一、盛宣怀任招商局督办后，加强保险事宜

1885年8月1日，李鸿章委派盛宣怀为招商局督办，调唐廷枢办理开平矿务。此时的徐润也因投机地产被清政府革职。盛宣怀由于低价购进大量轮船招商局股票，成为轮船招商局举足轻重的大股东。盛宣怀主持招商局工作后，制订"用人十条"和"理财十条"。其中指出："帮办董事拟分八股，曰揽载股，曰漕运股，曰银钱股，曰保险股（仁和、济和所保客商货物均附各分局代办，每月汇齐开折呈报），曰修验股，曰煤料股，曰翻译股，曰案牍股，并阐述了'非商办不能谋其利，非官督不能防其弊'的官督商办原则。"马建忠总管揽载、修验、翻译三股，沈能虎总管保险、煤料、案牍诸股，谢家福管漕运、银钱股。

为了摆脱轮船招商局的困境，重振保险业务来争取资金方面的好转，盛宣怀在沈能虎的协助下确定合并仁和、济和两家保险公司。1886年2月，招商局所属仁和、济和两家保险公司召开董事联席会议，共同推选8名董事。经协商决定，仁和、济和合并为"仁济和水火险公司"，资金为100万两，大大提升了在保险市场上的实力和竞争能力。外资保险公司由此同意按较低的保险费率和保险业经营惯例，承保和接受华商分保业务。

2月22日，《申报》刊载《仁济和开办告白》。4月22日，《捷报》

刊载一则消息：仁和、济和于本年合并，更名为仁济和保险有限公司。两家公司虽合并成立，但并未改变与轮船招商局的隶属关系①。

盛宣怀在担任山东登莱青兵备道兼烟台东海关监督后，就打算发展内河小火轮航运，1886年4月（光绪十二年三月），他与招商局会办马建忠在给李鸿章与湖广总督张之洞的条陈《内地设轮船公司议》中说："近年内外国富强，无不从自通商始。口岸通商人与我共之，内地通商我自主之。故欲求中国富强，莫如一变而至火轮，设一内地快船公司，与招商局相为表里，以兴中国内地自有之商务，而收中国内地自有之利权。"在李鸿章的支持下，盛宣怀与马建忠向山东巡抚张曜禀请，发展山东内河小火轮，很快得到了批准。

内河小轮通航之后，也出现了新的问题，即轮船航运的安全问题。1887年5月，山东荣成县（今荣成市）海岸"保大"号轮船失事，该地村民乘危捞抢。事后盛宣怀了解到自己"所辖境内海线广袤，岛礁林立，航行偶一失事，居民肆掠，相习成风"，于是他加强了对轮船航运的安全管理。盛宣怀向张曜、李鸿章报告："请重申总理衙门奏定保护中外船只遭风遇险章程，实力整顿。"

在张曜的支持下，盛宣怀拟就了保护遇险船只章程六条，经张曜上奏，奉旨永远遵行。由此，盛宣怀顺势设立了轮船失险拯济局，自己"捐廉集资，广置舢筏，遴派能冒艰险之员，购募善泅夫役，部勒梭巡，闻警立赴，估舶渔舟藉以出险者，无岁无之"②。拯济局在保护遇险船只和人民生命财产方面，起到了很大的作用。盛宣怀在发展实业的过程中，关注生命与财产的安全，并开始建立相应的机构，这在国内是具有开创性意义的③。

---

① 王珏麟：《盛宣怀的保险足迹（上）》，《中国保险报》2017年10月13日。

② 中国史学会主编《中国近代史资料丛刊：洋务运动（第8册）》，上海人民出版社，1962，第51页。

③ 易惠莉：《中国第一代实业家盛宣怀》，江苏文史资料编辑部，1994，第34、35页。

十二、"商本商办",股东大会行使权力

1909年1月,袁世凯被撵回河南老家"养疴"。盛宣怀乘机着手夺回被袁夺去的招商局权益。3月27日,他去信至在澳门的郑观应,请郑观应"在广州找'同股兼同志者'列名公呈招商局商办,以反对袁世凯亲信、新任邮传部尚书徐世昌将招商局收归国有的企图"[1]。4月,轮船招商局转归邮传部管辖之后,面对再次失去控制权的危险时,盛宣怀开始站在股东角度,带领股东抗议,选择将公司注册。来自南北两方面的31位股东联合致电邮传部,要求设立一个由股东选举产生的董事会。

1909年8月15日,招商局在上海张园举行第一次股东大会,代表31,164张股票的732位股东,选出了一个9人的董事会,其中绝大多数都是信任盛宣怀的,盛宣怀当选为董事会主席。股东们还起草了新章程,以取代1885年的旧章程。邮传部接受了这一章程是对商办的一个重大让步,但是"官督"的性质还是保留了。邮传部委派钟文耀为"正坐办"(相当于特派员),沈能虎为"副坐办"。邮传部委派的正、副坐办与股东推选的董事会同时并存,并指定公司以禀文形式向邮传部汇报重要事项。

1910年6月12日、1911年3月26日,股东们先后在上海召开了第二届、第三届股东年会。第三届股东年会后,董事会的权力进一步正规化。9人董事会被称为"议事董事",船舶、运输和财务三个部门的领导者被称为"办事董事",由股东推选的两位监察人被称为"查账董事"。轮船招商局作为一个私人的商办企业在农工商部注册,邮传部可以委任两名官员(一名专司监察和一名兼办漕务),所有董事和办事董事都要由股东选举产生,所有关于公司经营的决议都要由董事会作出。如果邮传部监察员发现任何一位办事董事不胜任或者不诚实,可知照董事会撤换之。董事会可以自行免除不合适的办事董事,并可

---

① 夏东元:《盛宣怀传》,四川人民出版社,1988,第530页。

要求邮传部撤换他们认为不胜任或者不诚实的监察员。公司的船只和航线都要在邮传部注册，每年向邮传部递交一份财务报告。

1911年10月，辛亥革命爆发后，邮传部委任的官员离开了轮船招商局，公司的全部管理权终于完全落到董事会手中。此时，盛宣怀亡命日本，但仍是轮船招商局的最大股东。他从日本回来之后，提出按日本邮船会社的模式改造轮船招商局的管理机构，即由股东选出的董事会通过向三个主要职能部门各派一名董事会成员负责，执掌轮船招商局的实际经营权，以此将公司的管理权集中于董事会，完成向商办公司的演变。

1913年5月11日，盛宣怀复函郑观应：阁下系招商局"创始伟人"，能仍入董事会方于大局有益。"因董事非正大光明热心熟手，难期收效。"故极力帮助郑当选，当郑当选董事缺少权数时，立即送上四百三十权。6月22日，招商局开股东大会选举董事会，杨士琦为会长，盛副之，郑观应亦当选为董事[①]。轮船招商局由"官督商办"至"商本商办"经历了一个曲折、漫长的过程，它伴随了盛宣怀的整个实业生涯。

十三、轮船招商局开创了中国股票的发行与认购

1872年，北洋大臣李鸿章招致办理海运多年的朱其昂商议试办新式航运业，朱其昂按照李鸿章的思想，确定试办的轮船招商局采取"官督商办，招商集股"的模式运营。

1873年1月14日，轮船招商局在上海成立，并正式营业，尽管是"官督商办"，但是筹集资本要采取招商集股的办法。当时国内没有先例，就借鉴西方股份制企业的办法，向民间发行股票。这样，轮船招商局就成为近代中国第一家发行股票、面向社会筹集资本兴办的新型股份制企业，号称"中华第一股"。1873年1月14日，轮船招商局面市的股票，成为中国历史上的"第一张股票"。

---

① 夏东元：《盛宣怀传》，四川人民出版社，1988，第543页。

当时朱其昂负责招商局，朱其昂将认购股票的大头押在了浙江商人胡雪岩身上，试图说服胡雪岩带头入股，但是没有得到响应。这一方面是因为招商集资，在国内毕竟属于新生事物，大部分商人、民众不了解；另一方面，则是由于招商局采取"官督商办"，民众对"官"不大信任，所以股票认购数量有限，几个月只筹集到了1万两的现款和10万两的认购承诺。但是，这毕竟为轮船招商局通过发行股票的方式筹集资金，开了一个头。

1873年9月，在轮船招商局"官督商办"时期的第二阶段，由唐廷枢、徐润、朱其昂、盛宣怀四人组成的轮船招商局的领导，决定再进行一次招商集资，核定股本为白银100万两，每股100两，对社会招商入股，认购者入股数目不限，股金按年一分起息。由于轮船招商局是第一家在上海证券市场上募股的华商，受到洋商的抵制，加上当时证券市场本身处于低迷的状况，招股工作起初也不顺利，但在唐廷枢、徐润等人的示范与带动下，一批有意投资的华商，积极认购股票，使资本筹集工作有了突破性进展。1873年9月的招商集资活动的突破性体现在：上海创办了中国最早的华商证券市场，企业可以尝试通过证券市场来募集资金。

1877年，在盛宣怀等人的努力下，轮船招商局收购了美国旗昌轮船公司的所有产业，招商局的航运实力迅速壮大，在业内举足轻重，招商局的股票价格也开始大幅攀升。1881年，招商局100万两股本全部招满。1882年，招商局面额100两的股票市值已超过250两，成为上海证券市场上赫赫有名的"龙头股"。招商局给股东不菲的收益回报，这不仅提升了轮船招商局的经济实力，也不断激发华商的投资热情，推动了华商对其他洋务民用企业股票的认购热情，掀起了洋务实业发展的高潮。

第二章 轮船招商局伴随了盛宣怀的整个实业生涯

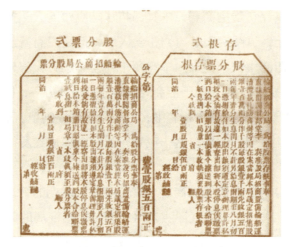

轮船招商局最早发行的股票

由于股票的价格不断攀升,股东的收益回报不断增加,因此,大部分商人、市民都以拥有招商局股票的多少作为衡量财富多寡的某种象征,市场上的股票交易是不少的,但是不存在天天炒股的现象。轮船招商局为中国股票的发行与认购,开创了一个先例。

第三章

起起伏伏，
中国第一个勘矿公司

一、广济采煤，圆了盛宣怀青年时期的梦

鸦片战争失败之后，晚清政府开始发展近代军用工业，19世纪70年代，又掀起了创办民用工业的高潮。在工业生产领域中，优先发展的是矿业，即煤炭、金属矿的开采和冶炼。

1874年，盛宣怀接到李鸿章密谕："中国地面多有产煤产铁之区，饬即密禀查复。"① 李鸿章认为"中土仿用洋法开采煤铁，实为当务之急"，李鸿章的这些说法激发了盛宣怀到湖北去开发矿业的热情。其实，中国矿业分布十分广阔，但是，青年时期的盛宣怀曾经随父亲盛康在湖北生活过几年，当时他曾看到过一份"广济县禀禁开挖武穴煤山"的文件，得知当地阳城山煤矿的蕴藏情况。1867年，他曾亲赴广济，考察过那里的煤矿，"乃知其地滨江"，交通比较方便，又查看了地方志，"始知该山属官"。尽管当时他曾想开挖阳城山那里的煤矿，但由于那时他还年轻，靠自己的力量是无法开采的。李鸿章的指示与支持，使他"怦怦于中将十年"开发广济煤矿的梦想，又变成了现实。于是湖北广济成了盛宣怀开发矿业的首选。

要实现在广济采煤的愿望，就要对广济的煤矿有真切的了解，而这又必须请懂行的人出马。盛宣怀得知沈葆桢的幕僚张斯桂（浙江慈溪人，协助沈葆桢创办福州船政局）曾在台湾鸡笼查勘过煤铁，有实际经验②。1875年5月，盛宣怀密札张斯桂，请他赴湖北武穴勘查煤铁，并说："此举关于富强大局，幸勿诿延。"另密谕张斯桂"查明旧窿产煤、运输以及士绅对采煤态度等情况"。5月18日，张斯桂到达湖北广济县后，即与县令史醇商议开采武穴等处煤铁事；5月23日，张斯桂又

---

① 夏东元：《盛宣怀传》，四川人民出版社，1988，第461页。

② 易惠莉：《中国第一代实业家盛宣怀》，江苏文史资料编辑部，1994，第18页。

在当地乡绅的引导下到山前山后察看情况,马不停蹄地行动;6月上旬,他向盛宣怀报告"阳城山确是官山,煤随处都有,亦易开挖,距江亦近。颇合制造局、招商局轮船之用"。

可是,广济当地百姓听说采煤之事,出来阻拦。在绅民吴邦杰的带领下,40人到广济县衙门聚集,借口挖煤必遭火灾,加以反对。盛宣怀得知后,于6月14日即致函广济县令史醇,他说:"阳城多煤,武穴狃于风鉴之说。无论妄诬必欲举办,岂能任其阻挠,拟于月内赴武穴,熟商办理。"这表现了盛宣怀采矿的决心。6月15日,广济县令史醇复函:"武穴绅民纷纷禀请停办。"史认为"此事既攸关楚省地势天险,又关民间庐墓所在,拂舆情而勉为办理,大人必不致不计而行",请暂时搁下。但是盛宣怀仍坚决不为动摇。

事情又回到了李鸿章那里,6月29日,李鸿章在听取了盛宣怀的汇报后,同意开采阳城山煤矿,并函示"须先集股本,酌议章程,与汉黄德道兼江汉关监督李明墀会同筹办,以取得地方支持。试办稍有头绪,再行推广"。7月7日,湖广总督李瀚章、湖北巡抚翁同爵委令会同湖北汉黄德道兼江汉关监督李明墀督带湖北候补知县史致谟前赴广济县阳城山查勘,审度地势,详细绘图禀复。

在盛宣怀、张斯桂的努力下,李鸿章等人的支持下,1874年7月24日,湖北广济武穴煤矿"设厂雇工开挖",终于圆了盛宣怀青年时代的梦。

二、采取可行性分析,为采煤作出决策

盛宣怀于1875年开始经营湖北广济、大冶煤铁矿务,它同台湾基隆煤矿、河北磁州煤矿一样,是清政府最早用洋法开办的三个煤矿之一。清政府决定开办这些煤矿,是为了满足各制造局与招商局所需的煤的供应。同时,军工制造方面对铜、铁、铅等金属矿产的需求也日益增多。盛宣怀经营煤铁矿务的意图十分明确,他曾说:"煤厂与机器、招商两局相表里。"(见盛档,盛宣怀:《湖北煤厂拟改归官办

议》，光绪元年十月）他说："各省现设船、炮局及夫民间炊爨等用，需煤日多，与其购英美各国及日本之煤，利自外流，不若采中土自产之煤，利自我兴……现在台湾与湖北两处先后奏请筹款开采，意在平土煤成本以抑洋煤。"（见盛档，李明墀、盛宣怀：《上李鸿章详》，光绪二年十二月）他认为，军工船炮与民间百姓做饭都需要煤，与其购买外国的高价煤，不如开采本土的煤，成本要低得多，可减少国家、百姓的经济损失。

当张斯桂勘查广济武穴煤矿并向盛宣怀报告后，盛宣怀仍然亲自到实地进行勘查。"12月24日，他经南京抵广济阳城山一带再加审查，以便确定'湖北开采煤铁总局'的局址。"① 盛宣怀之所以选湖北广济办矿，除了他对湖北比较熟悉，希望圆自己青年时代的梦之外，更重要的是，他将湖北广济与台湾基隆、河北磁州三处，做了客观的分析比较，他认为，从地理、运输等条件看，湖北广济优于台湾基隆与河北磁州。他说："磁州河道行远，煤质累重，转运多艰，大约将来只能舍煤取铁。台湾则重洋运艰资费，尚虑难敌洋煤。似不如先就南省滨江之处择地开采，简便易举。"（见盛档，《盛宣怀代李鸿章、沈葆桢拟会奏稿》，光绪元年十二月十九日）

他通过调查研究，概括出在湖北广济办矿的几个有利条件：第一，武穴煤矿属于"官矿"，多年来一直未经开采，现在去开挖，不仅不会影响当地百姓的生计，而且，厂矿雇工，还能让当地的一些百姓进矿挖煤，改善他们的生计，这比磁州那里的情况好。第二，当地百姓听说采煤之事，开始虽然有人出来阻拦、散播谣言，但是，经过劝说，动之以利，结之以义，又告诉他们厂矿将聘请"洋匠"，采用从国外购进的机器进行挖煤，阻拦的情绪就逐渐平息了，与河北磁州那里相比，也略胜一筹。第三，广济武穴处于长江、湖北的咽喉地段，一旦采用洋法挖煤取得成效，远近采用土法挖煤的煤矿，都会闻风而动，较方便他们到这里来参观察看，推广洋法挖煤，这要比台湾基隆便利多了，

---

① 夏东元：《盛宣怀传》，四川人民出版社，1988，第463页。

影响也要大得多了。第四，广济武穴就在长江边上，轮船将煤运至上海，不需要再将煤通过小火轮或经过陆路车辆装运，更不需要开挖疏浚河道，与河北磁州相比，要强多了。（参见盛档，《盛宣怀致李鸿章函》，光绪二年十一月二十二日）

盛宣怀通过实地考察、调研，再与台湾基隆、河北磁州煤矿进行对比分析，表明他在那个时代就对创办一项新的实业有了可行性研究，这是十分难能可贵的。就这样，盛宣怀于1876年初，成立了湖北开采煤铁总局。

三、煤厂由"官督商办"改为"官本官办"

湖北开采煤铁总局究竟是官办、商办还是官督商办，盛宣怀为此费了不少心思。

1875年10月下旬至11月初，盛宣怀先在天津拟定了一份"官督商办"性质的《湖北煤厂试办章程八条》，这八条包括：地势宜审也，利权宜共也，用人宜专也，资本宜充也，税则宜定也，贩运宜速也，界址宜定也，销售宜广也，并将章程送呈李鸿章。

经过一段时间的调查研究，1876年1月，他与湖北当地官员李明墀商量后，向李鸿章呈上了一份"官本官办"的《湖北开采煤铁总局试办开采章程六条》，这六条内容包括：地势宜择要审定，开采宜逐渐扩充，用人宜各专责，官本宜核支用，售款宜缴还资本，官煤宜广开销路。

可以说在两份章程中，盛宣怀将办煤厂应该考虑的问题，都考虑到了。我们知道，盛宣怀在创办实业过程中历来主张"商本商办"，然而在试办湖北开采煤铁总局时，为什么先提出"官督商办"，后又主张"官本官办"，这是有他自己的思考的。

因为他在承担试办湖北开采煤铁总局时，已经有了创办轮船招商局的经历，他深知企业的制度关系到企业发展的前途。在天津议办煤厂之初，他认为办煤矿这类企业，适合"官督商办"，按照这个思路，他所拟定的章程中,将"利权宜共"放在十分突出的地位。他认为必须发挥官、商、民各方之所长,才能办好煤矿。在"利权宜共"的原则下,他还拟定了民、商、官具体的分利办法,即"商以资本获官利,而更有余利六成以及之""民以开挖获工食,而更有修堤实惠以及之""官则坐取其厘税,而更有余利三成以及之"(见盛档,盛宣怀:《湖北煤厂试办章程八条》,光绪元年九月)。

然而,时隔不久,他听说湖北煤厂有可能要参照轮船招商局那样去办,而且更有"湖北之煤厂改而归并轮船"的说法。盛宣怀得知后十分着急,他清楚办好轮船招商局本身都不是一件容易的事,现在若要将湖北煤厂归并给轮船招商局去办,是不可能搞好的。轮船招商局的大权掌握在唐廷枢、徐润手中,作为轮船招商局会办的他,在湖北煤厂的办理上,同样不可能有真正的发言权。如若不归并,湖北煤厂可由他独当一面,大权独揽。因此,在决定企业的性质与企业由谁掌权这二者之间,他更看重"掌权"这一点。1876年初,他作出了非其本意的湖北煤厂采取"官本官办"的决定。

当然,湖北煤厂采取"官本官办",在当时也有一定的依据,盛宣怀认为"阳城本系官山,似应官为筹本开采,则利益涓滴归公,办理可期远大"(见盛档,李明墀、盛宣怀:《禀李鸿章》,光绪元年十二月十七日),就这样,李鸿章接受了盛宣怀湖北煤厂"官本官办"的请求。

四、全力以赴,创办"湖北开采煤铁总局"

1876年1月15日,李鸿章、沈葆桢、翁同爵会奏,"拟请委派盛宣怀会同李明墀试办开采鄂省广济、兴国煤铁,售与兵商轮船及制造各局[①]。随即盛宣怀赴广济,成立湖北开采煤铁总局,并担任总局督办。

盛宣怀到任后,就紧锣密鼓地展开工作,2月17日与李明墀一起

[①] 夏东元:《盛宣怀传》,四川人民出版社,1988,第464页。

找矿上人员研究，确定总局的局址设在广济盘塘，并在那里建造总局办公所需的房屋。三个月后，总局的房屋建成，工作开始正常运转。

与此同时，盛宣怀抓紧学习矿务知识，因为开采矿产对他来说是一项全新的事业，需要专业知识支撑。尤其是广济煤矿将采用国外的先进技术、设备来开采，他更加意识到自己在这一领域的不足，为此四处寻觅矿书。通过学习，盛宣怀大致了解了开矿的专业知识与方法，并对矿事提出一些见解。9月上旬他在《论矿事书》中主张："（1）自己培养认矿人才，一面选聪颖子弟随洋人看矿学习，一面选派人才出洋专学开矿本领……（3）统一领导，遍勘各省矿产，俱归督办。"他还请在福建工作的张鸿禄帮他找一本斯米德翻译的名为《五金矿论》的书，10月下旬，当他得到该书的第一卷时，喜出望外地学习起来。盛宣怀还十分注意学习报纸上有关矿产学知识的文章，经过学习，他掌握了不少矿产学理论（见盛档，《张鸿禄致盛宣怀函》，光绪二年十一月二十二日）。

盛宣怀深知，要真正办好矿务，必须有出色的专业人才，要开矿首先要勘矿，勘矿是否精准对采矿影响很大，而采矿要运用国外的技术、设备，这些都必须有新型的矿务人才。为此他不惜重金聘用洋矿师。1876年1月15日，清政府驻英使馆推荐的矿师马立师到达广济，盛宣怀与他见面后，随即请他一起到阳城山勘矿；2月19日他与马立师签订雇用合同；2月26日，他带着马立师一起到上海，委托耶松洋厂定造勘矿铁钎，为在广济进行全面勘矿作准备。

初步解决了缺乏矿务人才的问题之后，盛宣怀积极开展勘矿、开采和冶炼业务。由于广济及附近的大冶在历史上就是煤铁分布区，因此盛宣怀的指导思想是"先煤后铁""以铁为正宗"，这得到了李鸿章"所见甚是"的赞许（见盛档，《李鸿章致盛宣怀函》，光绪三年七月八日）。在这样的方针下，广济探煤和大冶探矿同时进行，盛宣怀也派人到国外购买新机器，用洋法开采和冶炼。

为了选择最佳的煤源进行开采，使煤厂一举成功，盛宣怀派人先后勘查了广济、大冶的煤矿。在"先煤后铁"的方针下，他决定先在

第三章 起起伏伏，中国第一个勘矿公司

广济开采煤矿，由于当地缺少开矿的熟手，1876年10月下旬，盛宣怀派人到湖南衡州等地察访开煤情形，并招募开矿熟手到广济来。但广济的煤质欠佳，煤层较薄，所产的煤均难合机器局、招商局之用。这与创办湖北开采煤铁总局的初衷相去甚远。

五、广济煤矿"官本官办"，以失败告终

自1875年至1877年，将近三年的时间，盛宣怀在湖北广济、大冶等地日夜奔波，十分辛劳。虽然广济开始采煤了，但是煤的质量不行，不适合机器局、招商局之用，将这种劣质煤用于炼铁，炼出的铁的质量也不行，他采取"官本官办"的制度办理的湖北开采煤铁总局，以失败告终。

究其原因，第一，应该说是没有经验。盛宣怀尽管有良好的愿望，也十分投入，并且注意自身的学习，但是矿务毕竟是一项专业性很强的工作，涉及勘探、开采、冶炼等多个专业领域，又需采用外国先进的技术与机器。但中国在开矿之初，对于科学勘矿与机器开采是一窍不通的，而办理这样一个涉及资本、人力、生产、经营、管理，以及一系列相关问题的大项目，对当时的中国来说，都是全新的领域，没有现成的经验，不受些挫折是不可能的。

第二，没有合适的专业人才。科举培养出来的人才，不具备工科的知识与技术，在矿务上派不上用场。因此，只能聘用外国矿师，但通过驻英使馆聘用的洋矿师马立师，技术欠佳、自以为是。他将广济的劣质煤误认定为优质煤；将劣质煤供给机器局、招商局的轮船使用，当然抵不过外国的优质煤；将劣质煤用于大冶炼铁，自然也无法炼出合格的铁，白白浪费了开采与运输费用。

第三，制度本身存在问题。湖北开采煤铁总局采取"官本官办"的制度，开采出来的煤，主要供应给军工企业，不面向市场。官办的体制决定了企业往往不计成本，例如，为了能在大冶炼出铁，广济劣质的煤也要用，结果可想而知。此外，官办的体制很难调动管理者与

矿工的积极性，很多人并不关心企业办得好不好。

第四，投入产出不匹配。湖北开采煤铁总局的目标宏大，对煤铁进行勘探、开采、冶炼，涉及的地域范围相当广，湖北境内的长江两岸几乎都涵盖了。目标大的另一方面会导致生产、管理的战线拉得很长。面对这些状况，突出表现为缺少人、缺少资金。缺少人不仅表现为缺少合格的矿师，就是开矿熟手也缺，至于生产、管理的其他环节，应该说同样缺少人才。除此之外也缺少资金，这么大一项工程，盛宣怀在开办之初，仅领到官本30万串，这笔钱还不到20万两，而在他从广济挖出煤、在大冶炼出铁样时，这笔资金已经消耗过半了。

当然，还有其他的原因。如对于办矿，盛宣怀的思想负担比较重。李鸿章对办好矿务寄托了很大的希望，朝廷中有不少人关注，洋人也在觊觎。盛宣怀想办好企业，急于取得成绩，"欲速则不达"，使得在有些环节上跟不上。再如环境条件比较差，在那个时候最难的是交通运输跟不上，从上海、天津到湖北广济交通不便就不说了，就是广济、大冶、武昌之间的交通也十分不方便，约束了企业的发展。

对于广济煤矿的失败，盛宣怀认为应该客观看待，虽然于官不利，于当地百姓"则不为无益"，因为"百姓劳其筋力，取其土货，以易我资财"。（见盛档，盛宣怀：《禀李鸿章》，光绪七年闰七月）因此，不能认为只是有害无益的。

六、办理荆门煤矿，仍然失利

盛宣怀在广济受到的挫折，使他下决心辞退了没有真本事的洋矿师马立师。同时他又请身为中国海关总税务司的英国人赫德，帮忙从英国重新聘请称职的矿师。1877年4月16日，赫德来函："代延之矿师郭师敦及机器匠人，业于二月初二日由英国起程，约在三月十五日前后即可到沪。"

5月6日，新聘的矿师郭师敦及两位工程技术人员谭克、派克，先于盛宣怀抵达广济盘塘，他们开始着手勘矿；6月24日，盛宣怀从天津抵达盘塘,了解郭师敦等勘探的结果;6月29日,盛宣怀针对郭师敦所称"(广济)龙港一带不产多煤,又不合机器大宗烧用,徒费时日,定不见益",回函致郭师敦,明确对龙港一带"自应舍此而另择他处,冀可早安机器采煤"。

为了减少总局的亏损,7月22日,盛宣怀嘱咐武穴矿的具体经办人郭在岐等"望广予招徕附近石灰窑等用户,以推销总局不适用于机器、轮船的存煤";10月22日,他又因兴国、广济所产的煤均难合机器局、招商局之用,下令"就近变价,以归还官本",采取降价"去库存"的办法。

与此同时,他敦促郭师敦等人抓紧探矿。9月7日,他亲自率领郭师敦等抵达宜昌,欲赴归州、兴山、荆当等地勘矿。1877年秋,他又带队赴武汉,自上游出发探寻煤矿。他在《禀李鸿章》中说:"(光绪三年)九月十七日自宜昌启程,二十日行抵荆州府属之沙市。职道即舍舟登陆,先赴当阳县属之观音寺,会同地方官查明产煤各山,并晓谕绅民……以免疑阻生事端。部署既定,职道仍遄归沙市。于十月初七亲率矿师乘舟,溯沙江,入漳河,水竭滩多,日行二三十里,至十三日始获行抵观音寺。逐日督率矿师郭师敦等履勘荆、当所属各矿……拟(于十九日)即率矿师前赴大冶履勘铁矿。"1878年1月2日,他又与大冶、武昌、黄冈当地的地方官员一起,"督率矿师履勘武昌、黄冈所属南北两岸,上下百余里"①。在继续勘矿的同时,勘矿人员也在寻找适当的安炉、炼铁的基地。

郭师敦等人反复勘查,查明大冶铁矿县北40里之铁山,"铁层平厚,一如煤层……且邻境俱属富有铁矿",荆门、当阳的煤质亦好,"能与美国白煤相埒"。(见盛档,盛宣怀:《致翁同爵函》,光绪三年六月二十二日)。1878年2月,盛宣怀以湖北开采煤铁总局的名义买得大冶铁矿山。

---

① 夏东元:《盛宣怀传》,四川人民出版社,1988,第471页。

大冶铁矿

1879年4月下旬，郭师敦等人在经过全面勘矿的基础上，对开采、冶炼的规模，所需的机器设备、人力资本，运输成本，包括管理经营费用等，做了全面的预算，给出了两种方案：开矿加建筑铁路需资金50万两以上；不筑铁路而煤铁并办，也需50万两以上。资金成了大问题，本来总局资金已经捉襟见肘了，现在面对这么高昂的预算，怎么办？盛宣怀与总局李金镛等人反复讨论，于1879年5月上旬，向李鸿章与湖北省督李瀚章做了检讨"自愧菲材，暗于谋始，以致艰于图成"，并提出了两种对策：一是仍然官办，请李鸿章从制造、海防项下每年拨款；另一则是由"官本官办"改为招商股，专办煤矿。李鸿章于1879年5月27日批示"若因经费不继，中道而辍，未免可惜。应照所拟招商开办之一法，较为便捷"，责成盛宣怀招商筹办。当年6月，结束湖北开采煤铁总局，另设荆门矿务总局、大冶矿商办。

然而，招商股并不如预期，荆门总局在开局之初，只招到五百股，总计5万两，这与实际需求的资金相差甚远。由此，盛宣怀决定先用土法采煤、洋法炼铁，规模由小而大。1880年12月，荆门矿务总局再次招股，应者寥寥无几。结果是，荆门煤矿未能扩充，大冶熔铁炉没有开办。当时资金不足，加上荆门矿务总局内部管理不善，具体经办

第三章 起起伏伏，中国第一个勘矿公司

人不抓生产（出现通过收购老百姓挖的煤再转售出去的情况），因此不被看好。1881年8月上旬，湖北督办李瀚章据人告发后，建议裁撤停办。李鸿章根据实际情况，给予盛宣怀"实属办理荒谬"的训斥。（见盛档，李鸿章：《札盛宣怀》，光绪七年七月二十七日）为此，盛宣怀于9月2日禀报李鸿章，"湖北矿务开局以来，收支尚不敷钱六千四百二串二百六十七文，统由盛尽数垫赔，历经造具清册详报在案"。

10月28日，荆门煤矿总局正式撤销，盛宣怀在湖北的矿务告一段落。

尽管盛宣怀在广济、荆门、大冶办矿，都遇到了挫折，但是这些并未泯灭他办矿务、办实业的信心。

七、在矿务实践中树立正确的人才观

盛宣怀在经办湖北开采煤铁总局、荆门矿务总局、大冶矿商办的过程中，充分认识到人才的重要性。

1876年9月上旬，他在致李鸿章的《论矿事书》（光绪二年七月）中说："开矿不难在筹资本，而难在得洋师。盖筹资本于目前，即可获子母于日后，又非同造船制器有耗而无来也；矿事之成败利钝，实以洋师之得人不得人为定，而其本领又不难在开矿，而在认矿也。认矿只须得一二人，便可遍视各省产矿之地。夫以一二人而可揣十余省之地利，亦不妨优给薪资，并当议明开成一矿给赏若干，使其专心为我所用。"

盛宣怀认为，对于洋矿师，也不能盲目相信，他在第一次与马立师见面的时候，通过与马交谈、接触的过程，就"闻其议论徜恍迷离，迥不如台湾翟萨条理井井，故仅定半年之约"（见盛档，《盛宣怀致李鸿章函》，光绪二年十一月二十二日）。盛宣怀在函中所提到的翟萨，是台湾基隆煤矿所聘的英国矿师，盛宣怀在同翟萨与马立师的分别接触中，发现马立师远不如翟萨，所以他对马立师聘用合同的年限，只定了半年，并且在合同中有明确约束"该洋人既充本局监工，无论大小事体总当听从本道主使，勤慎妥当，诚实办事。礼拜日仍应照常办公。并须随时随事先行禀明本道，斟酌妥当，方准照办，不得擅自主张"（见盛档，《英矿师马立师合同》，光绪二年正月二十五日）。为了不受蒙骗，盛宣怀抓紧由外行变为内行，他告诉李鸿章，自己虽然对于"地学化学，格致门类，一名一物，绝无所知，然犹欲勉力考究其近似，冀不为人所蒙蔽"（见盛档，《盛宣怀致李鸿章函》，光绪二年十一月二十二日）。

马立师在履行合同期间，工作不认真且抱怨很多。1876年6月26日，马立师连续致函盛宣怀，抱怨"经办委员掣肘，凡事不能做主"。而在勘矿上，马立师的技术根本不过关，他将广济的劣质煤认定为优质煤。盛宣怀发现马立师在技术上也不行之后，毫不犹豫地予以辞退。马立师面对辞退的决定，向盛宣怀"函请另行择地"，再行勘矿。对此，盛宣怀坚决予以拒绝。

新聘的矿师郭师敦工作认真，成绩卓著，盛宣怀发现郭师敦具备数学、物理学、化学、地质学等较全面的知识，且为人也很谦虚。盛宣怀对郭师敦评价一直较高，也很尊重他。1878年9月15日，盛宣怀在函中称赞郭师敦"视公事一如己事，忠诚在抱，必能妥速成功"。1880年1月，他在给郭师敦出的证明中说："该矿师于矿务、化学、绘图一切甚为熟谙，办事亦颇认真。"① 而比较盛宣怀对马立师的评价，不仅工作态度不行，而且"不谙地学、化学"。

盛宣怀始终认为，使用洋矿师的难点在于"使其专心为我所用"，因此不能长期依赖洋矿师，要派自己的子弟跟随洋矿师学习，培养自己的人才。在聘请洋矿师之初，他就确定在同文馆及福建、上海的制造局中，挑选算学基础较好、聪颖的子弟一二十人，随同洋矿师实地学习，学习用科学方法分析矿石，并购买外国博物馆所藏矿石标本以备参证；同时决定送一二十人出国，专学开矿本领，这些学生两三年后即可回国，派上用场。

---

① 夏东元：《盛宣怀传》，四川人民出版社，1988，第472、474页。

盛宣怀在矿务实践中，建立起来的人才观，为他以后在矿务及其他实业中取得成功，奠定了基础。

八、在办矿热潮中，再次受挫

19世纪80年代初，国内掀起了一股投资办矿的热潮，其中尤以采煤和金属矿的开采与冶炼更受关注。究其原因，第一是军工产业的发展，迫切需要廉价的煤炭、钢铁、铜、铅等金属原材料，与从国外采购相比，显然是自己开采、冶炼要便宜得多；第二，国内早期的工业体系正在逐步形成，除了航运之外，纺织、食品、缫丝等工业企业兴办，有关百姓日常生活的手工作坊也明显增多，增加了对煤铁等原材料的需求；第三，社会上一部分人手中的资金比较充足，为外国企业服务的买办，以及一部分商人、地主、官僚都积累了一些财富，他们有投资的意愿；第四，外国势力尽管对中国的矿产虎视眈眈，但是毕竟受到清政府的制约及地方百姓的反对，而由中国人自己集资兴办矿业，反倒受到追捧。

投资办矿的热潮，首先表现为一大批开矿公司在全国各地设立，如福建长乐、湖北鹤峰、湖北荆门、安徽池州、辽宁金州、河北开平（唐山）、河北平泉、河北承德、江苏徐州等地都先后出现了这种情况。其次是每一开矿公司上市，人们购买股票的热情高涨，经常出现千百人争购股票的场面，不少人为买到了股票而感到幸运。最后是绝大部分的开矿公司，虽然尚未开工投产，但股票价格却持续上涨，股票的价格超过票面值的情况比比皆是。

19世纪80年代初，面对国内出现的投资办矿热潮，盛宣怀像以往一样，十分关注。开始他主要关注福建长乐、湖北鹤峰铜铅矿的开采与冶炼，这是因为他深知铜铅这些金属材料在军事、工业中的重要性。此外根据在广济、荆门等地几年采煤的实践，盛宣怀清楚铜铅的开采、运输成本与采煤相比要低得多，而它们在市场上的价格却比煤高出很多。为此，他还研究了如何采取土洋结合的办法开采铜铅等矿，提出了"首勘矿苗、辨矿质、查运道、计人工、募炉头、集资本、议税厘"

等程序[①]。盛宣怀虽然关注长乐、鹤峰的铜铅等矿，并且获得了那里的矿样，但是，他并没有条件亲自去那里办矿。他亲自创办的是山东登州的金属矿与辽宁金州的煤矿。

1882年，盛宣怀受北洋大臣张树声的委托，率矿师池贞铨等到山东登州等地勘查金属矿藏，并拟定了《试办山东滨海各铅矿章程》；1883年，他又派冯颂南、池贞铨及英国矿师马利生等人到辽宁金州骆马山等地去勘查，并在金州成立矿务局，亲自担任督办。在金州勘查的结果是苏家屯的铁质较好，骆马山的煤质较差。盛宣怀与矿师对于在金州采取何种方案进行开采、冶炼，有着不同的意见。在勘矿的同时，盛宣怀着手招股，预定的目标是20万两，没有多少天，就完成了目标。

当时他的主要精力在办电报这件大事上，恰逢中法战争爆发，福建至浙江的电报线建设事关大局。然而，架电报线缺乏资金，一时又难以筹到，他考虑到金州矿暂时还未全面开工，就将金州矿的股资十几万两挪用于电报线建设，并将矿股改为电股。虽"均经详咨有案"，向相关部门打过招呼，但盛宣怀因此受到弹劾，并受降级调用处分。山东登州与辽宁金州的矿务也均未达到预想目标。

九、维护国家矿权，防止列强掠夺

1894年7月25日，中日甲午战争爆发，当年9月的平壤之役，盛宣怀的五弟盛星怀阵亡。1895年4月17日，中日《马关条约》签订，盛宣怀在"病榻扪膺长叹"。他清醒地意识到，中日甲午战争失败后，帝国主义列强会进一步对中国进行侵略。

盛宣怀认为，"中国财产莫大于矿"，外国列强虎视眈眈想要侵占的首先是中国的矿藏，而中国要想增强工业、军事的实力，也离不开矿藏。因而他将办矿看作"转贫弱为富强实有关系"（见盛档，盛宣怀：《寄总署总局》，光绪二十四年二月十三日）的关键一招。

① 夏东元：《盛宣怀传》，四川人民出版社，1988，第66-68页。

盛宣怀对矿的概念是全面的，不局限于煤铁，他认为金属矿中的金、银、铜、铅等矿，都是工业中极有用的原材料，都要注意勘查、保护，从地域上讲，全国各地的矿藏，都应列入勘查、保护的范围。

盛宣怀对外国入侵者侵占我国矿业的举动十分警惕。1895年，沙俄急于侵占我国东北的金矿，他提醒直隶总督王文韶：（黑龙江省）观音山矿苗胜于漠河……家有窖藏，强邻觊觎，建议宜速抢挖。（见盛档，盛宣怀：《寄直督王夔帅》，光绪二十一年十一月十二日）后来，他针对黑龙江漠河的金矿，又提醒王文韶，说："此矿久必归俄！自以速办为是。"（见盛档，盛宣怀：《津督王夔帅》，光绪二十四年三月五日）1901年9月7日，《辛丑条约》签订后，盛宣怀担心沙俄抢占漠河，建议：力争漠河、观音山和三姓等金矿"仍归华商自办"。（见盛档，盛宣怀：《寄京王中堂》，光绪二十八年二月二十日）

1898年，盛宣怀得知英国福公司在山西几乎侵占了整个省的开采权，而且还想在山西境内筑路以便运输矿石，甚至还想就近建炼铁厂，将铁矿石炼成铁。他惊觉福公司不仅要在中国掠夺原材料，而且要将它们变成"制成品"，再运回国去。盛宣怀在发至总署总局的信中指出："若照山西、四川一纸合同，即以全省六十年无限地利悉归外人，名曰华股，实皆洋股，且恐借开矿而渐及派兵保护，占利竟致占地，恐贻后悔。"（见盛档，盛宣怀：《寄总署总局》，光绪二十四年二月十三日）针对英国福公司的做法，盛宣怀提出"一是只能给予某一矿，'就矿言矿'，绝不能给予全省矿权；二是矿与路不能兼营；三是不准把原材料制成成品"[①]的对策，针锋相对地与英国福公司对抗。

1896年，盛宣怀接任铁路总公司督办后，看到帝国主义列强瓜分中国的局面时，提出大规模引进机器设备和使用洋股以开采矿藏的建议。当他得知"北方直、晋、豫全矿皆与俄、意、英定约，余利归外人七十五分，限期六十年"的消息后，愤慨而担忧地说："北方无尽利权均属人。"由此他判断"湘矿不久必属英、法"了。为此，他提

---

① 夏东元：《盛宣怀传》，四川人民出版社，1988，第237页。

议将湘矿"归并（铁路）总公司"，借美款开采，以抵制外国势力的进犯①。

面对列强瓜分中国的态势，1896年著名的思想家郑观应向盛宣怀提议："今我国势将瓜裂，恐难挽为（回）。拟设立一公司附于商局，急遣矿师四出，将各处好矿凡属官山及价廉之民产尽行购定，并禀请地方官批示存案，免为外人所夺。"（见盛档，《郑观应致盛宣怀函》，光绪二十二年四月二十日）郑观应后来又说："在各省凡铁路经过百里之内有矿产者，应归铁路公司招股开采。"（见盛档，《郑观应致盛宣怀函》，光绪二十四年十二月初二）他敦促盛宣怀抓紧购买，"迟恐好省分又为捷足者为先登，大权落于人手，铁路无以生色"。

1899年，盛宣怀正式上奏清廷，说："应仿照通商银行速立矿务总公司，选举商董，招集商股，附搭官本，延聘著名地学、化学之矿师二人，选派专员，分赴三江两湖以及各省，凡未为洋人所得者，周历查勘，将各种矿地逐一勘明，绘图贴说，分别等差，先行买归总公司执业。酌定地租数目，造册呈送，统辖总局存案。"面对西方列强的侵犯，盛宣怀提出了针锋相对的对策，并积极采取行动。

十、维护国家利权的中国勘矿总公司

1901年9月7日，《辛丑条约》签订后，西方列强侵占我国矿产的形势更加严峻。面对这一状况，1902年10月，盛宣怀向清政府奏请在上海设立勘矿总公司。他在《请设勘矿总公司折》中说："中国所有者产矿之基地也，外国所有者开矿之资本也。我能守我之地，不为他人所夺，将来以我矿地，或作资本，或采租息，皆当权自我操。总之，矿商之利，外人不妨共之，而地主之权，中国当自守之。亡羊补牢，尚未为晚；曲突自徙薪，岂容再误！"针对列强群起抢占我国矿利，而国家的财力和矿业人才缺乏，不允许大规模办厂开矿这一情况，

---

① 夏东元：《盛宣怀传》，四川人民出版社，1988，第239页。

盛宣怀在奏折中又说:"终欲思一补救之法,断非空言大言所能济事,而必先量我权力、财力所能办到,惟有将民间产矿之地,由公中筹款自购,力争先着而已。"

为此,他提议在国内筹集百万两资本,在上海设立勘矿总公司,派矿师勘查全国各类矿产资源,以便购买。此外,他还建议各省也"筹款分延矿师勘觅,以免外人再占"(见盛档,盛宣怀:《上振贝子书》,光绪二十九年闰五月二十九日)。

1903年,中国勘矿总公司在上海设立。盛宣怀聘请布鲁特为矿师、李御为副矿师,迅速派人在全国各地勘查、争购矿产,先后购得江苏利国铁矿、唐山至林西沿途煤矿、山西平定州煤矿等矿权。他向山西巡抚张曾敭解释自己的行为:"一则留为自办,彼不能夺;一则合办,可作股本,庶不致空言无补。"他还提醒张曾敭,在山西迅速筹划华商"自开各矿"(见盛档,盛宣怀:《寄张帆中函》,光绪三十一年五月初一)。

针对英国福公司在山西既计划筑路,又计划炼铁的情况,1903年10月22日,盛宣怀致电外务部:"查福公司造路,从前只言运矿,现闻意在设厂炼铁,于中国铁政影响甚大,必须设法补救,否则中国认巨款代造运矿之路,转使其腾出路款速成煤铁矿,以夺我铁厂权利……"三天之后,他又致电外务部及商部:"窃思晋、豫合同,平空给以无数矿利,已大失算。兹因其求我国家出予泽道铁路借票……索我借票,俾腾出福公司资本全力开矿,是中国国家任代造运矿路之巨款,英国公司独受开矿无穷之大利。彼既欲因矿而及路,我即欲因路而及矿。一曰此路运矿车价须比他项客货酌加两倍,以备修养及票债本利。一曰国家应得红股若干,分沾矿利。一曰只准开矿不准制铁,以符条约始终未准洋商在内地设厂之义。"(见盛档,盛宣怀:《寄外务部、商部》,光绪二十九年九月六日),他针锋相对地提出了限制福公司的措施。之后,他又给外务部去函,提出了抵制英国福公司的意见。

盛宣怀抵制英国福公司的意见,未得到清政府的完全支持。这时,他又致函山西巡抚张曾敭,请张限制福公司在山西的矿权。张曾敭经过密查后告知盛宣怀,福公司未将山西铁矿全部购去。1904年3月,盛宣怀在致电外务部的函中说:"……晋省铁山并未买动。现拟派雇矿师先收产铁矿山,虽不能如大冶尽数收买,或不致悉为彼得,则仍可自炼自铁,而福公司铁砂不过带炼。倘能办到如此,铁利尚可挽回。"(见盛档,盛宣怀:《寄外务部》,光绪三十年二月十六日)

中国勘矿总公司成立三年之后,盛宣怀向清廷奏请将公司撤销。盛宣怀在奏折中说:"伏查勘矿之举,原议重在收买矿地,免为外人占夺,实赖各省地方官联络一气,方能办理。臣奉准设立勘矿总公司后,即撤销商务大臣差使,势难以上海一隅之局,参与各省之事。况近年风气大开,各省多已次第设局开办,自应将总公司即行裁撤,所延矿师布鲁特以及副矿师李御三年合同期满,已撤回国。"(见盛档,盛宣怀:《密陈裁撤勘矿公司拨款专办晋矿摺》,光绪三十二年三月)经过清政府批准后,中国勘矿总公司正式撤销。

第三章
起起伏伏,中国第一个勘矿公司

第四章

在与洋人争权中,
创办中国电报总局

一、电报在中国产生的背景

鸦片战争之后,中国国门洞开。世界各国都将眼光瞄准了中国。1862年初,沙俄入侵者把留捷克就向清政府提出,允许他们在中国架设由都城(恰克图)至天津的电线,遭到清政府的拒绝。但是把留捷克坚持要求清政府"以后如有允许他国于贵国设立此法,必须先准俄国以为始"。(见《海防档·电线》〔一〕,1页)1863年,英国使节卜鲁士听说沙俄想要捷足先登,也照会清政府,想要"添设飞线与俄国所设相连合",即要架设由恰克图经北京至海口的电线。接着,1866年法国领事李添嘉提出要架设由广州至香港的电线;美国玛高温也向清政府提出在中国架设由上海至香港、由上海至天津"联三处为一气"的海线并牵引上岸;就连当时经济实力还比较差的日本也提出要参与架线。面对西方列强与日本的各种要求,清政府均予以拒绝。这种状况,一直持续到了1870年。

清政府之所以拒绝洋人在中国架设电线,就如同其拒绝外国势力在中国建造铁路一样,主要是出于外交与军事上的考虑,认为如若放任,必有损于国家利益。"开设铁路,洋人可以任便往来",而"倘任其安置飞线,是地隔数千里之遥,一切事件,中国公文尚未递到,彼已先得消息,办事倍形掣肘。且该线偶值损坏,必归咎于官民不为保护,又必丛生枝节"。

实际上,清政府从政治上考虑,不得不提防外国势力通过在中国建设铁路、架设电报线,从而达到掌控中国的目的。客观上,19世纪60年代,西方近代工业刚开始传入中国,电报产业在清政府看来是纯粹的军工产业,他们还意识不到通信对发展经济、改善人民生活的意义与作用;而电报对清军镇压太平军、捻军来说,并非必不可少之物,从军事上考虑架设电线,也不那么迫切。因此,清政府除了拒绝洋人架设电报线，在行动上，对那些不听劝阻、擅自架设电线者，一概立即加以制止。

19世纪70年代之后，随着西方列强要求开办电报业务的呼声不断增高，清政府已经有些无法招架了。那么，发展电报这件事究竟是由外国人来做比较好，还是让中国人自己做更好呢？其实早在1865年，一位法国翻译李梅就曾建议，由中国人自己设线，供中国人、外国人共同使用，可能比较好。

1870年，福建船政大臣沈葆桢思索良久，提出了与李梅相似的主张。他在给朝廷的奏折中说："闻电线之设，洋人持议甚坚，如能禁使弗为，则多一事不如省一事；倘其势难中止，不如我自为之，予以辛工，责其教造，彼分其利，而我握其权，庶于海疆公事无所窒碍……"（**沈葆桢：《议请自设电线》，同治九年七月十六日**）他认为既然呼声这么强烈，又压不下去，不如我们自己来搞，把权掌握在我们自己手中。

1874年，为了抵御日本对台湾、福建的侵犯，李鸿章与沈葆桢商议调兵之计，采用传递信函的方式，而日本则已用电线传递信息，清军显然敌不过日军。李鸿章深感吃了信息不通的亏，认为必须在加快建造铁路的同时，也要加快电线的架设。

在清政府从政治上、军事上认识到迫切需要架设电线的同时，洋务实业经过近十年的发展，商人也开始意识到，在剧烈的市场竞争中，要战胜洋商，确保商务信息灵通是关键，于是架设电线，充分运用电线电报，也成为发展工商业的重要条件。盛宣怀正是在这样的背景下，承担起开创中国电报业的重任的。

二、19世纪70年代中国早期的电报活动

19世纪70年代初，洋人要在中国开办电报业务的呼声越来越高。1871年，最早入侵中国电报通信的是英国、俄罗斯、丹麦等国的洋人，他们未经清政府的同意，敷设了香港至上海、长崎至上海的水线，全长2237海里。当年4月，他们违反清政府海缆不得登陆的规定，由丹

第四章 在与洋人争权中，创办中国电报总局

麦大北电报公司（丹麦在华注册的公司）出面，秘密从海上将海缆引出，沿扬子江、黄浦江敷设到上海市内，并在上海南京路12号设立电报房。

出于无奈，清政府对洋人在中国架设电报线的问题上，开了一个口子。1871年6月3日，丹麦大北电报公司在我国架设第一条电报水线并开始通报，并在上海租界设立了电报局，开始了中国最早的电报业务。

为了便于在中国拓展电报业务，1873年，法国驻华人员威基杰开始研究汉字的电码。汉字由许多部首组成，结构复杂，变化繁多，一个字一个"面孔"，拍电报不便直接用电码来表示，因此，威基杰想到采用由四个阿拉伯数字代表一个汉字的方法，简称"四码电报"。中国汉字繁多，仅常用的汉字就有一万多个，所以用10的4次方（10,000）来表示，这就是"四码电报"的来历。他参照《康熙字典》的部首排列方法，挑选了常用的6800多个汉字，编成了第一部汉字电码本，名为《电报新书》。

1873年，中国最早的汉字电码由郑观应（广东香山人，科举未中后自学英语，著名的思想家、教育家、实业家，《盛世危言》的作者）改编《电报新书》而来，名为《中国电报新编》。这是中国最早的汉字电码本。这为电报业务在中国展开，创造了条件。

1873年，华侨商人王承荣从法国回国后，与福州的王斌研制出我国第一台电报机，并呈请政府自办电报。但是，清政府拒不采纳。

1879年，中国外遇列强侵犯，内遭民众起义，沙俄乘机强占我国伊犁，并派军舰窜入我国领海。清政府为了沟通军情，派李鸿章多次与在我国最早开设电报局的丹麦大北电报公司交涉，确定由中国出钱，委托其修建大沽（炮台）、北塘（炮台）至天津，以及从天津兵工厂至李鸿章衙门的电报线路。这是中国在陆地上自主建设的第一条军用电报线路。由于实施过程中遇到各种阻力与困难，清政府越发感到有必要掌握通信的自主权，同时逐步体会到通信在国计民生中的重要性。

三、丁日昌——"中国电报第一人"

丁日昌（广东丰顺人）是晚清著名的军事家，政治家。

1862年（同治元年），丁日昌奉曾国藩之命，前往广东督办厘金。丁日昌抵达广州后，发挥自己通晓火器制造的专长，在广州市郊燕塘亲自设计监制成功短炸炮36尊，炮弹2000余颗。这些武器受到广东清军的欢迎，丁日昌因此声名远扬。1863年（同治二年），他在广州郊区设炮局，仿制西洋大炮和炮弹，后被李鸿章调赴上海，创设炸炮局，制造18磅、48磅等多种开花炮弹，同时也铸造少量短炸炮，供淮军使用。

1865年（同治四年）9月，清政府设立的第一家近代军工企业——江南制造局成立，丁日昌出任总办，它标志着中国近代军事工业企业的产生。1875年（光绪元年）6月，丁日昌奉旨北上天津，帮助北洋大臣李鸿章商办事务。9月，在沈葆桢的推荐下，丁日昌出任福建船政大臣。

1876年（光绪二年）初，丁日昌又奉命兼署福建巡抚。他到任后，提出要对船政局的生产加以革新，希望能派员赴外国学习，并且聘请外国技术人员在企业当教习。他和李鸿章、沈葆桢等人共同促成福州船政学堂首批35名留学生赴欧学习，其中包括严复、刘步蟾等在近代史上赫赫有名的人物。

丁日昌作为一位军事家，他很快认识到电报可以通军情，为海防所必需，所以他积极主张中国自设电报。而办电报必须有相应的技术人员，于是，1875年他在福建船政学堂附设了电报学堂，开始培训中国自己的电报技术人员。这是中国第一所电报学堂。

他亲自与丹麦大北公司交涉，收购了大北公司敷设的福州至罗星塔的电报线，该线成为中国自营的第一条电报专线。

1877年，福建巡抚丁日昌利用去台湾巡视的机会，提出设立台湾电报局，拟定了修建电报线路的方案，并派电报学堂学生苏汝灼、陈平国等专司其事。这样，丁日昌在台湾除了开矿藏、筑铁路、造船械、办农垦等之外，还架设了由旗后（今高雄）经台南至安平的电报线。负责工程的是武官沈国光，工程于1877年8月开工，同年10月11日竣工，全线长95华里。这是中国人自己架设、自己掌管的第一条电报线，开创了中国电信的新篇章。由此丁日昌也被称为"中国电报第一人"。

四、为办电报引起的胡、盛之争

1879年（光绪五年），李鸿章与盛宣怀商议洋务之事，盛宣怀提出当务之急"电报为先"，对此意见，李鸿章深以为然，当即便责成盛宣怀按照轮船招商的成例，督办电报事业。殊不知，这一番对话，却引出了盛宣怀和胡雪岩为办电报的一场争斗。

胡雪岩身后站的是以左宗棠为代表的楚军势力，盛宣怀依靠的是李鸿章—淮军—北洋这棵参天大树。李鸿章和左宗棠，都是清末继曾国藩之后著名的大臣。他们的意见，甚至可以影响到清廷中枢的具体决策，可谓是地方督抚大员中数一数二的人物。但在政见上，李鸿章主和，左宗棠主战，再加上慈禧似有意无意地搞政治平衡，故两人并不和谐。

胡雪岩探知盛宣怀的举动后，抓住左宗棠正从军机大臣、总理衙门转任两江总督、南洋通商大臣的良好时机，向左提出应该抢先设立电报，还进一步说明了电报的政治、经济意义，认为如果开设电报，一定能为楚军形成源源不断的创收新途。

于是左宗棠立刻具折上奏，请求朝廷能允许他在两江境内架设电报线路，开展电报业务。左宗棠的奏折内容很快被李鸿章得知。李鸿章自然十分恼怒，盛宣怀当然也不痛快，但他冷静下来一想，便转怒为喜，并为李鸿章讲出一番道理来。

盛宣怀以为，左宗棠这次上书，表面上是拔得头筹，夺了李鸿章的面子。但实际上，当时不管是百姓还是官员，对于电报这种新发明都是持否定态度的。特别是慈禧太后，更是对洋人的这种东西深恶痛绝。左宗棠跳出来大声疾呼，守旧派肯定会大加攻讦，短时间内必不能成事。

盛宣怀为李鸿章谋划：不妨就让左宗棠去当这个先锋，我们只管做好基础建设的准备。等到左宗棠和守旧派斗得两败俱伤、师老兵疲之际，我们再拿出更可行的方案收拾局面。

李鸿章听了盛宣怀的分析后，自然连声称好。于是便命盛宣怀主持准备工作，并嘱咐盛宣怀赴上海，请郑观应一同筹划办理电报的事宜。

事态发展完全证明了盛宣怀的判断。左宗棠和反对派在朝堂之上各执一词，争执不下，而慈禧太后当时的心思又不在电报上，索性各打五十大板，将电报一事搁置不议。左宗棠一场辛苦毫无所获，怏怏地奔赴两江上任。胡雪岩经此挫折，也只好偃旗息鼓，将精力转回他的老本行——钱庄、茶叶和蚕丝生意上去了。

而盛宣怀抓住这个机会，先是邀请郑观应出山，在郑观应的帮助下积极筹备，接着购买电报器材，并在李鸿章的势力范围内，在大沽、北塘海口炮台与天津之间架设了一条短途电报线进行试运营，这也是在中国大陆境内，由中国人正式设立的第一条电报线路。

在盛宣怀和郑观应的妥善安排下，这条线路铺设和运行的过程相当顺利。建设完毕后，李鸿章还动用他的影响力，邀请了光绪的亲生父亲醇亲王等宗室、大臣到现场观看。这些人哪里见过这么"尔发彼得，倏忽而至"的通信方式，不禁纷纷赞叹不已。李鸿章于是乘势上书，要求开设电报局和电报学堂，并保举盛宣怀为电报局总办。在李鸿章的强力推动下，此折很快被奏准。李鸿章和盛宣怀先抑后扬，谋定而后动，干净漂亮地赢得了"电报开设"这一战役的胜利。

1883年，在盛宣怀的主持下，中国电报总局完成了原先左宗棠打算承担的自上海至武汉的长江线的兴建。

五、盛宣怀办电报的思想与主张

1879年（光绪五年）11月，李鸿章招来已经被他倚为左膀右臂的盛宣怀进行商议。盛宣怀认为，"欲谋富强，莫先于铁路、电报两大端。路事体大，宜稍缓，电报非急起图功不可"。盛宣怀凭借自己在实业领域内多年的思考与见识，一下子就抓住了交通和通信这两个工业近代化的核心命脉。他向李鸿章建议，由于办铁路牵涉甚广，受到的阻力也大,只能适当放缓,而电报架设起来相对简便,对军事的作用又大,则应"急起图功"。

盛宣怀在创办电报之初,就意识到电报作为当时最先进的通信技术,必将对促进经济发展产生重大影响。于是他将电报为企业、商务等服务放到了重要的位置。1881年(光绪七年),他提出:"中国兴造电线,固以传递军报为第一要务,而其本则尤在厚利商民,力图久计。"他清醒地认识到电报是资本周转、商品流通等传递企业商务信息的重要一环,电报作为经济发展的产物,反过来也必须为经济服务。

电报的创办从本质上说是为"商"而设的,所以电报企业应该由"商"来投资,由"商"按照经营近代企业的方式来经营电报。所以,电报从创办之初,就将面临激烈的市场竞争。竞争的对手,既有来自国内不同派别的,也有来自国外的入侵势力。

他对抗衡国外的入侵势力,维护国家权利的态度是坚决的。例如,当英、美、法、德四国要在上海设立万国电报公司,添设自香港至上海的海线时,他的态度是:"伏查自苏至粤,海口甚多,前此大北海线仅通香港、厦门、上海三处。若准各国援同治九年奏案另设沿海水线,则海口皆通,骎骎乎有入江之势。从此我有机要,彼尽先知,我有官书,转须假手,反客为主,关系匪轻。"(见盛档,盛宣怀:《设电报沿革》,光绪三十二年)他对国外势力在中国兴造电报,采取坚决拒绝、阻拦的态度。

为了维护我国自身的权利,盛宣怀认为只有采取"先人一着"的手段,才能立于不败之地。1882年在架设江苏至广东的电线时,他说:"伏念各国交涉常情,凡欲保我全权,只争先人一着,是非中国先自设电线,无以遏其机而杜其渐。"(见盛档,盛宣怀:《禀李鸿章稿》,光绪八年)由此可见,他不仅态度鲜明,而且应对的方法十分得当。

六、盛宣怀力主电报局"官督商办"

1880年秋,李鸿章按照清政府的谕旨,决定筹备架设天津至上海的电报线,同时,在天津成立官办的天津电报总局。最初,李鸿章委派郑藻如、盛宣怀、刘含芳三人为天津电报总局总办。1881年3月,郑藻如奉命出使美、日、秘等国,刘含芳亦于1882年辞差,电报经营事务遂由盛宣怀一人负责。

盛宣怀在天津设立的电报总局旧址

开始的时候,天津电报总局定为"官本官办",也就是说,是绝对的国资企业。但盛宣怀认为这样发展下去,对电报事业的发展并不有利,不利于调动商界的积极性。津沪陆线竣工之后,他向李鸿章申请,将电报总局改为"官督商办",仿照轮船招商局的办法招募商股。对此李鸿章有些质疑,但是盛宣怀认为"中国兴造电线,固以传递军报为第一要务,而其本则尤在厚利商民,力图久计"(见盛档,盛宣怀:《电报局招商章程》,光绪七年)。意思是说,电报虽然有传递军事情报和政府命令的重要职能,但它毕竟是商业化的产物,为了使它更好地为商务、民众服务,还是应该按市场的方式,让商人来管理和经营。事实上,按照"官本官办"的模式经营,"津沪电线通报后,经营四个月,亏损甚大"。应该说,盛宣怀的判断是准确的,也是超前于时代的。

为了规范经营,也为了消除李鸿章的疑虑,盛宣怀亲自拟出了《电报局招商章程》,后增为《详定大略章程二十条》,上呈李鸿章。其中就电报局已存的官股与商股的关系、国家的利益做了翔实可行的说

第四章 在与洋人争权中,创办中国电报总局

明，最后强调电报局内部的管理一律按商业原则，政府不得干预，并且提出除军机处、总理衙门、各省督抚衙门、各国出使大臣所寄洋务军务电信采用记账结总作为归还官款外，其他所有各省官府电信一律收取现金，并要先付钱后发报。其他关于电线材料免税、各局用人、洋员的使用和严格要求、巡警沿途保护电杆电线、电码的规格和使用方法，等等，盛宣怀都做了周密的规定和安排。至此，李鸿章终于对电报总局的改制完全放心，痛快地批准了盛宣怀的提议。1882年（光绪八年三月初一）起，中国电报总局改为官督商办招股集资，分年缴还官办本银（湘平银十七万八千七百余两），听其自取报资，以充经费。盛宣怀、郑观应、经元善、谢家福、王荣和等人集股湘平银八万两，这些是中国电报总局的创办资本。

天津电报局是盛宣怀第一次独当一面创办的大型机构，津沪电报线路架设工程是他承担的第一项大型工程。从工程技术知识面看，盛宣怀从未接触过，是全新的知识；从工程施工组织管理来说，他也从来没有遇到过，特别该是工程距离长，地理环境、气候条件变化差异大，施工人员大多是新手，难度是可想而知的。能否圆满完成线路架设，对盛宣怀来说确实是一次严峻的考验。

为此，盛宣怀更加注重学习，他向在电报工程与技术上有经验的郑观应请教，郑观应成为盛宣怀完成津沪电报线路架设工程的主要依靠对象。与此同时，盛宣怀也认真向丹麦工程师学习请教，同时他要求在电报学堂学习的每一个学员必须认真完成学业。

为了加快津沪电报线路的架设，盛宣怀聘请有经验的丹麦大北公司洋监工霍洛斯制订了详细的工程进度计划。霍洛斯作出的规划表明：津沪线路"每日可做二十里，自津至沪二千八百里，计须做工一百四十天，以五月初一动工，除下雨耽搁之日，计需十一月内完工，大约来岁封河之后总可通报"。并委托丹麦大北电报公司向国外订购电信器材，为兴建津沪电报线路作准备。在盛宣怀的主持下，1881年4月，中国的第一条长途公众电报线路，从上海、天津两端同时开工。

七、历经250余天,津沪电报线架设全线竣工

对于这么长距离的工程,如何组织人力、物力有序地开展,是一个难题。因为这在中国历史上是极其罕见的,没有现成的经验可以借鉴。为提高工程进度与效率,津沪电报线架设采取南北两地同时开工的修建方案,盛宣怀南北两地各设督造电线工程委员会,负责全线工程,任命佘昌宁为北路负责人,王锦堂为南路负责人。王锦堂的两位助手俞书祥(又名俞棣云,江苏太仓人)、黄文海(广东番禺人)均从天津电报学堂选出。

在天津架设电报线路

为了提前为电报传送与设施维护作好准备,盛宣怀在总局之下设立七个分局。据1881年12月4日《申报》记载,"自总局外,紫竹林、临清州、济宁府、清江府、镇江府、苏州府、上海县共立七分局,计共总分八局,每局各延洋人一名总司报务。"大沽局早于津沪线而存在,当津沪电报线建成后,将大沽局也纳入其管辖。

各分局负责人分别为上海分局郑观应、谢家福,苏州分局刘庭来、谢庭芝,镇江分局严作霖、张世祁,清江分局陈同源,济宁分局陈锡纯,临清分局朱福春,这些负责人在经营管理上都有较强的能力。

盛宣怀与霍洛斯反复商讨,认为"材料及应用器具,必须分布各段以便临时取用,拟以二百里左右为一段,分作十六段为存材料处,

除天津、临清、济宁、清江、镇江、上海、苏州七处本须设局外，其余兴济、连镇、故城、史家口、夏镇、台儿庄、宿迁、高邮、常州九处设存放物料栈房九处，已经酌妥，二等分局应设几处，再行随时督定"。对于施工技术人员及工人，也请洋匠做了培训，特别是如何掌握工程进度，防止雨天拖累工期。

为了便于施工及日后的管理，盛宣怀在与霍洛斯商议后，确定"五十里应设一巡电房，选派本处巡兵二名，以资巡逻，每月酌给津贴银数两，凡该管五十里之内，均责成该营兵往返巡逻，由霍洛斯及各洋匠教其接线通电之法，并收拾之法，以便遇损即修，免耽要信，并由地方严谕各段地保认真看守勿使损失，俟另定保护章程，再拟详请通行"。此外，盛宣怀规定："电线安置一段即设巡电房，其巡电房存料处，皆分隶七局，就近照管，以相维系。"即确保一段工程完工，经过验收之后，就纳入相应的管辖分局，予以管理。

1881年4月，在盛宣怀的主持下，中国的第一条长途公众电报线路架设工程，比原先预定的开工日期，提前一个多月，从上海、天津两端同时开工。

为了保证工程进展顺利，李鸿章除用淮军军饷垫付建设费用外，还动用军工协助施工，逐段派定巡兵，并由地方政府颁布晓谕，令"民人一体知晓，庶设线到境，不致阻碍耽延"。线路沿途设移巡电房，由绿营汛兵看守。

7月5日，上海端第一根电线杆在南京路（近外滩）大北电报公司门前竖立，约每50步立一线杆。8月，电报线架至苏州，新式植杆工具挖洞铁钎派上用场，将铁钎插入土中左右旋转，片刻即可挖成，操作自如，"苏人得未曾见，故观者皆啧啧称奇"。初选路径街道狭窄且店铺林立，故立杆困难，后改取地域宽阔之处，工程速度明显加快，每日可成10里左右。施工中采取每建成一段即试通一段的办法，为全线畅通提供了保障。8月中旬，上海—苏州段完工，当即试行通报。

1881年8月18日，《申报》报道了电报在苏州试验的情形："苏州电局员董以自申抵苏各处工程已竣，恭请抚藩臬三宪赴局试验。三宪均于午前亲自驾临发报至沪,即赴七襄公所午膳。膳毕,申局回信已到,时刻不爽锱铢。"苏沪间电报往返需一顿饭的时间,较之传统驿递传送已是极大进步,因此获得人们的赞叹。当时苏州电报局还每日代传钱业公所报送申地行情两次,"惟各项寄报尚未议定章程",故暂不收费。

施工进程按最初的规划顺利展开,但是,一开始在有些地段遇到不少麻烦。少数乡绅带领部分乡民进行阻拦,造谣说所架设的电线杆,亵渎了庙里的菩萨,破坏了当地的风水,不让工程队施工。更有甚者,施工队白天架设的电线杆及相关器材,晚上就遭到乡民的破坏。为此,盛宣怀要求地方官府认真查处,杜绝再犯,并请地方大员布置各段地保对乡民进行教育,逐渐改善了这种情况。

为了如期完成工程,工程技术人员及施工工人克服各种困难,风餐露宿,不顾恶劣的气候条件,冒着日晒雨淋,抢赶工期。盛宣怀多次到有关工段视察,看望技术人员和施工工人,确保工程质量达到标准。

9月,南路已造至镇江;北路工程亦进展顺利,已造至距北京700余里之山东临清。报载,电报局计划各路通行须设立分局30处。11月,北路电线造至台儿庄,"适当自沪至津道途之半,其由津而南者大约两礼拜内可以两边接连矣。然则电线之成功可计日而待,亦一可喜之事也"。11月,南路镇江段建成;12月,山东境内南、北线路工程汇合。12月3日,总理衙门的一封电报由天津电报局传送至上海,转由上海外国电线行寄至德国使署,"是为中国电报试传外洋之第一信"。12月8日,津沪电线架设完工。因清江浦和济宁两局机器尚未装妥,故延至12月24日全线试通,并照章收取费用。向公众开放之前,先由政府试用。

整个工程历经250多天,在工程技术人员及施工工人的共同努力下,至12月24日,全长3075华里的津沪电报线路全线竣工,12月28日,电路沿线各局正式向公众开放营业。津沪电报线路得以按时完工与运营。①

八、重视电报专业人才的培养

盛宣怀从办电报开始就清楚地认识到，中国要自己掌握电报的利权，就必须有自己的人才。他除了依靠郑观应这样的技术管理人才之外，还借鉴丁日昌在福建船政学堂附设电报学堂，培训电报技术人员的做法。盛宣怀很清楚科举培养出来的人，承担不了这些科技含量相对较高的工程与技术，要办电报必须办新式学堂，培养新型的工程技术人才。

从国外引进的电报机

盛宣怀还意识到，中国人要掌握电报，必须要改变依靠洋人的情况，但是如何改变这种状态，还得先向洋人学习。因此，他在建立电报总局、开办天津电报学堂时，最初聘请的是丹麦人博尔森和克利钦生，请他们作为学堂的教师。

一开始的时候，电报学堂是由电报总局这个企业负担其费用的。为了提高学堂的政治地位，鼓励学生学习的积极性，盛宣怀提议学堂

---

① 盛承懋：《中国近代实业家盛宣怀——办实业走遍天下》，天津大学出版社，2018，第53、54页。

应以朝廷的名义开办,由朝廷提供办学经费。他对李鸿章说:"学生俟到局派事之后,薪水由本局开支,所有设立学堂经费系为国家造人才起见,应在军饷内开支,免在商本内归还。"此提议得到了李鸿章的首肯。这一举措将电报学堂的性质由原来的民办变为官办、私设变为正式,吸引了更多的好苗子前来进修。电报学堂原定开办一年,后来因为天津、上海、浙江、福建、广东和长江沿线需用人才,就连续办了几年。后来,电报学堂还在上海等地开枝散叶,比如广州起义烈士陆皓东、驻英公使刘玉麟都是从电报学堂毕业的。

1881年5月,上海继天津之后设立电报分局,因缺乏人才,盛宣怀聘请谢家福、俞棣云等人参与工作,随即筹办电报学堂。1883年7月5日,上海电报学堂开始招生,学堂分设按报塾、测量塾,聘请丹麦人博怡生、葛雷生等任教,初次考试应试者就有80人。学堂对学生管理严格,为全国输送了一批电报人才。

俞棣云担任上海电报局总办兼电报学堂总办后,加强对学堂教学的管理,进入电报学堂的学生要立下约定,5年以内,如果不听调遣、不守规矩者,罚洋100元。学生按成绩分成四班,每班又分三等,等级不同薪水高低不同,最高者月薪50元,最低者只有3元,并且有定期考核,随时调整班等策略。

学堂的学生一边学习,一边在电局中实习,以求业务速进。对违反纪律、荒废局务的学员,学堂采取"分别情节轻重,罚减薪水,记过斥革"的惩罚措施,同时表示"勿恃某总办为至亲,某司事惟故旧,谓可资为奥援,不至发覆。本学堂行法必自近始,方将摘取凡有来历各生,先行惩办,以儆其余而杜借口"。体现了公正、严格的管理制度。

谢家福(1847—1897年,字绥之,其故居位于苏州桃花坞大街的西端,他从小发奋读书,立志以"经世有用之书"强国富民)先后在苏州分局、上海局任职。1884年,浙江、福建、广东三省电报线路竣工以后,谢担任上海电报总局提调。谢从事电报工作十分投入,盛宣怀屡次在李鸿章面前称赞谢"殆堪大用"。李鸿章也表扬谢家福"帮助、协同盛宣怀办理电报事宜,认真办事,井井有条,凡有所见,地无论远近,

第四章 在与洋人争权中,创办中国电报总局

事无论巨细，皆竭诚筹助，其议论亦多可采用，在电局五年，劳苦功高啊"。

特别难得的是，饱读诗书、中西兼通的谢家福很重视电报人才的培养。他在离故居不远处的五亩园正道书院的故址上，创建义塾"儒孤学舍"，专授"新学"。1892年，他根据盛宣怀的建议在"儒孤学舍"内成立了苏州电报传习所（"苏堂"）。三年间，"苏堂"为电报界培养输送了报务人才八百余人，遍布全国，一时间苏州电报传习所闻名电报界，影响十分深远。

盛宣怀在办电报的过程中，在建设与管理中依靠郑观应、谢家福、俞棨云等肯于钻研、对工作精益求精的人才；在工程技术上大胆聘请洋监工霍洛斯等人；在办学中聘用有真才实学的洋教习博尔森和克利钦生等人，先后在天津、上海、苏州等地办学，为电报界培养了大批中国自己的专业人才，确保了中国在电报业中的利权。

九、"杀鸡儆猴"，夺回电报自主权

电报局与轮船招商局一样，遇到了与洋商竞争与争斗的问题。事实上，此前李鸿章委托丹麦大北公司修建第一条军用电报线路时，就受到洋商的种种阻拦与刁难。1881年6月，丹麦大北公司又提出《商议彼此电报交涉事宜》六条，要让取得海线上岸权正式被清政府认可。盛宣怀上任后，坚持"拆丹麦旱线，以保中华国家之权，并以服各国商人之心"的原则，把洋人非法架设的电报线该拆的拆，该买的买。这不仅涉及了丹麦的利益，而且触及在丹麦背后为其撑腰的沙俄的利益，更涉及正虎视眈眈想要瓜分中国电报权益的英、美、日等国的利益，这实际上是在政治、外交上的一场较量。

盛宣怀采用"杀鸡儆猴"的办法，抓住丹麦大北公司不放，经过多次艰难的交涉与谈判，终于迫使大北公司拆除岸线；1883年3月31日，盛宣怀与英国大东公司商议签订《上海香港电报章程十六条》，其中明确"（一）大东遵照同治九年原议，安设港沪海线，线端不得上岸，只能设于趸船上;(二)线端做到大戢山岛对面之羊子角",限制了他们的行动。4月中,大东翻议,要求改在吴淞接线,并要在汕头、福州上岸。盛宣怀与其在上海代办滕嗯谈判并驳回。4月23日,盛宣怀又禀闽浙总督何璟,建议拆除厦门丹(麦)线,以免给英国藉口,达到拒英线上岸的目的。盛宣怀认为大东之所以翻议,是因为大北有陆线由吴淞达沪及它在厦门有上岸之线。因此,4月28日他在函禀闽浙总督何璟时说:"现丹商所称厦门线端系由海滨岸边由地下水线直达屋内,虽与私立旱线有别,然已牵引上岸。如不理论,恐他日英商水线延及福州、汕头,亦必援照由地下引至洋房之内,届时难以拒绝。"①可见,盛宣怀在与外商谈判时的态度与立场是不妥协的。

为了维护我国的权利,盛宣怀采取"先人一着"的办法,与之抗衡。1882年在架设江苏至广东的电线时,他说:"伏念各国交涉常情,凡欲保我全权,只争先人一着,是非中国先自设电线,无以遏其机而杜其渐"(见盛档,盛宣怀:《禀李鸿章稿》,光绪八年),态度鲜明地应对了国外势力的争夺。再如,1882年当英、美、法、德四国要在上海设立万国电报公司添设自香港至上海的海线时,他明确指出:"伏查自苏至粤,海口甚多,前此大北海线仅通香港、厦门、上海三处。若准各国援同治九年奏案另设沿海水线,则海口皆通,骎骎乎有入江之势。从此我有机要,彼尽先知,我有官书,转须假手,反客为主,关系匪轻"(见盛档,盛宣怀:《设电报沿革》,光绪三十二年)。他对国外势力在中国兴造电报,采取坚决拒绝、阻拦的态度。

同时,盛宣怀针对丹麦大北公司和英国的大东公司等大量承揽电报业务、挤压中国电报总局的做法,一方面与之周旋,于1887年与它们签订了《华洋三公司会订合同条款》,即电报"齐价合同",通过各种规定、合同等手段,限制它们的发展;另一方面,中国电报局通过承揽政府项目,扩大自身业务,壮大自身,最终使外商服输。

---

① 夏东元:《盛宣怀传》,四川人民出版社,1988,第479页。

十、在全国架设电报线

在盛宣怀的主持下，中国电报总局于1881年在架设完津沪电报线路（途经河北、山东、江苏等省）之后，加快了电报架设在国内兴建的速度。

经过工程技术人员的全面规划与设计，中国电报总局于1882年建成了江苏、浙江、福建、广东等省的陆线；1883年完成了原先左宗棠打算架设的自上海至武汉的长江线。

有一部分电报线的架设，是因为战事、赈灾的需要，而提前安排上马的，如1884—1885年因海防吃紧，为战事所需，加紧架设了济南至烟台的电线，随后又添至威海、刘公岛、金线顶等地方；1887年因郑州黄河决口，需要"筹办工赈事宜"，由山东济宁设线至河南开封；1888年架设了自江西九江至赣州的电线，通过达瘦岭入南雄与广东官线相衔接；1889年因东三省边防需要，由奉天（沈阳）吉林至珲春的陆线；1890年，"因襄樊地方为入京数省通衢，楚北门户边境要冲"，所以从沙市设线起直达襄阳；1893年又由襄阳加铺至老河口；1895年由西安起设电线与老河口相接；1896年设线武昌至长沙；1898年又由长沙设至湘潭、醴陵、萍乡等线……这些电线的兴建，除了保障军事需求外，在经济、商务上也发挥了很大的作用。

除了以上这一系列干线的敷设外，盛宣怀还主持设立了许多电报支线。如1884年添设的天津至京城，山东掖县之沙河至胶州的电线；1898年胶州至青岛、湖北武昌至大冶、大冶至江西九江之线等；1891年徐州至台庄线；1892年安庆至芦州线；1898年徐州至宿迁线等，主要是为了经济、商务上的需要而兴建的。

在盛宣怀的主持下，西北、东北、西南及朝鲜等处敷设的电报线，将近百分之三十为官线，它们在军事与经济上发挥了很大的作用。1882年中国军队在朝鲜"壬午兵变"期间取得的胜利，"实赖电报灵捷"。

自1880年秋，盛宣怀担任中国电报总局总办始，至1898年底止，将近二十年的时间内，中国的电报线架设遍及黑龙江、吉林、辽宁、内蒙古、北京、天津、河北、河南、山东、山西、陕西、甘肃、上海、江苏、安徽、江西、湖北、湖南、浙江、福建、广东、广西等东部、中部二十多个省市，这大大提升了中国通信近代化的水平。

十一、中国人必须牢牢抓住"德律风"的主权

19世纪70年代欧洲与美国的一些科学家、发明家开始研究电话的原理与制造。1876年2月14日贝尔在美国申请了电话专利权。就在他提出申请的两小时之后，一位名叫格雷的人也申请了电话专利权。1877年，爱迪生又取得了碳粒送话器的专利。电话的制造与使用开始在西方展开，1877年10月16日，清朝驻英国第一任公使郭嵩焘，应邀参观伦敦一家工厂并试用电话。

19世纪70年代后期，上海轮船招商局为保持与码头的联系，从国外买回一台磁石电话，拉起了从外滩到十六铺码头的电话线，这是中国最早投入使用的电话。1881年，英国瑞记洋行在上海租界内开办了"华洋德律风公司"，架起市内电话线路，从此中国出现了电话，而"德律风"也成了早期电话的代名词。1882年3月1日，大北电报公司在上海外滩7号设立电话交换所，从那天开始电话在我国成为一种大众通信工具。1884年，中国电报总局架设了自天津到保定的电话线，这是我国第一条长途电话线。

1887年春，美国传声公司商人米建威、黄腾派克提交《请设电话线节略》（以下简称"节略"），要求在中国架设电话电线，以实现通信。该《节略》一共十一款，其中第一款说："请允敝公司在中国现在通商各口岸之内，及将来或有续准通商始地界之内，设立传声电线以及制造此项传声电线应用物件，五十年内专归敝公司承办，其限期以允准之日为始。"他们不仅要掌控已开口岸的权利，还想要未来增开口岸的权利；不仅要掌控通信的大权，还要掌控通信设备制造的大权。《节略》的另一款则说："公司中除总办总查外，所有董事及办事人员，均可由华人中选择，以充其事。"这意味着美商企业的最高权力必须

掌控在美国人的手里,华人只能充当一般职员。尽管米建威等人在股份、服务等方面给出了一些诱饵,但盛宣怀清醒地认识到,美商是想占有中国电话通信的利权。1887年7月16日,盛宣怀在接见米建威时指出:"现在德律风公司经电话局会订合同,将来即使建设,不能稍越范围,致碍中国电报权利,则尔等报效之德律风股票一百万元,尔恐无此利益。"他直截了当地拒绝了米建威抛出的"股票一百万元"的诱饵。盛宣怀与米建威签订设立电话合同四款,"规定不得传字致碍中国电报权利,至于电话线路、地点等均以维护主权为原则"。盛宣怀识破美商"初欲造德律风以夺我电报之利,继欲改设中美银行仍愿以出售德律风股票余利分别报效贴补"的野心,阻止他们渔利。①

盛宣怀保护中国电线电报的权利是矢志不渝的,同抓住电报权益一样,他决心把电话通信权益也牢牢掌握在中国人自己的手上。经过反复研究,1899年冬,清政府"奏准德律风悉归电局办理"。1900年,上海电报局开办市内电话,虽然当时只有16部电话,但这毕竟是中国自己所办市内电话的开端,中国的长途电话也始于这一年。

当八国联军入侵中国时,盛宣怀明确指示,所有一切德律风官线,均不应"交洋人代办",如果"交洋人代办","诚恐从此效尤"(见盛档,盛宣怀:《寄北京胡芸楣侍郎》,光绪二十七年八月初六),从此丧失电话通信的权益。

十二、19世纪90年代初苏州最早的住宅电话

1864年,太平军失败以后,盛宣怀的父亲盛康开始在苏州置办房产,第二年就让盛宣怀到苏州,负责房屋修葺之事。之后盛康、盛宣怀父子又与顾文斌等人合伙开办典当。其间盛宣怀在苏州阊门天库前购置了99间房子(其中天库前48-1、48-2于2004年12月被列入苏州市第五批文物保护单位名单,编号为0167)。

---

① 夏东元:《盛宣怀传》,四川人民出版社,1988,第486页。

1881年5月，上海电报分局筹办时，盛宣怀请谢家福参与筹办工作。同年11月，苏州电报分局设立，谢家福被调至苏州电报分局，担任分局总办，之后分局曾迁到天库前，租借天库前的房屋为局址。1883年3月，谢家福又调回上海局。1884年，浙江、福建、广东三省电报线路竣工以后，上海分局改称上海电报总局，谢家福担任总局提调。

苏州最早使用电话是在1903年（光绪二十九年）。在这之前，上海途径苏州、无锡、常州、镇江至南京的电报线、电话线都已架设完毕，对于在苏州创办电话公司来说万事俱备只欠东风了。1903年，湖南人马伯亥，在盛宣怀的支持下，决定要在苏州创办电话公司，公司的地址选在阊门内下塘泰伯庙内。

马伯亥创办的电话公司名为苏州德律风公司，于是"德律风"在苏州也成了电话的代名词。公司只有一部24门磁石式交换机，接线生与工人加起来才7个人，马伯亥自任工程师。第一批用户是江苏巡抚衙门、藩司、臬司、织造府、苏州府、总捕府等99个中上级衙门及苏州商务总会、电报局等。私人电话只有天库前盛宣怀住宅一家，这也是苏州第一部住宅电话。马伯亥在苏州创办的电话也是江苏省的第一个市内电话。

当时的电话机为手摇壁机，用户不编号，通话时只需向接线生报出对方的户名即可接通，接线时间只有白天的12个小时，即早上7点至晚上7点，夜间一般停接。服务对象有江苏巡抚衙门、苏州府衙门、织造府、总捕府、盛宣怀（邮传部尚书）住宅、商务总会、电报局等，由于接线用户少，可直呼单位名称。天库前盛宣怀住宅的电话，实际上每天用的时间少，闲置的时间多。因为那时候盛宣怀的主要精力在于公务，在家的时间很少。

辛亥革命后，交通部选购阊邱坊巷一块基地，建造苏州电话新局，开办地线，将原先磁石式话机换成共电式新机。新的电话总机可装八千个号，第一批先装两千号，并选定由中国电器公司承办，并确定由裕信厂承造电话局内部房屋。随着房屋竣工并通过验收，原先位于金狮河沿天库前的话局撤销，一齐迁入阊邱坊巷新局，电报局随即迁入，

第四章 在与洋人争权中，创办中国电报总局

对外仍称"苏州电话局"。

十三、一份值得后人拜读的奏折

1899年11月19日，时任督办铁路大臣大理寺少卿的盛宣怀向光绪皇帝提交了奏请开办电话业务的奏折。奏折上写道："再德律风创自欧美，于电报为支流，如江河之水支流之分泄多，则正流之水来源微，是德律风本与电报相妨碍者也第。新理日出，人情喜便，无智愚长幼之别，无学习译录之难，入手而能用，着耳而得声，坐一室而可对百朋，隔颜色而可亲謦，此亘古未有之便益，故创行未三十年偏于各国。其始止达数十里，现已可通数千里。新机既辟，不可禁遏。然使与电报各树一帜，则涓涓分派积久而可断正流。日本电报、德律风统归递信省，学生教于一堂，机器出于一厂，诚深知事权之不可分也。中国之有德律风也，自英人设于上海租界始，近年各处通商口岸，洋人纷纷谋设，吴淞、汉口则请借杆挂线矣，厦门则请自行设线矣。电报公司竭力坚拒，但恐各国使臣将赴总理衙门要求，又滋口舌。一经应允，为患甚钜。况西人眈眈逐逐欲攘我电报之权利而未得，其闻沿江沿海通商各埠若令皆设有德律风，他日由短而达长路，由传声而兼传字，势必一纵而不可收拾。不特中国电报权利必为所夺，而彼之消息更速于我制防，不早补救何从？现在官款恐难筹措，臣与电报各商董再四熟筹，惟有劝集华商资本自办德律风，与电报相辅而行。自通商各口岸次第开办，再以次及于各省会各郡县，庶可预杜诸邦觊觎之谋，保全电报已成之局。如蒙俞允，当再劝谕电商招集股本，一切事宜随时咨询，总理衙门察核妥为筹办。"

奏折虽然只有区区488字，却涵盖了中国自主开办电话业务的意义、电信业务发展的趋势及电信业务经营管理的方式等。语言之精练、蕴义之深刻，堪称史之佳作。

盛宣怀认为，电话在中国出现"新机既辟，不可禁遏"，这充分表明了他对待新生事物的态度，这种认识与态度在盛宣怀身上，是一贯的。并且与清廷当时大多数官员，面对新生事物，不是将它们拒之门外，就是持消极回避的态度，形成了鲜明的对比。①

盛宣怀很清楚，电话对电报而言，是"相妨碍者也"，因其"出人情喜便"，并开创了"亘古未有之便益"，它对电报的冲击是不可避免的，甚至"涓涓分派积久而可断正流"。电报在当时是主流通信手段，发展电话这项新的业务，必须考虑原先电报业务的投资回报问题。如果政府另行委派官员去办电话，独立发展电话，则必然会伤害电报投资人的利益。因此，事权不可分，是顺理成章的。

英商、丹商在上海开办了电话业务，一旦他们在中国顺利开办，不但会"攘我电报之权利"，更可怕的是"不特中国电报权利必为所夺，而彼之消息更速于我制防"。

要抵制外商的得寸进尺，具体的办法是电话采取"官督商办"，这本来就符合我国的体制，然而，光靠官也是不行的，必须顾商情，"惟有劝集华商资本自办德律风，与电报相辅而行"，即发挥商人的积极性，配合政府的行动，才能占领我们自己的市场。

在100多年前，现代通信业刚刚起步的时候，盛宣怀就意识到电话对电报的替代作用，提出电报和电话必须要混业经营等观点，令人钦佩，其思想对当前通信业的发展、改革仍有借鉴意义。

十四、盛宣怀与袁世凯为轮、电二局争斗

1901年10月1日，盛宣怀被授予商务税事大臣，任务是议办通商各条约，改定进口税制等。但是，与各国的商税谈判，无法取得成效，盛宣怀自己感到很失望，而清廷却也在怀疑他的能力，并开始限制他办理商约的权力。

11月7日，李鸿章去世，遗折由袁世凯继任直隶总督。盛宣怀也极力推荐。清廷当日降旨任命袁世凯为直隶总督、北洋大臣。

---

① 沈磊：《盛宣怀和他奏请开办电话业务的奏折》，《通讯企业管理》2007年2月21日。

1902年10月24日，盛宣怀的父亲盛康逝世。盛宣怀按照清廷惯例，开去所兼各职差，以便安心为父亲"守制"。清廷除保留了他的铁路总公司督办职务之外，其他各职均准予开缺或改署任。

为了替户部筹饷，清廷拟派开平矿务局督办张翼担任电报局与轮船招商局的督办。张翼曾将开平煤矿的主权出卖给了英国，盛宣怀自然竭力反对由张翼来接任这两个职务。于是，他就想请袁世凯来帮他想办法，谁知这正中袁世凯下怀，袁正想乘盛宣怀守制的机会，将轮、电二局的大权夺到自己手中。当年11月，袁世凯借口吊唁盛康丧事，到上海与盛宣怀商讨"轮、电归北洋管辖"的问题。盛宣怀最初的想法是，与其派张翼来接办，不如归袁世凯管辖，而且，盛宣怀又担心电报局被清廷收去，改为官办。因此，他对袁世凯说："电报宜归官有，轮局纯系商业，可易督办，不可归官"（见盛档，盛宣怀：《寄王中堂》，光绪二十八年十一月初六）。但是，袁世凯回京后，朝廷很快下文："即另简电政大臣，但改官办而不还商本。轮局亦由北洋派员接管。"盛宣怀得此坏消息，十分愤怒地说："……日本商务大旺，中国只两公司，而十手十目必欲毁之而后快。轮船归北洋主持，尚无大碍，电线改官办，本愿如此，但商人成本二百数十万，若不付给现款，恐股票即为外人所得。此目前之一弊也……（电线）改归官办，非有强兵不能自守，则他人通消息而我不能通。此军务时一大弊也。"（见盛档，盛宣怀：《致陆伯葵侍郎函》，光绪二十八年十一月十三日）

为此，盛宣怀坚决反对电报改为官办，理由之一，一旦发生战事，官办电报会被外国夺取，对中国不利；理由之二，损害商人利益，电报是入股众商20多年股业的积累，如果归北洋管辖，商人会对政府失去信心，势必将股票卖给洋商，多少年来与洋商争权所做的努力，将付之东流。

盛宣怀又想出一策，若袁世凯真要夺轮、电二局，索性让他将汉阳铁厂一并接管。谁知，这正合袁世凯之意，他答应一并接管。盛宣怀这时只能再回过头来，强调袁世凯如果要坚持电局官办，必须对商人手中的股票，按市价收购，再另给予利息补偿。

盛宣怀坚持反对的结果是电局未归官办。但是，1903年1月15日，清廷任命袁世凯为电务大臣，原直隶布政使吴重憙为驻沪会办电务大臣，3月底吴重憙正式接管了中国电报局。2月，袁世凯的亲信杨士琦上任轮船招商局督办，轮、电二局均被袁世凯的北洋派系所控制。

事实上，轮、电二局变为商本官办后，成为北洋的重要财源，但管理日趋腐败，经营日趋衰落。盛宣怀痛斥袁世凯的北洋，对轮、电二局"专为剥削"。

电报局虽然被收归国有，但是，随着政局的变动，1910年8月，盛宣怀奉旨饬赴邮传部右侍郎本任，电报局又在他的主持管辖之下。

第五章

中国第一个
内河小火轮公司

一、盛宣怀倡议设立内河小火轮公司

1885年8月1日，盛宣怀受命担任轮船招商局督办。轮船招商局最初是为了与西方列强争夺我国沿海与长江通商口岸之间的航运主导权而创办的。事实上，轮船招商局成立后这种争夺一直在进行着，其间最突出的是1877年招商局收购了美资旗昌轮船公司，后来又针对"价格战"，与英资轮船公司怡和洋行和太古洋行达成"齐价合同"，招商局与外国势力的竞争与争夺，始终没有停止过。不仅如此，外资轮船公司一直对我国内河航运的利权有觊觎之心。盛宣怀早就注意到这个问题了。然而，他当时没有能力也没有条件去解决它。当他出任轮船招商局督办之后，设立内河小火轮公司的议题，自然而然就提到他的议程之上。

1886年4月，盛宣怀与招商局会办马建忠在给李鸿章与湖广总督张之洞的条陈中说，"近年内外国富强，无不自通商始。口岸通商人与我共之，内地通商我自主之。故欲求中国富强，莫如一变而至火轮，设一内地快船公司，与招商局相为表里，以兴中国内地自有之商务，而收中国内地自有之利权。"（见盛档，盛宣怀：《内地设轮船公司议》光绪十二年三月）这充分表达了盛宣怀绝不受制于外国势力，独立自主地掌控内河通商的权利，促进国内商业的流通，实现国家富强的思想与抱负。

其实，盛宣怀很早就认识到交通对国民经济的重要性。国家要富强，一是要修铁路，二是要发展水上交通。在发展水上交通方面，他很早就有设立内地轮船公司的设想，只是一直未公开与人说起。这是因为他很清楚"人或有其位而无其识，有其识其位而无其肩任"。从当时的社会条件与经济发展水平上看，火轮船在内河通航是一件新生事物，非有识、有位且能担"肩任"的人，是办不成此事的。早在1883年，郑观应曾提出"发展内河小轮船航运业以加速商品周转"的主张，当时连具有维新思想的民族资本家苏州人谢家福也加以反对，并扬言要与郑"割席"断交，足见发展内河小火轮航运阻力之大①。

当时，反对发展内河小火轮的理由主要有两条。一曰"是导洋人内窜也"；二曰"是令民船日废也"。盛宣怀对此据理予以驳斥，他说："不知通商自有界限，洋船所至，必归洋关，若民船则由常关稽核，不归洋关，洋人无从借口"，谈不上导致"内窜"；至于民船，商业发达了，客货日旺，载不胜载，何"日废"之有？"盛宣怀在批驳谬论的同时，又充分陈述了小火轮对加速商品流通的作用，指出："内地果设轮船，其船坚利，足以御盗，周流荒僻，足以弭盗，一利也；往还迅速，足以便行旅，二利也；征调灵捷，足以便军旅，三利也；练习海疆屿澳支流叉港，足以备水师之选，四利也；运载归总，不至走漏税厘，五利也。"（见盛档，盛宣怀等：《内地设轮船公司议》，光绪十二年三月）。

由此观之，盛宣怀清醒地认识到，设内河小火轮航运有利于发展近代工商业。

1886年7月，盛宣怀任山东登莱青兵备道兼烟台东海关监督，这是他第一次正式担任道台之职。此时，盛宣怀既是发展内河航运的有"识"者，又是一个有"位"者，有可能在他的辖区内首先"肩任"此事了。但是，他很清楚，自己虽然有"识"也有"位"，但是这个"位"还不够高，自己必须得到李鸿章的支持。1886年，他在《上李鸿章禀》中说道："查泰西各国律法，不通商各埠只许本国轮船行驶，日本亦然。惟我中国因噎废食，则江海之利有与外人公共而无独得者，甚可惜也。"他明确表示，没有李中堂的支持，靠他只身一人是难以办成的。他又说："今欲开此风气，微我中堂夫子孰能为之，微（宣怀）亦孰肯言之。"（见盛档，盛宣怀：《上李鸿章禀》，光绪十二年十月十四日）

第五章 中国第一个内河小火轮公司

---

① 夏东元：《盛宣怀传》，四川人民出版社，1988，第133页。

二、小火轮公司得到官商一致认可

其实,盛宣怀在出任山东登莱青兵备道兼烟台东海关监督后,为筹措山东内河小火轮通航之事,已经进行了较深入的调查研究,他在《上李鸿章禀》中说道:"查东海各口,南与江苏盐城毗连,北与直隶盐沧毗连,所辖一千三百余里,大小海口一百余处,而水深七八尺可驶浅水小轮者约有十余处。如掖县出草帽缏,岁约三四万包,皆由陆路盘山驼运,每包须运费京钱四千,间有民船海运,常虞倾覆,商民畏之。而距掖县三四十里,即有太平湾、虎头崖两口,可驶浅轮,若水脚每包一两,即可收银三四万两,其枣子、粉丝等物出口,洋布等物进口,每年水脚亦有数万两。"

由此可见,盛宣怀对在山东内河通航小火轮,调查十分深入,计划十分周密。为了防止"导洋人内窜"之嫌,他禀报李鸿章:"(宣怀)与在烟洋商酌定,只准招商局华轮前往,不准洋轮前去。皆云此一定之理,毋庸多虑。"仅仅过了十天,该建议就得到李鸿章准许"试办"的批复。李鸿章在给盛宣怀的批复中,对其所提的"别其称曰内地华民轮船……不通商口岸只准民轮来往,总在常关领牌纳税……不与洋船交混"等意见十分赞同,"同意内地设小轮船,别其名曰'内地华民轮船'"。希即"妥定章程,随时防微杜渐,无任有所借口,稍越范围"。(见盛档,《李鸿章致盛宣怀函》,光绪十二年十一月十三日)

李鸿章甚至担心清政府会阻拦,指示盛宣怀可以采取"先斩后奏"的办法,对总理衙门"无须先咨,免生枝节,如其来问,再复可耳"(见盛档,《李鸿章致盛宣怀函》,光绪十二年十一月十三日)。因为根据李鸿章的经验,若先请示不准,就难办成;如办成了,既成事实,清政府也无可奈何,只能承认事实。盛宣怀办成山东内河小火轮通航,与李鸿章的大力支持是分不开的。

盛宣怀在得到李鸿章的支持后,随即双管齐下。一方面,做好商人的工作,他路过"沙河,与商人筹议",得到商人"共享喜悦"的效果,很快也得到其他地方商人的响应。另一方面,做好山东地方领导的工作。1887年2月,盛宣怀与马建忠(江苏丹阳人,著名外交家,担任公司会办)一起禀报山东巡抚张曜,凭着李鸿章这把"尚方宝剑",禀报张曜:"傅相拟照各国在不通商口岸试行浅水民轮船,以收自有之利权。"他们将"傅相"和"收自有之利权"摆在张曜的面前,张曜只能接受了。与此同时,盛宣怀为了打消张曜的顾虑,又告以此举不会影响山东省的财政收入,他说,通常以为办内河小轮"于陆路厘金恐有损碍",但"现查东海各口陆路不收厘金",故不会影响省内的财政收入,而对于"商苦不便"的旱路运输,却起到了便民利民的作用。盛宣怀将具体办法报告张曜:"曾与傅相函商,拟用浅水轮船一二只驶行,将土货驳至烟台,再行过载,借兴商务,其名曰'华民驳货轮船',悉照民船看待。"(见盛档,盛宣怀、马建忠:《禀山东巡抚张曜》,光绪十二年十二月)张曜很快批准了他们的请求。这样,中国内河小轮航运业,很快在山东省诞生并发展起来。

三、内河小火轮航运公司利国利民

1887年2月,经山东巡抚张曜批准后,盛宣怀随即在山东省烟台创办了中国第一家内河小火轮航运公司,盛宣怀担任督办、马建忠担任会办,独资经营300吨的"广济号"轮船运输。小火轮在烟台、龙口、登州之间通航,后来又延伸到小清河口,以至整个山东沿海。

盛宣怀创办内河小轮航运的思想与实践有以下几个突出之点:第一,表明了他一贯坚持的抵御外国势力、为国家民族争利的思想。他在光绪十三年十二月二十六日《禀李鸿章》的函中说:"盖土货多出口一分,则现银多入华一分。"不仅如此,土货还能抢占国外市场。他在函中又说:"近来日本知我以土产不值钱之麦草,可易西人之重利,加以仿照编制,花样愈出愈新,该国官长切实讲求,货何如为美,运何如为便。彼产日多,则我产日滞。"他认为必须加快运输过程,货品必须精益求精,方能与外国货品一争高低。盛宣怀于当年"正月间赴济南道出莱州之沙河镇,即传草帽商人杜荫溥、徐克敏等来见,与之讨论帽缏花样必须求精,价目必须公道,方免为倭商所夺"(见盛档,盛宣怀:《禀李鸿章》,光绪十三年十二月二十六日)。由此足见他与洋商争利的态度是很鲜明的。第二,增加税源,有利国家。盛宣怀禀报李鸿章说:"职道宣怀去年到任以来,察看山东海口情形,与天津、上海各口情形俱不相同。烟台为通商口岸,而进出货物皆须由陆路驼运,山路崎岖,运费繁重。"盛宣怀作为烟台海关监督的"司关权"者,"总求土货出口,多多益善"。货物流通加快了,税收自然就增加了,这对国家的好处是显而易见的。第三,有利百姓,便捷商人。盛宣怀考察山东一些地方后,他说:"登莱青半属山地,民甚贫苦,以草帽缏为生计,由陆路运至烟台,每百斤需钱三四百串;一遇风雪,难免潮变,帆船险阻,益难克期,商民久以为苦。"生意运输受阻,又涉及生产者的生计,如若发展内河小轮航运,这些问题都可以解决了。经过盛宣怀的估算,"由虎头崖太平湾驳运,则半日可到烟台,水脚又省,运程又快,并可售去帽缏买回别货,实为商民之便"。显然,发展内河小轮对从事草帽缏生产的贫苦百姓而言也是有利的①。

四、疏浚小清河,为开通内河航运创造了条件

继1885年8月盛宣怀被清政府任命为轮船招商局督办之后,1886年7月,他又被任命为山东登莱青兵备道兼烟台东海关监督。

1887年夏季,黄河泛滥,河北、河南、山东、安徽等地均发生水灾。盛宣怀一方面积极组织各省绅商,其中特别是上海绅商捐助赈灾,另一方面向山东巡抚张曜呈上了《万言书》,提出要治理山东境内的黄河,疏浚小清河,发展内河航运业的设想。

盛宣怀自小大部分时间都生活在江苏常州、苏州。苏南河网密布,河道经常疏浚,河流不仅很少出现泛滥的现象,而且为农业灌溉和交通运输创造了很好的条件。而他在山东任职辖区境内的小清河却"愈

---

① 夏东元:《盛宣怀传》,四川人民出版社,1988,第137页。

淤愈短，旧址堙废，夷为民田，昔日河身，今且高于平陆"。这与他熟悉的苏南河网，简直是天壤之别。

小清河自山东历城、章丘起，承接济河、漯河二水（至寿光县），流入黄海。由于长期得不到疏浚，它不仅不能通航，而且成为夺取百姓生命财产的祸害。为此，盛宣怀下定决心要疏浚小清河，他的想法得到山东巡抚张曜的积极支持。

随即，盛宣怀为疏浚小清河做了大量的调查研究，1889 年，他用"以工代赈"之法开始"整治自历城至寿光县历年泛滥成灾的小清河。殚三年之力，疏浚河道四百余里。两岸农田受益甚大"[1]。首先，他提出了疏浚小清河的原则："不容泥守陈迹"，"规复小清河正轨，而不拘牵小清河故道"。接着，他又提出疏浚小清河的具体方案：组织灾民"以工代赈"，从小清河下游入手，分段疏浚。首次疏浚河道从博兴县金家桥起，至寿光县海口止，全长约 100 里。

盛宣怀以上海等地绅商"所集赈款，招募附近灾民，分段挑挖，以工代赈"。经过灾民的挑挖，小清河的下游"水势归槽，畅行入海"，"靡金不及二十万，历时不过数月，而官免筹费，民获有秋，成效已著"[2]。

1891 年秋天，张曜不幸去世，继任山东巡抚福润希望盛宣怀继续把小清河上游的疏浚工作承担起来，经过商议，最终确定上游的疏浚方案"由金家桥向西取直，就支脉预备两河套内，择其洼区，接开正河，历博山、高苑、新城、长山、邹平、齐东六县，计长九十余里。又在金家桥迤下起，循预备河旧址，开浚支河，以承上游各湖河之水，引入新河，衔接归海。从此民田无漫溢之虞"。疏浚小清河上游的费用，仍由盛宣怀去募集，当地灾民则通过"以工代赈"来解决。

小清河上下游工程，历时三年，全部完工，工程耗资 70 余万两。从此，小清河两岸农民安居乐业，再也不用受水灾之祸害。1893 年 12 月，山东巡抚上奏朝廷："小清河全功告成，推盛首功，传旨嘉奖。是河

---

[1] 夏东元：《盛宣怀传》，四川人民出版社，1988，第 489 页。

[2] 中国史学会主编《洋务运动（第八册）》，上海人民出版社，2000，第 53 页。

工程阅时三载,用镪七十余万。皆盛筹集。"①

值得注意的是,疏浚小清河,为小清河开通内河航运创造了条件。

五、在全国范围推行内河小轮航运

盛宣怀发展内河小轮航运的思想,不仅局限于山东省,因为他清醒地认识到,促进商品加速流转,有利于发展进出口贸易,利国利民,能加快国家富强的步伐。因此,他认为应该在全国范围推行内河小轮航运。他在1888年2月7日《禀李鸿章》中说道:"拟请推行内地民轮之意,固不仅在东、粤两省,并不仅在招商局所得揽载之利也,而在轻土货之运费,速土货之运程。晓夜飞行,无患险阻;综核厘税,无虞偷漏;凡有水之处,可以抵铁路之用,而无铁路之费,庶可广销土货,以敌洋货偷厄,实为富强之所关。"

最初推广开办内河小轮航运的是广东、台湾两省。

盛宣怀于1886年4月,即与粤绅前济东泰武临道李宗岱等禀请设立"内地江海快船公司,与招商局相为表里,驾驶悉用华人,税钞悉归常关,使洋人无从借口"(见盛档,盛宣怀等:《内地设轮船公司议》,光绪十二年三月)。

盛宣怀提出广东开办内河小轮航运的实施方案,即先举办广州至佛山、三水、肇庆等处轮运。船只之大小,须视"水之浅深、宽窄"而定;而这些地方"能否购买(建造)码头,以便轮船停泊,亦须先行察看地势,方有把握"。随即盛宣怀派直隶候补道张振荣"前往测量察看"(见盛档,《盛宣怀咨马建忠、沈子枚、陈猷》,光绪十三年九月十九日)。

在调查河道的同时,1887年(光绪十三年)阴历九月,盛宣怀还亲自拟定了《粤省内地江海民轮船局章八条》。其中突出之点为:第一,与洋关划清界限以杜洋商借口。他认为:"内地设立商轮,原为流通财

---

① 夏东元:《盛宣怀传》,四川人民出版社,1988,第496页。

货,藉便货迁起见。此船与洋关无涉,专行内地,名为内地江海民轮船局,不请洋关船照,不在洋关完税,以清界限。"这一点充分体现了盛宣怀保护民族利益、抵制外来掠夺的立场。第二,确立招商局与粤商、火轮船与民船的关系。根据盛宣怀的估算,预计需要资本40万两,本可由招商局筹拨,"惟此系粤省民人生业,而招商局股份天下共之",决定招商局出六成,粤商出四成,但须明确,虽名为"内地民轮船公司","实招商局分设,是以仍归招商局督办,庶可联络一气……由招商局派一总办驻扎"。这既照顾到地方绅商的积极性,又将之纳入招商局的管辖。此外,公司采取逐步发展的策略,先试行轮船两只,"庶使商旅贸迁乐其便安,而渡船生计仍无窒碍",充分考虑眼前的利益与未来的利益。

广东内河小轮航运先由广州至肇庆,一年以后(即1887年),盛宣怀又动议扩展至广西梧州。他认为"梧州地方为云贵两广通衢",所产药材等物,"均系天下通行之货,懋迁往还者亦觉不少"。通航以后,"久而久之,富国富民可操左券"。

在盛宣怀的倡导下,内河小轮航运扩展很快。1891年粤港渡轮公司成立,与怡和、太古轮船公司展开竞争;1892年盛宣怀又指示厦门招商分局设立福建泉漳两郡民轮驳船公司等。一批官民合办的内河轮船公司在招商局的参与下,相继组建了起来。

六、台湾最早的内河小轮航运

1885年8月1日,盛宣怀受命担任轮船招商局督办。他在接任招商局督办几个月之后,即与马相伯(江苏丹阳人,中国著名教育家、复旦大学创始人,马建忠的哥哥)、马建忠一起,乘中法战争恢复台湾经济之机,禀请台湾军务大臣刘铭传研究台湾的内河小轮航运,建议设立台湾商务总局。刘铭传批示:"应行举办之初诸从撙节……不得效招商局中虚靡①浪费。"所集股份"分为五份，以十万为一份，商股四份，每份公举董事一人，官本一份，选派委员一人，俱到局公司同办事"，并指明"与招商局两不相涉"（见刘铭传在《禀请招股设立台湾商务总局》上的批语，光绪十一年十二月二十一日）。随后不久，台湾船局成立，与招商局采取了"外合内分"的形式。台湾的"外合内分"与广东的内河轮船公司"实为招商局分设"有区别，这是由于当时台湾的实际情况所决定的。

1887年，原招商局会办张鸿禄因1884年倒账风潮而被革职奉命造轮船两只，"声言专走长江北洋，以与招商局争衡"。盛宣怀认为，除"与商局争竞，两有所损"之外，且将引起"三公司互相跌价，彼此受亏"，建议"外合内分"。

之所以在台湾采取"外合内分"，这是因为：第一，"台船两只未入合同，恐怡、太欲照洋商不入合同之轮船一例视之"，也当作"野鸡船"予以排挤，对台船来说，"既有官贴，又恃船少……尚可不虑为洋行所制，势将互相倾轧"，这样下去，"必致牵动职局轮船自顾不下，安能外御其侮"。如果台船与招商局表面合起来，就不会出现这个问题。第二，台船只有两三只，"另开一局，无异从前朱道其昂初创之难"，如果"交招商局代办，外面合为一起，可免争斗，又省开销。码头栈房悉照局船停泊储货"（见盛档，盛宣怀：《上李鸿章、刘铭传禀稿》光绪十四年）。显然，"外合"主要是对付怡和、太古维护民族航运业的主张②。

所谓"内分"，从根本上说，就是保证台船的独立经济体制和利益，其具体办法盛宣怀对李鸿章、刘铭传讲得很清楚："另立台湾轮船账簿一本，凡代收之水脚列作入款，代支之保险、辛工、煤炭、物料、关费、码头扛驳各力以及杂用大修小修，列作支款。职局按照代办章程每百两只提五两，以充局用。按年总结共得余利若干，悉归台湾商

---

① 原文为虚糜，根据意义，"靡"更合适，全书统一为虚靡。——编者著

② 夏东元：《盛宣怀传》，四川人民出版社，1988，第141页。

局照本均派"（见盛档，盛宣怀：《上李鸿章、刘铭传禀稿》，光绪十四年）。

可见"外合内分"，对招商局有利，对台湾轮船更有利，只是对怡和、太古等洋商不利。所以派到台湾去办理此事的杨宗瀚说："台船二只，合则息争省费，与北洋面上好看。"盛宣怀"外合内分"的主张是正确的。

盛宣怀的"外合内分"主张，在实际做法上是将权力集于一手。他拟定的《台船大略章程》里规定：台船总局的总办，由招商局委派杨宗瀚担任。即"所有沪局及长江、天津各处，应由职道派人经理""船上所用坐舱人等，可归台湾总局派用，如有不称职者，亦须由职道商明台湾总局随时更换"。（见盛档，盛宣怀：《台船大略章程》，光绪十四年）由此可见，用人之权全握于盛宣怀手中。这不仅是"外合"，实际上也是"内合"了。若无此用人权，任意任用非人，是很难达到"息争省费"的目的的。抓用人之权，并非否定"内分"，因为斗争的主要目标是怡和、太古等洋商，可以说"外合内分"的主张是积极的。

第五章　中国第一个内河小火轮公司

第六章

中国第一个真正的钢铁联合企业"汉冶萍"

一、时代呼唤中国近代新型钢铁企业的诞生

中国的炼铁最早出现于春秋之前,几千年来,中国一直是一个以铁器为基本生产生活工具的农业国家,明清之际,中国的土法炼铁逐渐向西部和南部转移,坩埚炼铁法和土法高炉炼铁普遍出现在四川、贵州、湖南、河南等省。

坩埚炼铁法是将铁矿石和无烟煤混合放入以耐火土制造的坩埚内,并将坩埚垒于炼炉之内,加热使之燃烧到一定的温度后,将铁水或铁块从坩埚中取出的炼铁方法。关于坩埚炼铁法,德国地质学家李希霍芬于1870年4月至6月曾赴河南、山西两省考察,对山西泽州、平定等地的坩埚炼铁方法有详细的记录,并称"这里的炼铁方式看起来与欧洲高炉毫无相似之处"。

土法高炉炼铁是指以木炭为燃料,将铁矿石与燃料均放入炼铁炉之内,以人力或水力操纵风箱运动,进行加热,所得的生铁与铁渣从同一口中扒出。此种方法,当时在中国西部和南部很普遍,虽然各地炼铁炉的炉式各不相同,但方法基本上是一样的。

土法炼铁技术与近代西方炼铁技术相比,生产效率与生铁质量相差甚远。据英国学者肖克利调查,山西盂县当时有炼铁炉60座,年生产能力约4500吨,而同期英国新式炼铁炉每炉每年的产量为19000吨。此外,土法炼铁在铁矿石的消耗上与新式炼铁炉相比,几乎多出一倍。除了生产效率之外,经过化学分析表明,土法炼铁技术生产的铁质量明显较差。

清代用土法所产的钢铁,主要用于农具和家用器具等方面,如以生铁制造锅、犁、锄、轮、轴、炉、钟等,以熟铁和钢制造刀、剪、斧、锯等。

清代在铁器的生产与市场方面,呈现出三个特点。一是制造区域

相对集中,如北方的山西、河南,西南的贵州、四川、云南,以及较早时期的广东佛山。这些区域中,炼铁和制铁业一度是最重要的产业。二是相对集中的生产面向的是地域广阔的市场,如山西生产的铁,供应整个华北地区,"用于制成各种器具,其中最重要的是厨房用之大铁锅,山西铁锅在整个华北地区随处可见,并远销到满洲";而广东之铁器销往江苏、浙江、湖北、湖南,甚至东南亚等地。三是土法钢铁制品,仅仅能满足农业经济下人们对铁器的基本需求,数量与质量上的标准都是比较低的。①

鸦片战争失败后,清政府被迫开放国门,此时世界正值工业革命之后,质量与成本均占优势的西方钢铁及钢铁制品开始涌入中国,直接导致中国土法炼铁业的衰落。与此同时,以庆亲王奕劻、曾国藩、左宗棠、李鸿章等为代表的洋务派,为维护清政府的统治,推行洋务新政,创办新型的军事工业。1865年,李鸿章创办了江南制造局和金陵制造局;1866年,左宗棠创办了福州船政局,三口通商大臣完颜崇厚创办了天津机器局,分别制造军火、轮船、枪炮等武器。无论是枪炮还是轮船,在生产制造过程中,都离不开钢铁这一主要原材料,于是,1890年江南制造局与天津机器局先后兴建了炼钢厂,它们是中国最早用西法炼钢的企业。除军工企业对西方新型方式生产出来的钢铁有大量需求之外,民用工业也开始希望获得由西方新型方式生产出来的质量高、成本低的钢铁。

时代在呼唤中国近代新型钢铁企业的诞生!

二、张之洞创办汉阳铁厂,翻开了近代工业史新的一页

1889年,洋务派重要人物张之洞被清政府任命为湖广总督。张之洞之前在广东任职,就曾有在广东创办铁厂的设想。张之洞认为"以今日自强之端,首在开辟利源,杜绝外耗。举凡武备所资枪炮、军械、

---

① 方一兵:《汉冶萍公司与中国近代钢铁技术移植》,科学出版社,2011,第12-15页。

轮船、炮台、火车、电线等项,以及民间日用、农家工作之所需,无一不取资于铁"(张之洞:《筹设炼铁厂折》,光绪十五年)。随着他职务的变动,他把自己创办铁厂的想法寄希望于在湖北实现。盛宣怀听说张之洞要办铁厂的消息,即电告张说:"湖北煤铁,前请英矿师郭师敦勘得。如果开办,仍请原经手较易。"(见盛档,盛宣怀:《致张之洞电》,光绪十五年十月初一)他对张之洞办铁厂的事十分关心。

当年12月,张之洞在赴湖北上任的途中,在上海约见了盛宣怀,商谈关于办铁厂之事。张在给李鸿章的信中,谈到了他与盛宣怀见面的情况,"连日晤谈,详加考究",得盛之指点殊多(张之洞:《致海署天津李中堂》,光绪十五年十一月二十九日)。张之洞还答应盛宣怀,在铁厂建成投产后,生产钢铁每吨提银二钱以弥补盛在办湖北煤矿开采时的损失,如以年产六万吨计,岁可一万二千两,如果年产在五万吨以下,"即以岁提万金为断"(见盛档,张之洞:《致上海盛道台》,光绪十六年四月初八)。

照理,在办铁厂的问题上,张之洞与盛宣怀是可以合作的,但是,在这前后,盛宣怀也拟订了一个办铁厂的章程《筹拟铁矿情形禀》(光绪十五年十一月二十三日),此禀文分责任、择地、筹本、储料四个方面,而着重于商股商办。盛宣怀将他的禀文分别上呈给了李鸿章与张之洞。张之洞当然知道盛宣怀在办实业方面的能力,如果和盛宣怀合作办铁厂是十分有利的,但是他对盛宣怀"商股商办"的主张是既不认可,也不接受的。张之洞在电告李鸿章的文中,也表明了他这一观点,他说:"盛道前在沪具一禀,所拟办法与鄙见不甚同。商股恐不可恃,且多交葛。"(张之洞:《致京李中堂》,光绪十六年二月二十六日)张之洞之所以反对商办而坚持官办,实际上可能是考虑到如果采取"商股商办"的方法,将来不容易掌控。

但是,这并没有动摇张之洞办铁厂的决心,也没有放缓他办铁厂的步伐。张之洞到达湖北武汉任上之后,就马不停蹄地开展工作,从工厂选址,到经费的筹措、设备的购置、人员的配备,再到制定内部经营和管理的章程,他展开了全方位的工作。

1890年，张之洞创办的铁厂在湖北龟山脚下正式动工兴建，铁厂正式定名为"汉阳铁厂"。经过三年的努力，1893年9月，汉阳铁厂正式建成投产。全厂包括生铁厂、贝色麻钢厂、西门士钢厂、钢轨厂、铁货厂、熟铁厂6个大厂和机器厂、铸铁厂、打铁厂、造鱼片钩钉厂4个小厂。汉阳铁厂创办时，经费预定为246万余两，1892年清政府增拨42万两，到建成时，实际支出500万两左右。

汉阳铁厂的建成与投产，为中国近代工业史翻开了新的一页，其历史意义与影响十分深远。汉阳铁厂的创办与张之洞的努力是密不可分的，可以说没有张之洞就没有汉阳铁厂。

汉阳铁厂

三、盛宣怀与张之洞在办铁厂上的分歧

盛宣怀对于办汉阳铁厂之事，十分关注。一是张之洞在赴湖北任上的途中，在上海与他深谈了办铁厂的事。盛宣怀对办铁厂有着某种特殊的感情，当年他在湖北广济、荆门、大冶等地办煤铁时，曾经就提出过"先煤后铁""以铁为正宗"的宗旨，在当时他就尝试并实践过办铁厂，只是由于种种原因未能继续办下去。二是盛宣怀对湖北的情况十分熟悉，当时他在对煤铁进行勘探、开采、冶炼的过程中，足迹遍布湖北境内，而且他还买下了大冶矿山。因此，对如何选择厂址

等问题,他都有比较清晰的见解。

当然,盛宣怀与张之洞在如何办铁厂这个问题上,最大的分歧是究竟采取"商股商办",还是采取"官本官办"。张之洞听不进他的意见,他们把分歧捅到了庆亲王奕劻那里,盛宣怀在给奕劻的信中说:"外洋煤铁矿皆系商办。商办者必处处打算,并使货美价廉,始可以不买他国之铁,以杜漏卮。"(见盛档,盛宣怀:《致庆邸禀》,光绪十六年九月)他在另一封信中说:"大冶铁矿官办必致亏本,不仅(垫支的)二百万无着",而且可能还要付出更大的代价(见盛档,盛宣怀:《禀庆邸》,光绪十六年十月)。

他与张之洞的另一个分歧是关于铁厂的"选址"问题。张之洞主张将炼铁厂设于坐在总督衙门里就能看到烟囱的大别山下的汉阳;盛宣怀则认为炼铁厂设于汉阳,与原材料、燃料距离太远,说这样做是"舍近图远……运远本重",必将增加产品的成本,"必不能敌洋料"(见盛档,盛宣怀:《禀庆邸》,光绪十六年十一月十六日)。盛宣怀认为张之洞之所以这样做,是与官本官办有关的。他认为"如果及早改归商办,就大冶江边设炉开炼,以就煤铁",必能做到"轻运费而敌洋产"(见盛档,盛宣怀:《禀庆邸》,光绪十六年十月)。盛宣怀为了实现自己的主张,又提出了一个折中方案,即如果大别山下的厂址不变,那就"以大别山为炮厂,以大冶为铁厂,则无论官办商办,均能百世不移"。为了表明实现自己意见的决心,他说:"将来综计运费成本,孰靡孰省,当以刍献为不谬也!"(见盛档,盛宣怀:《禀庆邸》,光绪十六年十一月十六日)

盛宣怀对于张之洞的建厂步骤也有不同意见,他认为办钢铁厂应该先煤后铁,他说:"煤成不怕铁不能炼,此一层次也。鄂省先办铁而至今未开煤矿,何异养牲口而不蓄草料乎?"(见盛档,盛宣怀:《复薛福成函》,光绪十七年正月十六日)

盛宣怀因与张之洞的意见不同,便没有参与汉阳铁厂的筹建工作,但他还是一直关注着它的进展情况,并做了一旦铁厂办不下去,他该如何去接办的思想准备。

1893年春，郑观应以招商局帮办的身份巡查长江各分局，路过武汉时，从湖北藩司王之春那里得知，汉阳铁厂已花掉400万两，随即函告盛宣怀：张之洞"又奏扩拨七十万，仍恐不敷，势要招商承办"。他又建议盛宣怀："如欲接办……宜先寻有好煤矿，可炼焦炭，将化铁炉移于大冶铁矿山左右，可省运费，焦炭价廉方可获利。"（见盛档，郑观应：《致招商局盛督办书》，光绪十九年二月）郑观应是盛宣怀的知己和得力帮手，从郑观应给盛宣怀的信中可以看出，他们对于要承办汉阳铁厂，已经有较充分的准备了。①

汉阳铁厂因为计划不周，所购设备不适于炼制大冶铁矿提供的含磷较高的矿砂，导致所炼钢料不符合铁路钢轨的要求，从而陷入经营困境。1896年，"心力交瘁"的张之洞再也无力将汉阳铁厂继续办下去了。

四、盛宣怀接办汉阳铁厂

坚持以"官本官办"的模式来办汉阳铁厂的张之洞，被搞得"心力交瘁"，于是下决心要交"棒"了，那到底是交给洋商呢，还是交给招商局来呢？当时有这两种议论。盛宣怀面对这两种议论，态度鲜明地说："铁政属洋商，力大流弊亦远，属华商，力小收效亦远。"

他表示愿意亲自到湖北参与"通筹决策，……熟商办法"（见盛档，盛宣怀：《寄江宁恽莘耘观察》，光绪二十二年正月初六）。

当盛宣怀收到张之洞的部属恽莘耘发来的"决意不招洋商矣，今已决计与吾兄商办"的电报后，他立即表态说："如帅（指张之洞）意坚定，必当竭力为国家筹计远大，决不存丝毫私见。"（见盛档，盛宣怀：《寄武昌恽莘耘观察祖翼》，光绪二十二年正月十一日）接着，恽莘耘传话让盛宣怀到湖北商议，盛宣怀再次表示，必尽力而为，会尽快赶赴湖北，并提出自己接办汉阳铁厂后的初步设想，即钢铁必须

---

① 夏东元：《盛宣怀传》，四川人民出版社，1988，第187-190页。

大办，炼炉必须推广，"而推广炼炉非另筹佳煤无可为力"，准备"调开平矿师偕来细勘煤矿"，优先解决煤炭的问题（见盛档，盛宣怀：《复鄂臬恽松云（指恽莘耘）函》，光绪二十二年正月十九日）。

不久，张之洞作出了将汉阳铁厂交盛宣怀接办的决定。盛宣怀在叙述作决定的过程时说："铁政不得法，徒靡费，几为洋人得。右铭、松云讽阻，乃属意于宣，督饬华商接办，重整旗鼓。"由此可见，盛宣怀接到这根"棒"，还是费了不少周折的。

1896年5月14日，张之洞发出委任盛宣怀为汉阳铁厂"督办"的公文，公文中说："盛道才猷宏达，综核精详，于中国商务、工程、制造各事宜，均极熟习，经理商局多年，著有成效。"（张之洞：《札委盛道督办汉阳铁厂》，光绪二十二年四月初二）自然，盛宣怀来接办汉阳铁厂，是最合适的了。

盛宣怀在接到张之洞的公文后十天，即1896年5月24日，就正式接办了汉阳铁厂。

盛宣怀从张之洞手中接办汉阳铁厂，意味着他可以改变张之洞"官本官办"的办厂体制，按照自己"商股商办"的主张来行事了。但是，他从张之洞手中接过这根"棒"的同时，也将张之洞用于铁厂的官款作为铁厂的债务接管了过来，铁厂"所有已用官款五百余万，责成商局承认。所出生铁，每吨提抽银壹两归还官款"。盛宣怀一接办汉阳铁厂，身上就已背负了沉重的债务。

五、盛宣怀承办铁厂后抓的几件事

张之洞有意要盛宣怀承办铁厂后，1896年2月23日，盛宣怀电告张之洞的部属恽莘耘表示："愿承办铁厂，拟于下月送李鸿章出洋后，到鄂勘议。"4月30日，他赶赴湖北汉阳考察铁厂。5月14日，张之洞正式委任盛宣怀为汉阳铁厂"督办"，铁厂改归商办。盛宣怀立即决定聘任郑观应兼任总办。5月24日，郑观应正式到任。

盛宣怀上任后抓的第一件事，就是寻找煤矿。他很清楚，如果自己不能解决煤炭这个关键的原材料,"必致厂购洋焦,路购洋轨,大负初心"。如果大购洋焦,必致"亏累不堪"(见盛档,盛宣怀:《寄张香帅》,光绪二十二年十月二十九日),而"路购洋轨",这会使铁厂产品的销路成为问题。盛宣怀聘请了两位德国高级矿师,一位叫赖伦,另一位叫马科斯。盛宣怀在矿师的陪同下,亲自到江西、湖南等地寻觅煤矿。这两位矿师工作很认真,也有真才实学,先后到湖北、湖南、江西、安徽等省进行勘矿,1898年,他们终于在江西萍乡发现了一个大煤田。

盛宣怀抓的第二件事,是产品的市场销路。他说:"中国不患弱而患贫,不患在下占在上之利,而患洋人占华人之利。"(见盛档,盛宣怀:《禀庆邸》,光绪十六年十一月十六日)铁厂的市场销路,主要是为铁路供给钢轨。他在接手铁厂之前,一再跟张之洞明确,钢轨必须由汉阳铁厂来制造:铁厂产品非国家支持不能推广,非推广不能长期存在下去。他提出"中国办事最易分歧,万一铁路所用钢轨等件仍欲取材于外洋,使华铁销路阻塞,商局何能挽回",如果不能保证钢轨由铁厂来制造的话,那时即当"准其停工发还华商资本,仍归官本"。此外,他又上书直隶总督王文韶,请他帮助敦促各制造局所需的钢铁也到汉阳铁厂来购买,基本为产品找到了销路。

盛宣怀抓的第三件事,就是人才。他清楚铁厂在原材料、设备、生产、运输、销售等流程中的每一个环节中,都离不开人才,主要是管理人才与技术人才。首先,他请具有真才实学的郑观应担任铁厂的总办。其次,对铁厂以往所聘的外籍技术人员,采取以岗选人的办法进行调整,盛宣怀对这些外籍技术人员,既不认为他们都货真价实,也不认为他们都一无是处。如他发现总监工德培没有本领、不会计划,还不能与生铁炉的技术人员合作共事。"总监工不得其人,全厂为之受累"(见盛档,盛宣怀:《致鄂藩王爵棠函》,光绪二十二年六月十四日)。他认为"此厂用洋人三十六名,不务实。可知其整顿之难,更难于当年之招商局"(见盛档,盛宣怀:《寄王夔帅》,光绪二十二年四月初四日)。盛宣怀调查铁厂的实际情况,认为铁厂只需要聘用14名外

第六章 中国第一个真正的钢铁联合企业『汉冶萍』

籍技术人员，他将应需聘用人员岗位的清单交总办郑观应，请郑观应对现有的人员进行考核甄别，可用者尽可能留下。最终铁厂聘用的高级技术人员减至14名，节省了一大笔经费。与此同时，盛宣怀千方百计寻觅有能力的国内技术人才，积极培养人才。

盛宣怀抓的第四件事，就是资金。他从张之洞手中接下汉阳铁厂时，身上就已经背负了沉重的债务。为此，他采取官股、商股和外债并用的办法来解决资金问题，但是由于官股与商股难以筹集，所以，他主要依赖举借外债来解决困难。

经过他与郑观应等人的努力，铁厂初期的困难最终得到了解决。

六、萍乡煤矿开挖，解决了铁厂缺煤问题

1896年5月24日，盛宣怀正式接办汉阳铁厂。他上任后为解决铁厂的焦炭问题，在矿师的陪同下亲赴江西、湖南等地寻觅煤矿。

1897年6月，为了尽快核实萍乡煤田的情况，盛宣怀委派得力助手张赞宸（1862—1907年，字韶甄，江苏武进人，湖北省候补知县）赴萍乡复查煤务。张与盛是武进同乡，他深知此事的重要，毅然接受了任务。随即张赞宸跋山涉水赶赴萍乡，与先期已在那里的赖伦、马科斯会合。为了便于找矿，并协调与铁厂之间的关系，集"煤""矿""钢"三合一的萍宜矿务利和有限公司成立。

当时外国矿师勘矿，经常遇到当地百姓的敌视和抵制，那年赖伦在萍乡勘探，正值宜春、萍乡两县县试，应试的童生们从《汉报》上得知此事，而"萍民素畏机器，谓能使山崩地陷，田园庐墓悉被震伤，而借煤为业之人又恐官招新股，夺其现成之利"（见《恽积勋致郑观应函》，光绪二十二年九月）。因此童生们撰写揭帖，号召乡民反对洋人入萍。这使得赖伦的萍乡之行屡屡遇险，依靠军队的保护才得以安全到达矿山。

1898年，矿师们在萍乡发现了一个大煤田。该煤田位于天子山支脉的安源山，其脉来自莲花县的马迹岭，内含煤矿甚富，属于古生代

煤炭纪，色黑如漆，且甚光泽，挥发分少，黏结性富，是制造焦煤的上品。其煤层有十层，主要以小底板层、大底板层、夹槽、老夹槽、大槽板层为主。

勘探结束后，经过矿师的鉴定，萍乡煤田的煤质适合炼铁，于是铁厂就确定在萍乡试挖煤井。经过研究选择了两个地方，一个是安源，一个是高坑。当时这两个地方的小井很多，民间挖煤的情况不少。两位矿师进行分工，赖伦在安源，马科斯在高坑，各作出一个方案进行比较。马科斯认为应该在高坑挖煤，提出在井的上端修筑一座水库，从高坑到芦溪开挖一条运河，煤通过船只从运河中运出，先到袁河，再到九江，由九江运到湖北；赖伦则提出在安源挖煤，从安源修一条到萍乡的铁路，然后通过水运，将煤运出。

两个方案相比较，在高坑开井的方案所需费用太多，负担不起，因而决定采用赖伦在安源挖煤的方案，即主矿选址确定为安源，此后也将它称为安源山机矿。

萍乡境内的煤田被称为"盆式大槽煤"，居于山腹之中，机器不便于直接开采。1898年7月26日，萍乡煤矿总局决定选择在安源以北一个地势较平的地方，开始向山腹挖掘。此后，工队施工建起直井的八方井、上平巷及东、西平巷各一处。同年9月，盛委托赖伦订购的首批欧洲机器到齐，矿井建设全面展开。安源井田开发由赖伦设计绘图，采用平洞、立井多水平开拓煤层群，整个矿井采取先上后下、由近及远的前进式开采方式。1898年底，西平巷见煤；1900年，上平巷开进600米，见大槽煤层；1903年，机矿窿道逐次告成；1904年，八方井日产原煤300吨。此时西平巷开进1600米，上平巷开进1200米，东平巷开进1600米，三个平巷日产原煤300至400吨。

萍乡煤矿总局在大力推进井巷工程的同时，也交叉开展地面工程，至1904年，先后建成大小洗煤台各1座，其中大洗煤台每日可洗煤2000吨，小洗煤台每日可洗煤400吨。此外，建成西法炼焦炉114座、耐火砖厂和煤砖厂各1座、电机房与打风房各1座、机械制造修理厂1座，以及发电厂等成套的采煤炼焦设备，这些在当时都是最先进的技术装

第六章 中国第一个真正的钢铁联合企业「汉冶萍」

备。由于炼焦炉数量多，萍乡煤矿总局可为汉阳铁厂提供足够的焦炭。与此同时，工人们先后安装完成矿轨、煤车、起重、抽水、发电等所需机器设备，建设完成电报电话房、总局大楼及员工宿舍等基础设施。此时，张赞宸致电盛宣怀："车站、机厂、洗煤厂、炼焦厂、总局及一切屋厂统聚，此脚跟已立，大局已定。"

经过几年的奋斗，萍乡煤矿总局规模初具，拥有安源山机矿一个主矿和紫家冲、小坑、高冲、小花石4个分矿，同时还拥有上珠岭铁矿山、白茅锰矿山、盆形岭锑矿山、白竺铅矿山等矿产山权。并在紫家冲、小坑、龙家冲、王家源、高坑等地有土井14处，土法炼焦炉50座。安源山机矿有东平巷和八方井两个采煤系统。萍乡煤矿总局成为具有近代机械化的洗煤台、炼焦炉、耐火砖厂、煤砖厂、土炉炼焦处等的大型煤矿企业。① 张赞宸在任9年，萍乡煤矿共收款867.7万余两，存款项418.4万两，支款1250.2万两，收支相抵，盈余约35.9万两，其规模之庞大，工程之浩繁，可见一斑。

1898年，安源矿正式开始开矿，1899年安源到萍乡的铁路通车，解决了煤的运输问题。

1899年，为了加速萍乡煤矿的建设，盛宣怀以招商局房产作为担保，向德国礼和洋行借款400万马克，约合白银110余万两；1901年，为运输萍乡的煤，招商局又向铁厂搭股100万两。这样，初步解决了资金问题。

为了加强对萍乡煤矿的管理，1898年4月，经清政府批准，汉阳铁厂在萍乡设立"汉阳铁厂驻萍乡煤务局"，聘任德国矿师赖伦为总矿师。

萍乡煤矿开办时，规模比较大，有13000多名工人，工人70%来自湖南，湖北占20%，萍乡只占10%，全矿分46个单位。萍乡煤矿有洋炉炼焦和土炉炼焦，并有发电厂、机修厂、制造厂、锅炉房等。其中工人生活比较艰苦，没有任何劳保福利。

---

① 黄领：《张赞宸开创萍乡煤矿的伟大实践及意义》，载尚平、张强主编《第二届汉冶萍国际学术研讨会论文集》，武汉出版社，2018。

萍乡煤矿的开挖，彻底解决了铁厂缺煤的问题。

萍乡煤矿

七、李维格领衔，闯过钢材质量关

1903年3月，轮船招商局与中国电报总局均被袁世凯的北洋派系夺去。此时，盛宣怀更看重汉阳铁厂了，也更加精心地办理汉阳铁厂。

盛宣怀办理汉阳铁厂后，遇到一个大的问题是产品的质量问题。当时汉阳铁厂已经正式生产出钢材来了，但是这种钢材质量不好，材质发脆，容易断裂。盛宣怀弄不明白，为什么同样是煤和铁砂，同样是洋人的技术和进口设备，洋人生产出来的钢材质量很好，而我们生产出来的钢材质量就是不行。国内聘请的洋人技师也讲不出个所以然来，那就只有派人到国外炼钢厂去，在炼钢生产的现场，一个环节、一个环节地仔细考察，找出问题的所在。究竟派谁去承担此项重任呢？他立即想到了自己的莫逆之交——汉阳铁厂的总翻译、苏州才子李维格。

1902年，盛宣怀在给朝廷的报告中写道"……制造必取法于人，耳闻不如目见，臣久思亲赴各国一观其布置而不得其暇，只得遴派妥员代往考察。兹查有总办湖北铁厂三品衔候选郎中李维格，心精力果，体用兼赅，本来谙熟方言，近复留心工学。臣与李维格坚明约束，铁厂之成败利钝，悉以付中……臣已代筹资斧派令该员带同洋工程司一名，克日驰赴日本，先阅其新开铁厂，即由日本放洋赴泰西各国，游历各厂，究其工作精奥之大端，彼何以良？我何以楛？彼何以精？我何以粗？他山之石，可以攻错。"1902年10月，盛宣怀正式派李维格出国考察。

李维格果真不负厚望，经过出国实地考察，他找到了汉阳铁厂生产出来钢材质量不好的关键所在，即矿石含磷过高，导致钢材易脆、易裂。他发现汉阳铁厂所采用的炼钢设备与炼钢方法，不适宜炼含磷过高的矿石。

李维格回国之后，立即向盛宣怀建议，购置新设备，改造旧式炼钢炉，放弃原用的贝塞麦转炉，改用马丁碱法炼钢炉，同时改进工艺，去除磷质。盛宣怀对这一建议颇为称许，并指示照办。这样，"十余年未解之难题，一朝涣然冰释"。李维格说："在洋考察，既有把握，于是绘图贴说，广招英、美、德专门名厂投标，并与同行之萍乡矿师赖伦，及新雇之工师等，一再讨论，剔破疑团，然后分别订定。归国后激励同人，勇往从事，胼手胝足，四年苦工，于去冬（1907年）十月告成出钢"（李维格：《记汉冶萍》，光绪三十四年七月）。

从李维格回国，购置新设备，再到炼出第一炉真正合格的钢材，又花去了整整五年的时间。这为"西法炼铁，事非素习，无以得其窍要，计穷力竭，欲罢不能"（李维格：《记汉冶萍》，光绪三十四年七月）的盛宣怀，解决了又一个阻碍前进的拦路虎。

汉阳铁厂炼出了合格的钢材后，不几天，盛宣怀就赶赴湖北"验视新钢"，为"居然媲美欧洲"而自豪，为"东西人来阅者，皆称中国亦能做到如此"而高兴。

八、"汉冶萍"正式宣告成立

汉阳铁厂在盛宣怀的主持下，找到了萍乡煤矿，解决了煤炭这个关键的原材料，接着，又由李维格领衔，闯过了钢材质量关。这时，正"值各省兴筑铁路，经邮传部通行各省，一律购用"，汉阳铁厂的钢轨和其他有关部件的销路问题迎刃而解。

此时，为了降低成本，增强竞争能力，盛宣怀又在考虑汉阳铁厂的税收负担问题。他在铁厂续免税厘五年的情况下，于1906年请求政府再减免十年。这样，汉阳铁厂的免税特权就受到种种非议。对此，盛宣怀愤慨地予以驳斥，他在给商部的信中说：汉厂"几经挫折，近甫转机，若自运中国口岸，先为税厘所困，出运他国口岸，又为彼国进口重税所困，势必各省尽销洋铁而后已，势必汉厂商力告竭即日倾覆而后已！如中国何？如大局何？"（见盛档，盛宣怀：《致商部税务大臣》，光绪三十二年八月初二）经过盛宣怀的努力，续免税厘的请求亦获得批准。

在所有有利条件的共同作用下，汉阳铁厂大有起色。盛宣怀认为，汉厂不仅站稳了脚跟，且大有发展的可能，具备了煤铁厂矿联合起来的条件，可以实现盛宣怀多年煤铁"合为一家"的夙愿。

1907年，"汉冶萍煤铁厂矿公司"正式挂牌宣告成立，盛宣怀出任第一任总理，李维格出任协理。经过近一年的酝酿与准备，1908年春，盛宣怀奏请清廷批准，将汉阳铁厂（汉）、大冶铁山（冶）、萍乡煤矿（萍）合并为一，成立"汉冶萍煤铁厂矿有限公司"①。盛宣怀在奏折中说："臣去秋由汉而萍，验收汉阳新钢厂，履勘萍乡大煤槽，风声所播，商情踊跃，沪汉等处华商拟议加集巨股大举合办。先是臣已函商前督臣张之洞，力筹保守之策，拟将汉冶萍煤铁合成一大公司，新旧股份招足二千万元，一面拨还华洋债款，一面扩充炼铁……以商办已见实效，自应循照成案，以期保全中国厂矿挽回中国权利。"（见盛档，盛宣怀：《汉冶萍煤铁厂矿现筹合并扩充办法折》，光绪三十四年二月）

1908年11月7日，清政府正式批准"汉冶萍煤铁厂矿有限公司"成立，确定公司设在上海，由盛宣怀负责。汉冶萍堪称"中国钢铁工

---

① 也简称为汉冶萍或汉冶萍公司。

业的摇篮"，也是当时亚洲最大的钢铁联合企业。

早在1875年，盛宣怀就奉李鸿章之命，在湖北找煤勘铁，筹备炼钢铁，多番努力，几经失败，其中的酸甜苦辣，一般人是难以理解的。1896年，他再次从张之洞手中接办汉阳铁厂，至1907年新炉出钢为止，又度过了11年的光阴，可以说，超过了他人生五分之二的时光，都与汉冶萍密切相关。其间，他当然还创办了许多其他的实业、承担了许多其他的任务。但是不得不说，办钢铁花去了他一生太多的心血与精力。

李维格在1908年之后的10余年里，一直投身于汉冶萍，1908年至1911年任汉冶萍公司协理兼汉阳铁厂总办；1912年至1913年任汉冶萍公司经理兼汉阳铁厂坐办；1913年至1916年任汉冶萍公司高级顾问；1916年至1917年任大冶铁厂厂长；1917年任汉冶萍公司高级顾问。

位于上海的汉冶萍公司大楼

九、汉冶萍公司对西方钢铁技术的移植

汉冶萍公司对西方钢铁技术的移植，主要体现在张之洞与盛宣怀执掌时期。

从设备层面来看，技术移植大致可分为两个阶段：（1）从1890年张之洞创办汉阳铁厂到1896年盛宣怀接办汉阳铁厂，再到盛宣怀派铁厂总翻译李维格等出国考察回国，找出钢材质量不好的原因，这将近

15年的时光,可看成汉冶萍公司的第一阶段。其间铁厂的主要技术引进是设备引进与建设、投产;技术来自英国和比利时两国;技术引进渠道为由英方设计规划铁厂、提供设备、负责建造;技术引进的决策者是张之洞与驻英大使刘瑞芬;技术人员是英国、比利时、卢森堡等国的工程师;技术引进的特点表现为政府行为、无技术基础、单方面全方位依赖技术输出国。(2)1905年至1913年,由汉阳铁厂转为汉冶萍公司,主要技术引进是设备引进和改扩建;技术来自德国、英国、美国;技术引进渠道为采纳英国专家建议,由铁厂外籍工程师设计规划,以招标方式购置设备;技术引进的决策者是盛宣怀、总办李维格、萍乡煤矿总矿师赖伦、顾问工程师彭脱;技术人员前期为外籍工程师,1911年后以中国工程师为主;技术引进的特点表现为企业行为,在本土技术能力欠缺的情况下,相对合理和成功的技术引进。

　　从人员层面来看,技术移植表现为三个方面:(1)技术工人方面。企业获得技术工人的途径:一是雇用发达地区,如广州、香港、上海等地的技术工人;二是出资向国外送培工匠,但人数相对有限;三是采取"干中学"模式,即通过参与实际工程,培养技术工人,这是主要的途径。(2)工程师方面。一是早期聘请外籍工程师;二是出资送培,公司送培的留学生逐步代替了外籍工程师;三是聘用回国的留学生与国内院校的毕业生。(3)从技术能力看,技术人员在高炉等设备的建造和投产等方面基本能胜任,但是在高炉等设备的设计方面,依旧需要聘请外国公司来完成。

　　从制度层面来看,企业制度层面有所发展,但仍有欠缺。如企业为实现技术的持续发展所建立的一系列组织、规范和制度保障等,其突出表现为汉冶萍公司制定和实施了我国第一部钢轨制造和验收标准,这是很了不起的。但是,辛亥革命爆发后,这部标准失去了"部颁标准"的地位。一般说来,在一个新兴行业创办初期,率先进入的企业往往会替代政府或有关部门来制定行业技术标准,但是企业不可能完全替代政府,企业制定的标准应该经过政府的认可,并正式批准颁布。但汉冶萍公司与政府之间并没有建立此类制度建设的合作。再如,汉冶萍公司在企业的研发活动及企业研发组织的建立等方面，都还是很有限的。①

十、汉冶萍公司对钢铁专业人才的培养

盛宣怀接办汉阳铁厂，是在甲午战败，《马关条约》签订，清政府割地、赔款之后的事。在痛定思痛后，盛宣怀意识到中国必须通过变法图强。

他认为，"自强首在储才，储才必先兴学"，中国必须抓紧培养人才。他说："日本自维新以来，援照西法，广开学堂书院，不特陆军海军将弁皆取材于学堂；即今之外部出使诸员，亦皆取材于律例科矣；制造枪炮开矿造路诸工，亦皆取材于机器工程科地学化学科矣。仅十余年，灿然大备。"盛宣怀客观地比较了中日之间的差距，深刻地认识到人才的重要性。为了加快培养人才，1895年、1896年，他先后创办了北洋大学堂与南洋公学。

在晚清时期的中国，煤铁的勘探、钢铁的冶炼与生产是一项全新的事业。从事钢铁生产与管理的，应该是专业的技术人才，以及具备专业知识、训练有素的技术工人。因此，从汉阳铁厂创办之初，到盛宣怀接办铁厂，之后又发展为汉冶萍公司，都十分重视人才。可惜，在科举制度下，国内没有可供任用的技术人才，更谈不上技术工人。最初只能聘用外籍技术人员，以及雇用有过相关产业工作经验的工匠。

从1890年筹建汉阳铁厂到1912年首位中国人担任总工程师的22年中，汉阳铁厂先后聘请了5名外籍技术人员担任总工程师，他们是贺伯生（英国，1890—1892）、白乃富（比利时，1892—1896）、德培（德国，1896—1897）、堪纳第（美国，1897—1905）、吕柏（卢森堡，1905—1912）。

盛宣怀接办汉阳铁厂时，铁厂原先聘用了36名外籍高级技术人员。

---

① 方一兵：《汉冶萍公司与中国近代钢铁技术移植》，科学出版社，2011，第95-100页。

他提出采用以岗选人的办法，经过考核甄别，留用了14名人员。为了勘探和开办萍乡煤矿，铁厂向德国礼和洋行借款，由此萍乡煤矿的勘探、设计、设备采办和修建工程均由德国工程师负责，于是聘用了德国矿师赖伦（1896—1923）、马科斯、施密特、李治、马克等人，其中以赖伦最为重要。

当时聘用外籍工程师涉及的因素有几个方面：（1）反映了各国在中国政治经济利益的争夺，西方国家企图通过他们的工程技术人员控制成长中的中国工业。铁厂从外交上考虑，频繁更换工程师，由英国人换成比利时人、德国人、美国人，最后换回比利时人。（2）在公司运作中经常发生华洋不和的问题，尤其是1905年之前，外籍工程师和中方管理者之间经常出现信任危机，危机出现的原因是多方面的，有外籍人员不称职的，有双方缺乏沟通的，更有因文化背景差异造成的。（3）外籍工程师在进行勘探和建设工程中，常常遇到当地百姓的敌视和抵制，尤其是在萍乡这样的内陆地区，因此也造成不断变更对外籍工程师的聘用。

汉冶萍公司为了改变主要技术岗位过分依赖外籍技术人员的状况，一直努力寻觅和任用国内掌握勘矿、冶炼等方面科技知识的技术人员。这些人大多是早期的出国留学人员，在张之洞时期主要是福州船政局的留学生和早期的留美幼童等。盛宣怀接办后，主要是聘用归国留学生，如帮助盛宣怀解决钢材质量问题、后来任汉冶萍公司经理的李维格，留美幼童、湘矿矿师邝荣光，留学生、炼钢厂分董徐庆沅等。

由于北洋大学堂、南洋公学还不能培养钢铁冶炼与生产专业的人才，1902年10月，盛宣怀开始资送学生出洋游历，他认为"躬验目治，专门肄习，乃能窥西学之精，用其所长，补我之短"。从1902年至1918年，汉阳铁厂及汉冶萍公司先后送培的学生有吴健（英国谢菲尔德大学钢铁冶金专业，硕士）、卢成章（英国谢菲尔德大学钢铁冶金专业）、郭承恩（英国谢菲尔德大学机械专业，学士）、黄锡赓（美国理海大学采矿专业）、杨卓（美国理海大学矿冶专业，硕士）、陈宏经（美国）、金岳祐（德国，矿学专业）、朱福仪（美国威斯康星大学）、程文熙（比利时）、赵昌迭（美国理海大学冶金专业）10 名。

特别要提到的是，由盛宣怀亲自从南洋公学挑选、汉阳铁厂送到英国谢菲尔德大学委托培养的留学生吴健，是该校首批获得冶金专业学士学位和硕士学位的学生之一。1908 年底，吴健从英国回来，成为汉阳铁厂的第一位中国工程师。正是这一年，汉阳铁厂与大冶铁矿、萍乡煤矿合并成为汉冶萍公司。1912 年 2 月，吴健被委任为总工程师，并先后任汉阳铁厂与大冶铁厂的厂长，挑起了重任。此外，1914 年留美学生王宠佑被委任为大冶铁矿矿长、留美学生黄锡赓被委任为萍乡煤矿总矿师，一批归国留学生担任了汉冶萍公司的要职，逐步替代了外籍技术人员。

汉冶萍还十分重视技术工人的培养，盛宣怀接办铁厂后，铁厂设有专门学堂。1897 年，李维格拟了一份《汉阳钢铁厂学堂章程》，规划设立化学、炼铁、炼钢、机器四所学堂。但由于当时经费困难，正规学堂没有办成。然而，汉冶萍通过化验室和车间招收学徒的方式，培养了一批技术工人、化验员和绘图员。

例如化验室，在主任骆丙生的带领下，室员从事各项化验工作。骆丙生还身兼化学教习一职，培养技术工人。尤其是 1907 年阿亨博士的加入，使化验室有了更大的改善，培养出一批合格的化验人员。1904 年，大冶铁矿添设化验所，铁厂派出一名自己培养的学生承担此项工作："博矿师意，矿山须添化学堂一所，以资化验，商诸汉厂，拨派一化学生随带化铁药料器具，就矿山公事房内匀出房间安置炉座，求省费而事举。现化学生已抵矿山，月薪二十四元，并由汉厂定。"（见盛档，《宗得福致盛宣怀函》，光绪三十年十一月二十三日）

化验室、绘图房及各车间招收了大量学徒从事绘图、机器装备、火车驾驶、修理等具有技术含量的工作，在实践中培养了众多技术工人，解决了企业缺乏技术工人的困难。外籍技术人员对汉冶萍自己培养的这一批技术工人，几乎一致给予好评[1]。

---

[1] 盛承懋：《盛宣怀与汉冶萍》，武汉大学出版社，2019，第 148-150 页。

十一、汉冶萍公司被誉为"东方的芝加哥"

1893年9月,汉阳铁厂建成投产。全厂除了包括熔炼钢铁的生铁厂等6个大厂,还包括了发展制造业而设置的机器厂4个小厂,已经初步形成了钢铁与制造业的结合。

盛宣怀接办汉阳铁厂之后,首先着眼于企业自身的扩张,随着萍乡煤矿的正式投产开挖,铁路建设高潮出现,铁厂的生产规模逐渐扩大。1905年起,铁厂陆续建造第三、第四化铁大炉,并废弃原来的贝色麻转炉,改用马丁碱法炼钢炉,建设新钢厂。至1907年,铁厂形成"目前两炉改良添机后,日出生铁二百吨,新置马丁钢炉三座,只用两座,炼钢称是。并已开造第三座化铁火炉,明年(指1908年)竣工,可日出三百吨,连前每日共出五百吨,足供各省路轨及在华各厂船械之用"的规模,大大提升了铁厂的供给能力。

从1908年汉冶萍公司成立到1916年盛宣怀去世,中国国内所生产的生铁产量,如表6-1所示。

表6-1　1908至1916年国内生产的生铁产量

年份	汉冶萍	本溪湖①	汉冶萍占份额
1908	66410吨		100%
1909	74405吨		100%
1910	119396吨		100%
1911	83337吨		100%
1912	7989吨		100%
1913	97513吨		100%
1914	130000吨		100%
1915	136531吨	29530吨	82.2%
1916	149930吨	49211吨	75.2%

资料来源:《中国铁矿志》

由表6-1可见,当时国内的生铁产量主要源于汉冶萍公司,其基

---

① 本溪湖指辽宁本溪湖煤铁公司。

本处于垄断地位。

汉冶萍公司，为卢汉铁路及其向东南西北的伸展，提供了合格的钢轨。据统计：粤汉铁路（广州至汉口）全长1096公里，其中的670公里使用"汉轨"；正太铁路（石家庄至太原，为卢汉支线）全长123公里，1907年10月通车，全部使用"汉轨"；津浦铁路（天津至浦口）全长1009.5公里，1911年完工，其中北段的290公里使用"汉轨"；广九铁路（广州大沙头至九龙）全长179公里，分华英两段，其中华段由大沙头至深圳长143公里，全部使用"汉轨"；吉长铁路（吉林至长春）全长127公里，1912年通车，全部使用"汉轨"。此外，"沪杭甬"使用"汉轨"185公里，"株萍"使用"汉轨"90公里，"陇海"使用"汉轨"456公里，"四洮"使用"汉轨"88公里，"南浔"使用"汉轨"78公里①。这为盛宣怀依托卢汉铁路这个核心，较快地向东南西北伸展，创造了条件。

铁厂的兴建原本是为卢汉铁路铸造钢轨的，产品自然以钢轨为主，然而，由于受政治风波及资金筹措的影响，铁路建造的进度时快时慢，这就导致对钢轨的需求并不稳定。铁厂为了自身的生存，也想方设法生产了一些市场需要的产品，如电线、电杆、铁钉、铁皮等。反过来，随着武汉及国内其他地区生产的发展、市场的需求，也促进了铁厂生产项目与品种的扩展。铁厂先后接到来自武汉、广东、南京等地自来水厂水铁管的订单；各地桥梁建设所需的各式钢材的订单。为了适应这些订单的需求，铁厂内部逐渐形成了一系列下属小厂，如烘钢厂、钢条厂、轧钢厂、锅炉厂、打铁厂、钩钉厂、小铁货厂、翻砂厂等。

此时，与铁厂关联的厂矿、企业相继出现，并呈现聚集形态。首先，由于萍乡煤矿的建设，大冶铁矿逐渐走上正轨，为铁厂和其他厂矿建设提供建筑材料的火砖厂、官砖厂、水泥厂等相继出现，形成了以钢铁生产为中心的关联企业的聚集；其次，形成了利用铁厂的产品或技

---

① 顾必阶：《中国铁路建设与汉冶萍》，载《第一届汉冶萍国际学术研讨会论文集》，长春出版社，2016。

术力量衍生发展的一系列工厂的聚集,除了铁厂内部附属的小厂之外,枪炮厂、车辆厂、扬子机器制造公司、兵工厂、钢药厂等相继成立。

汉阳铁厂的发展壮大还带动、促进了其他行业企业的产生与发展。如武汉纺织四局,它分布在武昌城外沿江地区,它与汉阳铁厂有着较为密切的关系。在资金方面,两家企业经常相互拆借、互通有无;在能源方面,纺织四局使用汉冶萍公司所属的萍乡煤矿的煤炭作为燃料。类似的企业还有造币厂,它也是以萍乡煤矿的煤炭为燃料的。此外,武昌皮革厂所生产的皮革,主要供给枪炮厂用作枪支的皮带和枪套。

以汉阳铁厂为龙头的城市工业体系初步形成,带动了武汉城市工业的迅猛发展。晚清末期,武汉地区工业发展的水平,已经超过了天津,成为国内仅次于上海的第二大工业中心,也成为中国的第二大港口,被誉为"东方的芝加哥"。

十二、第一部钢轨制造标准的产生

汉冶萍公司生产的最多的是铁路钢轨,因为铁厂兴办的主要目的就是修建卢汉铁路(即京汉铁路)。作为中国最早的钢轨制造企业,汉冶萍承造了京汉、津浦、正太、陇海、沪杭甬、粤汉、株萍、南浔、广九等铁路的钢轨制造工作。

从京汉铁路开始,中国进入了第一个铁路建设的高潮时期,但是铁路建设需要的巨额资金难以筹集。1895年,为解决京汉铁路建设的资金问题,盛宣怀创办中国铁路总公司,采取官股、商股和外债并用的办法。但是由于官股与商股难以筹集,至1911年之前,铁路修建的资金基本依赖举借外债解决。1897年,盛宣怀与比利时银行工厂合股公司在汉口签订了京汉铁路借款合同17款,其中有"比公司举荐总工程师监修路工"这一款。此后以京汉铁路借款合同为蓝本,各路借款合同中均确定由债权方举荐工程师监修铁路。由于中国尚无钢轨制造标准,各国工程师便依照本国钢轨样式来设计和修建铁路,因此各条铁路钢轨轨式各不相同,美国、英国、法国、比利时等国钢轨样式五花八门。这使得汉冶萍公司无法进行规模化生产，对未来铁路通行也带来不少隐患，为此，汉冶萍公司将钢轨制造标准的制定，提到了议事日程上来。

1911年4月，盛宣怀与英、法、德、美四国银团签订《湖北湖南两省境内粤汉铁路、湖北境内川汉铁路借款合同》，合同约定选用英国人格林森为湘鄂段总工程师。格林森在中国待了多年，曾经参与津浦铁路的设计，担任过沪宁铁路总工程师。格林森与汉冶萍公司总办李维格的交情很好，而粤汉川汉铁路当时是汉冶萍公司最大的客户："厂中钢轨现已拉完，日盼部饬议订川粤汉购轨合同，即可开拉。"（见盛档，《李维格致盛宣怀函》，宣统三年五月二十八日）在李维格的推荐下，盛宣怀选定格林森为钢轨制造验收章程的议定者。

1911年7月，汉冶萍公司在总办李维格的主持下，以英国通行章程为蓝本，拟定了《八十五磅钢轨及附属品制造验收通行章程》，该标准详细规定了八十五磅钢轨及附属品的样板、制造法、化验、剪裁、整齐、长度、钻孔、标志、试验法、试验器具、出钢号数及日期登记、试验费、剔退钢轨记号等规范，并附有样板图纸和计算方法[①]。7月13日，李维格与湘鄂段总工程师格林森商议后正式确定标准。李维格在给盛宣怀的信中说："验收钢轨等件规则已与格林森议定，兹特具禀呈部，务乞即日具奏颁行，愈速愈好，此事与厂甚有关系也。"（见盛档，《李维格致盛宣怀函》，宣统三年六月十八日）。《八十五磅钢轨及附属品制造验收通行章程》通过盛宣怀以邮传部名义上奏清政府。1911年8月，清政府准奏，由邮传部颁布。我国第一部钢轨制造技术标准由此产生，它统一了中国干线铁路钢轨样式规格及制造、验收标准。

十三、客观看待向日本的借款

盛宣怀接办汉阳铁厂，继而发展为汉冶萍公司，随着生产规模的

---

① 方一兵：《汉冶萍公司与中国近代钢铁技术移植》，科学出版社，2011，第90页。

扩大，他越来越清醒地认识到钢铁产业需要投入巨额资金。最初为了筹集资金，他先后两次发行股票，尽管当时外部环境不好，民间资本不看好铁厂，但因为他掌控着轮、电二局，可以方便地调用它们的资金，或以它们作担保，因此可以借到资金。

1903年，袁世凯从他手中夺走轮、电二局，使轮、电二局对铁厂的挹注断绝。为了更新改造技术设备，将铁厂办下去，盛宣怀不得已只能以铁厂本身的财产作保，开始频频向外国举债。与此同时，盛宣怀把自己拥有的轮、电二局的巨额股票，卖得只剩下九百股，而将所卖得的资金，全部买了汉冶萍的股票，以扩充汉冶萍的资金。

1903年12月14日，汉阳铁厂向日本大仓组借款20万两（规银）。

1904年1月15日，汉阳铁厂与日本小田切万寿之助（日本驻沪领事）签订大冶购运矿石预借三百万日元矿价正合同，以冶矿等物产作押。

1906年2月13日，汉阳铁厂与日本三井洋行签订一百万日元借款合同，以汉阳铁厂物产作押。

1907年5月1日，萍乡煤矿与日本大仓组签订借日金200万元合同，以萍乡煤矿物产作押。

1907年12月14日，汉阳煤厂向汉口正金银行借款30万日元。

以上五笔借款，接近700万日元，有了这些资金，李维格出国考察回来后的建议才得以完全落实，钢材真正闯过了质量关，"汉冶萍煤铁厂矿有限公司"才正式成立。

与西方国家比较，当时向日本相对容易借到款项。为了维持公司的正常发展，扩大公司的生产规模，在招商集资无着、经费难以解决的情况下，盛宣怀多次向日本举债。然而，盛宣怀的上述举措，受到了社会、官场，甚至清廷的严厉谴责。他最被诟病的是，使日本的势力逐渐渗透汉冶萍，汉冶萍在一定程度上受到日本势力的左右。

盛宣怀之所以向日本大量举债，有三点重要的原因。一是，当时以英法德美为代表的西方列强，通过各种手段拼命地掠夺中国的财富，如英商大东公司强行贱卖开平煤矿。它们在中国划分势力范围，企图通过贷款等方式，控制中国厂矿、铁路等的主权。盛宣怀在向四国银行团为铁路干线筹集资金时,这些国家的代表,都向中方提出了很多苛刻的附带条件,为了制衡西方列强对中国的约束,盛宣怀不得不另辟蹊径,转而更多地向日本借款。

二是,他轻信了日本,妄想中日合作共同抵御欧美势力的侵入。1908年9月,盛宣怀在赴日就医期间,曾去日本制铁所考察,当时他与制铁所所长中村雄次郎交谈:"东亚惟汉厂与制铁所并峙,近来名誉远播,欧美至为震惧,煤铁报章至论之为黄祸西渐,极力筹抵御之策,美、德各厂已经联合,而国家又任保护。"(见盛档,盛宣怀:《东游日记》,17页,光绪三十四年八月)

三是,盛宣怀有自己的考虑。正如与盛宣怀有多年交往的日本驻沪领事小田切万寿之助所说,盛宣怀希望通过用举债的办法,从公司收回自己的资金。小田切在向正金银行总行的报告中说:"该公司总理盛宣怀和协理李维格鉴于该公司历来在营业上负债不少,其主要债主为盛宣怀。盛氏几乎把自己全部财产充作制铁事业之资金,由于铁厂事业已逐步得到整顿,而盛氏亦已渐入老境,拟于此时,募集约三千万元的公司债,一方面用以偿还盛氏通融之款项;另一方面,用充事业扩张之资金。商议结果,拟一半从日本募集,一半从他国募集……盛宣怀因已将其全部私产投入汉冶萍公司,当然会感到极大苦痛。所以他很想由哪里举一笔债收回其资金,以预防在万一时发生汉冶萍公司与自己资产之间的纠纷,这是合理的想法……因此,他才按预定计划以萍乡煤矿作担保……此种场合,对我国来说正是可乘之机。"① 在清末摇摇欲坠的政局下,盛宣怀对自己督办汉冶萍的职位,始终感到如履薄冰,他感觉不知什么时候,汉冶萍就有可能像轮、电二局那样,被清廷接管。因此,他不放心自己的资产,投入到汉冶萍中后,又要千方百计地从中取出。

盛宣怀、李维格等从维持公司运转、扩大生产规模、以图他日获利的立场出发,认为只要注意借款策略,举借外债是公司经营的"激

---

① 夏东元:《盛宣怀传》,四川人民出版社,1988,第413页。

进之策"。李维格1905年就说过"官款难筹,商本难集,舍此实无他策"。盛宣怀也认为尽管借债"固犯清议之忌,然试问中华今日上下财力,舍此恐必束手,吾不敢谓借款为上策,但胜于无策,但看如何借法"。在资本严重缺乏以至于生产无以为继,而国内官款商本都无从筹集的背景下;在公司面临要么停产倒闭,前期投入和努力全部付诸东流,要么举借外债或有振兴之可能的现实情形中,企业管理者有这种认识是可以理解的。如果能真正做到"权由我操",举借外债也是可以避免利权丧失的。不可否认,汉冶萍公司发展中所需的资金大多来自附有苛刻条件的日本借款,但在当时的中国,一方面政治动荡,政府财政极为困窘,无力支持汉冶萍公司,另一方面工商业和金融业信用极为薄弱,汉冶萍公司是一家规模庞大、耗资甚巨的钢铁煤铁联合企业,不得不通过借款于外国的方法争取发展机会。

早在1913年就有人撰写了一篇《汉冶萍公司历史平论》,评价过盛宣怀借债发展公司的业绩:"就借债论:萍乡先借礼和马克,后还礼和,续借大仓一款,非此不能成萍乡;大冶先预支矿石价,非此不能成汉厂。嗣后九江矿借正金一款,又预支正金生铁价一款,非此不能续成汉、萍两处之扩张。"① 从大冶新厂的建设来看,当时的汉冶萍公司仍希望能够走上独立自主的钢铁工业之路,而不是单纯寄希望于出售矿石。

从汉冶萍公司各个时期企业的投资和经营权来看,汉冶萍公司是我国近代民族工业发展的先驱和代表。1924年,刘少奇撰文评述当时的汉冶萍公司,说:"中国汉冶萍公司,即东方最大之煤铁产业,它的衰败兴隆比平常产业有更深几层的重要。它不独立在国民经济上占有极重要的地位,且为发展东方'物质文明'之根据。"以张之洞、盛宣怀为代表的爱国民族实业家们发展中国重工业的努力也体现了中国早期工业化道路的艰难尝试,其发展对于中国模式的工业化道路具

---

① 雷儒金、尚平:《浅谈汉冶萍公司的民族性及其成败的现代启示》,载尚平、张强主编《第二届汉冶萍国际学术研讨会论文集》,武汉出版社,2018,第509-518页。

有深远影响和启示。

至辛亥革命前,汉冶萍公司已达到相当的规模,该公司员工7000多人,炼铁炉3座,炼钢炉6座,建立了完整的生产配套设施,年产铁矿50万吨,煤60万吨,生铁约8万吨,钢近7万吨,占清政府全年钢产量的90%以上。其中钢材4万吨,钢轨2万余吨,并朝着进一步发展的目标前行。

十四、辛亥革命之后的汉冶萍公司

1911年夏秋间,从四川开始的保路风潮兴起后,广东、两湖也随之继起,清王朝处于风雨飘摇之中,保清派人士群起攻击盛宣怀,盛乃成为众矢之的。10月10日,武昌起义,随之各省相继宣布独立。

10月26日,清王朝为平息众怒、稳定统治,将盛宣怀作为替罪羊革职,永不叙用。12月31日,盛流亡日本。

1912年1月1日,中华民国政府在南京成立。孙中山出任临时大总统。但是,南京临时政府财政极为困难。1911年12月25日,孙中山一行抵达上海,29日,孙中山赶赴日本三井物产上海支店,与店长藤濑政次郎会面,正式向三井物产提出借款请求。据记载:"藤濑氏讲,如果汉冶萍能够华日合办,三井方面可以拿出五百万来……孙中山亦表示同意;藤濑氏又说明确答复需要一星期时间。"①

日本方面对南京临时政府借款案的反应极其迅速,12月31日夜,日本制铁所所长中村雄次郎在东京拜会三井物产常务理事山本条太郎,中村希望山本从有利于将来日本在中国获取有希望的矿山的国家利益出发,对借款案作出积极回应。1912年1月11日,日本外务省出台了"日中合办汉冶萍大纲六条",以日中合办汉冶萍作为向南京临时政府借款的前提。对此,南京临时政府的代表表示"大体上同意,正与盛宣怀协议中"。而在日中合办汉冶萍借款案中,具有重要地位的一方——

---

① 李廷江:《日本财界与辛亥革命》,中国社会科学出版社,1994,第200、265页。

汉冶萍公司,至1月12日后才正式涉入其中。

之前,1911年5月1日,盛宣怀曾与小田切签订1200万日元借款的《预借生铁价值续合同》,合同规定正金银行从当年8月开始向汉冶萍公司分期交付借款,但是由于种种原因,借款一直未予支付。

1912年1月12日,日本政府批准以日中合办汉冶萍为前提给南京临时政府借款案,这意味着盛宣怀代表汉冶萍与正金银行签订的1200万日元的借款合同自然终止,而汉冶萍公司被迫涉入与其毫无权益可言的南京临时政府对日借款案。日方决定仍由正金银行董事小田切出面与盛宣怀交涉。

在当时国内的政治形势下,以中日合办汉冶萍为代价,替南京临时政府借款,对盛宣怀来说并不存在太大的障碍,但由谁来承担"中日合办"的责任是一个重要问题。盛宣怀因为铁路干线国有化,执行借款时中外合办筑路之政策,在清政府邮传部尚书任上身败名裂,自然明了"中日合办"汉冶萍所承担责任的分量。

1月中旬,南京临时政府派何天炯为代表赴日,通过王勋(阁臣)将用汉冶萍公司作押筹款一事告诉盛宣怀,盛在"义在容辞"的答话之余,提出"由政府与日合办……或由公司与日商合办,均可;惟合办以严定年限、权限为最要,免蹈开平(煤矿)覆辙"。

南京临时政府回复:"所拟中日合办,恐有流弊,政府接任,亦嫌非妥当办法,不若公司自借巨款,由政府担保。"孙中山的设想是由汉冶萍公司"自借巨款,由政府担保,先将各欠款偿清,留一二百万作重新开办费,再多借数百万转借民国"。政府方面想借款,但不愿承担"中日合办"的责任。无奈日本方面坚持不合办不借款。

1月17日,孙中山通过他的代表向流亡在日本的盛宣怀传言:"民国于盛并无恶感情,若肯筹款,自是有功,外间舆论过激,可代为解释",又作出了汉冶萍和盛氏被没收的"不动产可承认发还"的承诺,其意都是在迫使盛宣怀主动承担"中日合办"汉冶萍的责任。

接下来的一个多月,是盛宣怀一生当中最难过、最不自由、最痛苦的日子。一方面是南京临时政府为缓解财政上的困境,急于要从日

第六章 中国第一个真正的钢铁联合企业『汉冶萍』

本方面获得巨额借款，同意"以中日合办汉冶萍"为条件，但是又不愿意由政府出面来签借款合同的字；另一方面是日方坚持中方不在以中日合办汉冶萍为前提的借款合同上签字，就不肯把钱借给临时政府。而他们双方妥协的结果，是要让盛宣怀来签这个于他本人、于汉冶萍都无益的字。盛宣怀一方面要忍受国内舆论和民众大骂"卖国"的罪名，而他又无法辩解的痛苦；另一方面南京临时政府黄兴、何天炯等头面人物，不时发来措辞强硬的电文，对盛宣怀施加压力，迫使他尽快签字。而孙中山希望保障盛宣怀的相关权益，维护盛宣怀的声誉，让盛宣怀理解新政府的难处，盛宣怀处于不得不去做违心的事的尴尬状态中。那一段时间里，盛宣怀每天寝食难安，不断咯血，还要担心国内家人的安危。

1月26日，日本代表小田切说汉冶萍公司已无财产，不同意贷款，只能华洋合办。同日，上海三井洋行与南京临时政府签订中日合办汉冶萍公司草约（称"宁约"）。

1月29日，小田切在神户将中日合办汉冶萍公司合同，交盛宣怀草签（称"神户约"）。

2月22日，黄兴致电盛宣怀："前由何天炯转达尊意，承允助力民国，由汉冶萍公司担借日金五百万元，归民国政府借用。见义勇为，毋任钦佩。兹特请三井洋行与尊处接洽，商订条约，即日签押交银，公私两益，是所切盼，并复，陆军部总长黄兴叩。"

2月23日，孙中山致函盛宣怀："执事以垂暮之年，遭累重叠，可念也。保护维持，倘能为力之处，必勉为之。现在南北调和，袁公不日来宁，愚意欲乘此机会，俾消释前嫌，令执事乐居故里。"

同日，孙中山下令废除中日合办汉冶萍公司草约（"宁约"）。这时南京临时政府用招商局财产向日本筹款一千万元，亦未能成功①。

2月28日，三井物产向盛宣怀出具了南京临时政府批准"沪三井之约"的证明。在这样的背景下，2月29日，盛宣怀与小田切在日本

---

① 夏东元：《盛宣怀传》，四川人民出版社，1988，第539页。

神户正式签署中日合办汉冶萍草合同，盛宣怀于公司草合同末条声明：俟民国政府核准后，须股东会议决。

3月8日，盛宣怀复孙中山函："公一手变天下如反掌，即以一手让天下如敝屣，皆以为民也。惟中华之民穷困极矣，非洞开门户，大兴实业，恐仍不能副公挽回时局之苦心。侧闻公阅历欧亚，知足民大计必从实业下手，路矿圆法尤其大者。与下走平生怀抱差幸不谋而合。"对孙中山"保护维持"家族财产，表达了"感泐尤深"之意。

3月30日，盛宣怀致孙中山函："惟钢铁关系自强，需本甚巨，华商心有余而力不足，恐非政府与商民合办，不能从速恢张，以与欧美抗衡也。"

3月10日，袁世凯在北京就任临时大总统。

3月22日，汉冶萍公司开股东大会取消中日合办草约（"神户约"）。

4月1日，孙中山正式辞去临时大总统一职。

10月间，盛宣怀自日本回到上海。

1913年2月18日，盛宣怀致函友人吴蔚若，说："归国后故园独处，书画自娱，如梦初醒，不欲知秦汉以后事。惟民穷财尽，实业如航业、铁业已成之局，似不难于保守。乃因董事不得其人，内外交讧；股东散处四方，每届开会，到者甚稀。西人目为自弃权利。大约官僚附股，讳莫如深！"

3月29日，汉冶萍公司召开特别股东大会，盛宣怀被选为总理，会后又被选为董事会会长，盛宣怀重新控制汉冶萍公司大权。

4月22日，盛宣怀致梁启超函，说："汉冶萍中日合办，非由弟主，而实由弟挽救。近已有人代为昭雪。"说这是"颇类强迫，不得已辞总理仍为董事（会长）"，但因重病，会长事务，常由王存善代理。

盛宣怀最后的岁月中，与日本制铁所的博弈，其主要意图在于维持汉冶萍公司的正常运营，且尽量不使个人利益再遭受损失。

第六章 中国第一个真正的钢铁联合企业"汉冶萍"

第七章

中国的第一家银行

一、盛宣怀青年时代的金融活动

鸦片战争失败后，上海等五个中国东南沿海城市被辟为商埠。上海开埠后的第四年（1847年），英国丽如银行率先抢滩上海，其他外资银行随后也陆续在上海创设。此时晚清朝野对银行的意义与作用的认知还处于启蒙阶段。

1867年，盛宣怀的祖父盛隆去世，其父亲盛康从湖北盐道的任上返回常州，当时正值太平天国战争结束不久，常州一带的难民纷纷返回重建家业，却缺乏资金。时任江苏巡抚的李鸿章是盛康的同年，建议他开几家典当行、钱庄，定可赚钱。一向注重经世致用的盛康，对李鸿章所言深信不疑。他本因"丁忧"而赋闲在家，听了李鸿章的话，一回常州就带着盛宣怀积极筹办此事。

盛康先与苏州怡园园主顾文彬商议开办典当的事宜，又邀请李鸿裔（苏州网师园园主）、吴云（著名画家）等人入伙。1868年7月，盛家与顾文彬等人合伙的第一家典当行"济大典"正式开张。典当行刚办的时候，日常管理由盛宣怀与顾文彬的儿子顾承负责。经过一段时间之后，典当行的业务逐渐走上正轨，盛宣怀把来往账目及日常业务搞得一清二楚，于是又在常熟办起了一家典当行。随着吴县、常熟的典当业务逐渐开展，1869年起，盛宣怀又先后在江阴开设均大典当、济美典当、源大典当，拥有资金20万两，时称江阴"盛氏三典"。

1870年下半年，盛宣怀已进入李鸿章幕府，他将主要精力放在办理李鸿章交办的事上，吴县、常熟、江阴典当行的生意，则通过自己委派的人来办理，实际上仍掌控着典当行的局面。盛宣怀对店员要求很严，提出"勤、谨、廉、谦"四字；规定五不，即不准吸烟、不准赌博、不准宿妓、不准在本典当行当衣物、不准私自借用抵押品。如有违反，"查出立辞"。由于经营管理到位，吴县、常熟、江阴的典当行发展极快。

但是顾文彬对盛宣怀却不大放心，由于盛宣怀更有主见，办事果敢，顾总觉得盛宣怀大权独揽，独断专行，生怕顾家吃亏。顾文彬在一次给顾承的信中关切地询问儿子："杏荪（指盛宣怀）近日作事如何？所立公账房，大权独揽，能否秉公，他人能查看帐否？……"可以看出，他明显对盛宣怀抱有戒备之心。

1874年，直隶总督李鸿章为抗击日军，欲购买铁甲船，筹备了巨款。由于铁甲船尚未正式交付，这笔巨款搁置在那里无法增值，李鸿章就让盛宣怀将天津这笔总计80万串（合白银54万两）的巨额官款存于苏州的典当行。顾文彬也是典当行的股东，他做事谨慎但又怕事，恐因战争爆发，盛宣怀所领的天津巨款立时要提，典当行有崩盘之虞。此外李鸿章准允轮船招商局从直隶练饷局借用官款20万串（合白银13.5万两），年息7厘，除预缴利息外，实领18.8万串，盛宣怀将这些巨款也存于典当行，并以1分或1.2分的年息转放获利，顾文彬对此也很不放心。

尽管顾文彬对盛宣怀不放心、处处提防，但盛宣怀却很坦然，他作为李鸿章的机要秘书，对这些巨款可以存放多长时间、什么时候要动用多少、如遇突发情况如何处置，已经有了准备，因此心里并不紧张。

顾文彬虽对盛宣怀大权独揽不满，但还是由衷地称赞盛宣怀卓越的才干。1874年12月，顾文彬在致顾承的家书中赞叹，"济兴事仍归杏荪（指盛宣怀）办理，妥当之至。此君虽年轻，而办事居然老辣，子弟有此才干，真可爱也。此事既办妥，现在别无要事，汝正可安心静养"。

顾文彬一直忧虑与盛康、盛宣怀父子合股典当行会出乱子，在他的坚持下，1876年1月17日，典当行终于拆账，顾文彬、李鸿裔、吴云的股份与盛氏分开，济大典成了盛宣怀独资开设的第一家典当。

盛康、盛宣怀看出办典当行、钱庄是一种快速的生财之道，于是在常州、南京、江阴、无锡、宜兴、常熟等地开起典当行、钱庄来。不到10年，盛氏旗下的典当行、钱庄有了30多家，盛氏私有账号"愚记"的资产高达数百万两白银。办典当行要融资，典当业的经营与钱庄是分不开的，盛氏家族于是又集资开起了钱庄。本钱和利润从钱庄流到典当行，又从典当行流回钱庄。

尽管外资银行争先恐后地在上海抢滩、发展，但盛宣怀他们的典当行、钱庄却办得风生水起，中国其他地区的钱庄、票号也依旧运转自如，这就是晚清那一段时期形成的"现代与旧式金融机构并存的格局"。

二、外国银行抢滩上海，"汇丰"风头十足

1847年，英国丽如银行率先抢滩上海。在随后的60多年中，以英国资本为主导，包括法国、德国、日本、俄国、美国等国资本在内的数十家银行陆续在上海登陆。其中比英国丽如银行开行晚了近20年的汇丰银行风头十足，一时间在上海金融界呼风唤雨，不可一世。中国金融的命脉逐步被外国银行所主宰。

英国丽如银行大楼

汇丰银行的创办人麦克利，他原是英商会德丰洋行的大班，1863年（同治二年）麦克利准备筹建上海汇丰银行，决定回英国集资，行前向相识的在上海三余钱庄当"跑街"的王槐山借钱，王从三余钱庄客户存款中挪用了白银2000两给麦克利，讲明六个月后还本付息。但麦克利未能如期返回上海，钱庄年终结账时，王因挪用存款暴露，被老板开除回原籍。两年后，麦克利在英国筹得巨资来沪创建汇丰银行，得知王槐山的遭遇，深感内疚，即请其回沪，委任为汇丰银行的第一

任买办。

王受到麦克利的信任,库房钥匙均在其手,就利用汇丰的牌子做洋厘生意。他从汇丰每日资金的进出中了解到全市现银的存底,从而买进卖出,稳操胜算。前后仅六年,他就赚得白银80万两。

王通过熟人介绍,接纳了出生于苏州吴县东山的席正甫。席从苏州来到上海后,先在一家小钱庄当学徒,后来他自己开了一家小钱庄,进入汇丰银行后,先当上了银行的"跑街",后改任汇丰银行的买办。

出身于洞庭席家、有着家族几百年经商传统的席正甫,思想和见识比王槐山超前得多。他不仅能说一口流利的英文,还具备善于变通的经济头脑,对新事物的接受和适应能力很强。在做生意方面,席正甫与保守谨慎的王槐山截然相反。

1874年,清政府国库空虚,中法战争爆发在即,李鸿章实在想不出什么好办法,在奏请慈禧太后以后,派自己的亲信天津海关道孙竹堂到上海筹款。李鸿章暗中嘱咐孙竹堂,必要的时候,可以向汇丰银行借500万两银子。这已经不是清政府第一次向外资银行借钱了。

孙竹堂先后接触了汇丰银行的王槐山与席正甫,对于当时的银行来说,与朝廷搭上关系,应该是很大的生意。但王槐山不大喜欢与朝廷接触,也不习惯与官员打交道,失去了不少做大买卖的机会。而席正甫却善于主动与朝廷接触,抓住各种机会。

第七章 中国的第一家银行

席正甫认识到中法战争迫在眉睫,一旦开战,清政府肯定需要购买大量的军火,但是朝廷没钱,购买军火的款项势必要向外国银行借款。基于这一点,席正甫下定决心与清政府谈判。因为这笔借款的款项过于巨大,汇丰银行和清政府双方,谁都不肯轻易让步。席正甫预料到,谈判的焦点在利率上面。如果能够谈判成功,一定是借款的利率符合了双方的心理预期。谈判过程中,席正甫高超的谈判技巧、圆滑的交际手腕及他开钱庄时积累的丰厚人脉关系都得到了充分的展示,给李鸿章、孙竹堂留下了极为深刻的印象。

他没有答应孙竹堂提出的500万两银子的要求,而是打了个折扣,同意借给对方200万两银子。这是席正甫和麦克利商量之后,作出的

比较科学的决定。他们推断200万两对双方都好交代。最令汇丰银行高兴的是,席正甫竟然让清政府答应以盐税担保,还付出了年息8厘的高息,双方签订了长达十年的借款合同。这比同期外国银行在华放款的平均利率高出了30%。这也可以看出清政府确实国库空虚,已到了走投无路,一定要向外国银行借款度日的地步。

通过此次合作,汇丰银行已凌驾于其他竞争对手之上,成为清政府之后合作的首选银行,这让汇丰银行的影响力在中国扩大了数倍。据统计,1874年到1890年不到20年的时间里,清政府共借了26笔外债,金额高达4000多万两白银。其中仅汇丰银行一家就承担了2800多万两,超过了清政府贷款总额的七成。正是这次谈判的成功,为席正甫日后坐上汇丰银行大买办之位奠定了基础。

外资银行的迅速发展,引起盛宣怀的极大关注。然而,盛宣怀对于汇丰等外资银行还是十分警惕的。1887年,美国商人米建威为在中国创办德律风之事来天津谈判,并议及创办银行。盛宣怀作为李鸿章的代表同米建威谈判。其中关于银行之事,米建威企图独办,盛宣怀则坚持中美合办。他认为"该行归美商独办,仍无异汇丰、有利、法兰西、麦加利等行,于办理官事处处窒碍,其生意仍难驾乎各行之上。今议华美合办,既有华商在内,名正言顺。凡中国兴利大举,该行均可随时议办,实于两国商务大有裨益"。盛宣怀的一席话表明:第一,对汇丰等外国银行很不满意,所以也反对美商在中国独办银行;第二,中国自己办银行,要做到"驾乎各行之上",不能成为洋商各行的附属品;第三,自办银行是为了对中国的"兴利大举"有所裨益①。

三、盛宣怀借助汇丰银行击败了胡雪岩

以汇丰银行为代表的外资银行在晚清时期的发展,起到了引进大量的境外资金、推动金融机构的产生发展、促进金融市场的发育成长

---

① 夏东元:《盛宣怀传》,四川人民出版社,1988,第249、250页。

等作用。但是，近代外资银行进入上海也产生了不少弊端，如外资银行不受中国法律的制约，不接受中国政府的监督检查，且擅自非法在华发行纸币。这不仅侵犯了中国的货币发行权，而且搅乱了中国的金融市场，阻碍了中国币制统一的进程。

外资银行的迅速发展在市场的"商战"中往往起到推波助澜的作用，特别是在与浙江商人胡雪岩的"商战"中，盛宣怀进一步认识到银行的特殊作用。

其实，盛宣怀与胡雪岩并无太深的个人恩怨，只是各为其主罢了。胡雪岩的身后是当时的两江总督左宗棠，在平定新疆叛乱的过程中，胡雪岩作为其总后勤，运用自己阜康钱庄的信用和金融网络，于1867年首创以海关关税为抵押向洋行和外资银行举债。14年中，他为左宗棠的军事行动融资1600万两白银，为左宗棠收复新疆立下了汗马功劳。1883年，让他陷入绝境的50万两汇丰银行债务，正是他以自身信用为收复新疆的战争债务所做的担保，如果政府的钱不能准时到位，他将不得不自己掏钱垫付给汇丰银行。而盛宣怀的身后自然是北洋大臣李鸿章。左宗棠胜利收复新疆全境，其声望与地位一时压过了李鸿章。此时，中法战争阴云密布，左宗棠再次主战，李鸿章再度主和。李鸿章害怕大笔资金再度流入主战派手中，致使北洋系经费来源不足，因此决定发动"倒左"攻势。打仗打的是钱粮，欲制住左宗棠，必先废掉左宗棠的"钱袋子"——胡雪岩。因此，盛宣怀不仅需要掐断胡雪岩从官府筹集的资金，更需要斩断胡雪岩在资本市场上的一切融资通道，而这绝不是盛宣怀个人能做到的。他必须联合上海金融市场上真正的大腕，才能实现这一目标。当时汇丰银行控制着整个上海乃至全国的银根松紧，而席正甫又拥有着汇丰银行的贷款签字权，因此席正甫对上海本土金融机构具备绝对的影响力，其中也包括胡雪岩。盛宣怀首先对胡雪岩最为依赖的生丝市场下手，收买各地商人和洋行买办，不买胡雪岩的生丝，致使胡雪岩生丝的库存越来越多，现金压力越来越大。正当胡雪岩与怡和洋行在生丝大战中处于僵持不下的状态时，盛宣怀借助席正甫的力量，使上海的银根一天天收紧，大批丝商斩仓出局，丝价直线下跌。此时，上海各洋行完全停止收购新丝，胡雪岩的资金链濒于崩溃边缘。

盛宣怀看准胡雪岩现金吃紧，急等"协饷"（即从有余省分的钱粮中指拨一部分解运于不足省份，意在酌盈济虚）救急。他以李鸿章的名义要求上海道台把交给胡雪岩的"协饷"延迟20天，之后他要求借款银行向胡催款。胡雪岩只好将自己阜康银行的80万两白银调出还给外国人。盛宣怀探知这批白银出了阜康银行后，立刻命人在阜康银行的大、小储户间放风，说胡雪岩囤积生丝大赔血本，只好挪用阜康银行的存款。此言一出，坊间大哗。上海、杭州两地挤兑风潮骤起，胡雪岩找到上海道台提要"协饷"，却遭闭门不见。

此时胡雪岩才想起了远在北京的左宗棠，他吩咐家人赶快去发电报——这张他认为可以救命的电报。岂料，盛宣怀暗中命人将这张救命电报扣下，等不到左宗棠回音的胡雪岩此时才明白是被人算计。数天之内，这场挤兑风潮把一代红顶商人数十年创下的基业，化为乌有。

这就是所谓的盛宣怀与胡雪岩的"商战"，由此盛宣怀也更加认识到创办中国人自己银行的重要性。

盛宣怀在创办中国第一家银行时，席正甫也是主要的幕后支持者。盛宣怀与席正甫两人在生意上的关系十分密切，在盛宣怀的账单上，令人瞩目地存在与席正甫相关的"汇丰银行英镑与银账"。

四、在烟台任上探索办银行、铸钱币

近代工商业的发展，必然要求近代金融业迅速成长。盛宣怀在负责轮船招商局和电报总局经营的过程中，已经认识到银行的重要性。而当时的中国，既无官办银行，也无近代制度下的商办银行，这成为民族工商业的发展障碍。1886年7月，盛宣怀出任山东登莱青兵备道兼东海关监督，这使他有了涉足金融领域的一个平台。在烟台工作的六年间，他积极涉足金融事务，为后来创办中国第一家商业银行奠定了基础。

盛宣怀赴烟台上任的第二年，1887年7月，替李鸿章起草了一封《致驻美公使张樵野函》，其目的是商讨中美合作官办银行的事宜，信函表述的是李鸿章的观点。李的意见是美商在华可办银行，但不同意美商在华独办像汇丰、法兰西那样的商业银行，他认为这些商业银行"于办理官事处处窒碍，其生意仍难驾乎各行之上。今议华美合办，既有华商在内，名正言顺，凡中国兴利大事，该行均可随时议办"。李鸿章要求张荫桓（张樵野）去美国后要推进华美合办银行一事。

事实上，盛宣怀内心是主张银行商办的，替李鸿章起草这封信函后，他又上书户部尚书翁同龢，阐述关于银行应该商办的观点和中国缺乏人才的现实。他说，一个月前美国商人到天津来讨论合作开设官办银行，傅相督办。他"力陈银行只可商办，本钱虽大，其办法与西帮之银号等耳，盈亏听商自主，官不宜过问"。他认为，"泰西各国以兵商二者交相焜耀，实即足食足兵之道"。西方国家"上有商务大臣，下有工商书院"，在人才上与中国也大不一样。盛宣怀在信中还向翁同龢诉说："招商一局尚苦无人，遑论银行？"

在探索办银行的同时，盛宣怀还在烟台积极开展铸钱币的工作。鸦片战争前后，外国银元入侵，因其通行方便，抢夺了中国的块银纹银之权。由于墨西哥盛产白银等有色金属，西班牙殖民者1535年就在墨西哥建立了美洲第一家造币厂。当时墨西哥等国七钱二分的银元，在中国市场上已经很多，对此，盛宣怀十分无奈。他认为："官铸银元，使其上下通用，中外通用，不特使元宝及杂色碎银俱可铸成银元，且可收罗洋银改铸华银，徐禁他国银币不准通用，实系塞漏卮之一端。"盛宣怀明确提出铸币应由国家掌控，不准外币在国内通用。

盛宣怀出任登莱青道后，1887年奉山东巡抚张曜之命在烟台试铸银钱，要求"铸钱十万串"。为此，他报告张曜："职道到烟以来，总以钱可适用，银不亏耗为主。"1888年他又奉命在烟台开铸钱币。除了铜钱币外，盛宣怀还在烟台试铸银钱币，"打算制钢模大批制造"。币样送至李鸿章验看时，李的回答是："银洋钱花纹甚佳。此事造端宏大，非农部同心主持，不能开办。得人尤难。钢模应缓制。"李鸿

第七章 中国的第一家银行

章的意见是铸币牵涉国家币制,不是一位中级官吏的道员所能承担的重任,为此盛宣怀只能作罢。但是,盛宣怀并没有因此而退缩。这实际上为1897年盛宣怀创办中国通商银行后,在铸币方面坚持收回利权,并且按照商务原则铸币,打了前战。

五、盛宣怀欲创办中国人自己的银行

甲午战败后,外资银行在西方列强对华侵略中扮演着越来越重要的角色,更积极地在中国增设总行和分行,扩充地盘和业务。其中以日本金融势力的扩张最为突出。

外资银行不受中国法律管辖,且它们由创办之初的纯营利性质逐渐兼有政治性,在一定程度上担任了外国政府对华侵略的代言人。它们的经营业务非常广泛,除经营存款、放款、汇兑业务外,还经营很多只有主权国家的国家银行才可以经营的业务项目,如发行钞票、经理外债、代理国库等,甚至业务还超出银行业范围,如代理关税、盐税等。外资银行操纵金融市场,进行经济掠夺,成为西方列强资本输出、经济侵略的有力工具。

外资银行在中国的迅速扩张,给中国经济带来了很大压力,深深刺激了国人自办银行的决心。

1895年,清政府为《马关条约》向日本赔款两亿两白银,在国内筹款时,问计于盛宣怀。盛宣怀很明确地提出,中国要发展经济、筹措赔款,就应该抓紧开办银行。当年5月8日,盛宣怀请户部速开招商银行,归商办而官护持之。为了说服清政府同意开办中国自己的银行,他于当年7月起草了《开银行意见》,向清政府阐明银行开办后,对社会经济等各方面的作用与影响。

1896年7月,盛宣怀接办汉阳铁厂后,自然而然地将铁厂、铁路、银行三者联系起来考虑了。他在给张之洞、王文韶的信中说:"今因铁厂不能不办铁路,又因铁路不能不办银行。"在另一封给张之洞的信中说,"铁路之利远而薄,银行之利近而厚。华商必欲银行、铁路并举，方有把握"。

1896年10月19日，盛宣怀因督办中国铁路总公司之事被饬令到京由光绪皇帝召见，他在陈述关于修建南北铁路一事时，抓住机会向光绪皇帝陈述了应在中国开办银行的意见，明确提出"开银行宜官助商办"的原则。

1896年11月，盛宣怀向光绪皇帝上奏《自强大计折》，并附《请设银行片》。他在奏折中，分析了当时国家的金融形势，强调了自办办银行的迫切性。

11月12日，光绪皇帝下诏，命盛宣怀"选择殷商，设立总董，招集股本，合力兴办，以收利权"，着手筹办银行。盛宣怀随即就行动起来了。

六、中国通商银行曲折的诞生历程

1896年11月，盛宣怀向光绪帝呈交《请设银行片》。他的这一倡议得到光绪帝的首肯，光绪立即朱批，要求总理各国事务衙门会同户部"妥议具奏"。

由于盛宣怀事先对开办银行有了较为成熟的考虑，在奉到上谕的十几天后，他就成立了由他选定的既有经济实力，又有管理近代企业经验的张振勋、叶成忠、严信厚、施则敬、严潆、朱佩珍、杨廷杲、陈猷8位股商组成的董事会。

中国人自己办银行的愿望即将要实现，此时却受到英、俄、美、法、奥等国的霸道干涉，盛宣怀筹组银行之路充满荆棘。

第一个插手此事的是英国人赫德。他是英国在中国的代理人，海关总税务司。一听说中国人想自己设立银行，他便声称要招华商开设中英银行，企图争夺商股。第二个对中国人自办银行横加阻挠的是俄国。在中国通商银行开始拟议时，华俄道胜银行就要挟清政府，妄图参与投资。而最明目张胆地攫夺通商银行的是法、奥两国，它们的领事馆公使在通商银行已经开办后还毫不掩饰地向盛宣怀和清政府外交部门

提出归并合办的要求。

对于外国势力提出的无理要求，盛宣怀一律回绝，他强调这只不过是中国开办的第一家自己的银行，洋行已经开了很多了，中国通商银行不过仅此一家，有什么可紧张的呢？

但是，比起外部压力，清廷内部顽固派官僚的坚决反对更为猛烈。1897年1月，盛宣怀向总理衙门呈递了《公议中国银行大概章程》，遭到了总理衙门守旧顽固官僚的严厉驳诘。事实上，当时社会上散布流言蜚语以攻击盛宣怀者不乏其人，他们说盛氏揽轮、电、银行等权为谋私利。甚至竭力推荐盛宣怀督办铁路、接办汉阳铁厂的大臣张之洞也极力反对盛宣怀开办银行。

盛宣怀并不为之动摇，为了挽回颓势，他一方面托李鸿章、翁同龢和王文韶等支持他的人从中疏通，另一方面用以退为进的手法，以从此不管银行事为要挟。结果，总理衙门的顽固派联名写信解释劝慰。最终，清政府勉强允许通商银行按原定日期开业。

通商银行名为商办，实系奉旨设立的官商性质，规定"权归总董，利归股商"。通商银行决定招商股500万两，先收一半，250万两。其中，"招商局严潆、陈猷即负责集股八十万两，凑入中国通商银行"（包括历年从仁济和保险公司公积项下提取的60万两，电报局集的20万两）。盛宣怀名下包括他本人和李鸿章等人的投资达73万两；北洋大臣王文韶投资5万两；通商总董中张振勋和严信厚投资10万两和5万两。以上几笔已近200万两，约占当时实收资本的80%。其余真正属于各地纯粹商人投资的股份为数极少。

1897年1月21日，盛宣怀请户部发官款200万两，存放于新办的银行，外人知有官款在内，足以取信，可与中俄银行争衡。

1897年1月27日，盛宣怀召集各商董议出银行章程二十二条初稿，公拟"中国通商银行"作为筹组中的银行名称。

1897年2月20日，《中国通商银行章程》正式制定。3月24日，在先前8位总董之外，又增加杨文骏、刘学询两位总董，10人通过了《中国通商银行总董条例》。

1897年5月27日，由盛宣怀创办的中国通商银行在上海外滩6号（今黄浦区中山东一路23号）正式成立。这是中国人自办的第一家银行，也是上海最早成立的华资银行；但比第一家在上海设立的外资银行，已整整落后了50年。

5月27日，中国通商银行上海总行开张。此后自夏徂冬，天津、汉口、广州、汕头、烟台、镇江等处分行陆续开设。京城银行本年亦已开办，认为今后自王畿以迄各通商码头，泉府机括，血脉贯通，或不尽为洋商所把持。

中国通商银行旧址

中国第一家民族资本银行创办初期，有着各种矛盾与艰辛，但终于矗立于亚洲的东方，为近代中国金融史留下了浓重的一笔。

七、中国通商银行的用人之策与货币发行

为了给中国通商银行创造一个良好的生存、发展空间，盛宣怀在银行人员的择取上可谓煞费苦心，既要保证其独立运行，又要照顾各方利益，即取"均衡"各方利益的用人之道。

为保证银行的独立运行，盛宣怀决定借助自身所掌控的洋务企业及熟人关系的入股来筹集银行的股本，以保证银行的成立；同时，为

了避免清政府内部各利益集团的不满,他凭借自身在官场中的人脉关系,促使清政府以非入股的形式存入100万两的临时资本,供银行较长期使用,"以示官为护持,与寻常商家和自行开设银行不同"。

为处理好与政府、民间之间的关系,盛宣怀审时度势,在银行的核心人选任用上采取了"不官不商,亦官亦商"的方式,以平衡彼此的权益、获得各方的支持。

盛宣怀凭借自身掌控70%以上股份的优势,在银行核心人选——董事会成员的构成上,采取"不用委员而用董事,不刻关防而用图记,尽除官场习气,俱遵商务规矩",以此确定通商银行"商办"的经营原则。《中国通商银行总董条例》即是在此基础上形成的,它对总董的退位、补选等方面做了全面而详细的规定,在拥有一定比例股份的股东中遴选董事。在上述总董成员的基础上,有3人被选为办事总董,其余为议事总董。设立总董,可以实现权力的集中,达到代表股东利益的目的,"权归总董,利归股商"。

在确定核心人员构成后,盛宣怀为确保新生的中国通商银行能够在内外夹击下赢得生存空间,他在经理层的构建上,审慎地采取了"不中不西,亦中亦西"的用人策略,"借重外才,征用客卿",聘用曾任职汇丰银行的英国人美德伦为第一任洋大班,以平衡与外资在华银行的关系;任用中国的钱业领袖陈笙郊为第一任华大班,以融通与传统金融机构的关系。华洋共用的用人机制与汇丰银行"如出一辙",总行、分行经理人员分为两大部分:洋账房和华账房。洋账房的核心是洋大班,有权决定与银行有关的存款、放款、资产处理、人员选聘等业务;华账房的核心是华大班,在此基础上遴选其他经营人员,共同组成银行的经营管理层。

经理层人员华洋共用的用人之策虽然遭到人们的诟病,认为增加了银行交易成本,但这些策略却有效阻止了外国势力企图干预兼并、合办中国通商银行业的目的,还借助了洋人的"威望"阻止来自清廷各级政府的无端干扰,使银行真正按照市场规律独立运作。聘任钱业人士出任华大班,则是利用他们在旧式金融关系圈中的影响力,建立与旧式金融机构的业务往来,打开与社会各界的业务关系。这种内外兼顾的用人之策,大大促进了通商银行业务的发展[①]。

中国通商银行成立之初,清政府即授予发行银元、银两两种钞票的特权,以为民用,使为整理币制之枢纽,至此国中始见本国纸币与外商银行之纸币分庭抗礼,金融大权不复为外商银行所把持。银元券分一元、五元、十元、五十元、一百元五种,合计235万元;银两券分为一两、五两、十两、五十两,一百两五种,合计50万两。其钞票的式样照汇丰银行在香港发行的式样,正面印有"中国通商银行钞票永远通用"和"只认票不认人"等字样,反面印"THE IMPERIAL BANK OF CHINA"的字样,并有洋大班美德伦的英文签字。该行最早的章程称,钞票的发行采用十足准备制,但绝大多数年份的现金准备都远远低于发行数字。

通商银行印制的钞票

---

① 兰日旭:《盛宣怀与中国通商银行的均衡用人之策》,《中国保险》2011年第18期。

通过发行钞票，银行获得巨额利润。如从1905年到1911年的7年中，中国通商银行发行钞票没有准备的部分年平均140万两，按当时贷款最低利率8%计算，获取利润80万两以上。

随着中国通商银行总行业务的发展，全国各大行省均先后设立分行，重要者计有北京、天津、保定、烟台、汉口、重庆、长沙、广州、汕头、香港、福州、九江、常德、镇江、扬州、苏州、宁波等处，业务盛极一时，至1899年底，各类存款已达397万两。

1900年，八国联军攻占北京，京行首遭焚毁，天津分行亦随之收缩，业务渐告不振。之后，1903年2月4日，日本金融诈骗犯制造了针对通商银行的伪钞案，给中国通商银行带来突如其来的沉重打击。1904年8月，发生通商银行镇江分行原总理尹稚山巨大贪污案，给通商银行造成重大的经济损失。这两件大案经过盛宣怀有条不紊地合理处置，都将风险与损失降低到最小。

八、盛宣怀的金融思想与主张

盛宣怀的金融思想与主张是多方面的。

首先，他认为金融、银行是国家的经济命脉，必须掌握在中国人自己的手里。郑观应曾说："银行之盛衰隐关国本。"盛宣怀对郑观应的观点是十分认同的，他深知握有银行的创办和经营权的利害关系。当时盛宣怀正在督办铁路，他深知如果不掌握银行，铁路也将一事无成。他对张之洞说："铁路之利远而薄，银行之利近而厚。华商必欲银行、铁路并举，方有把握。如银行权属洋人，则路股必无成。"他又说："华商无银行，商民之财无所依，散而难聚……若是银行权属洋人，则铁路欲招华股更无办法。"（见盛档，盛宣怀：《寄张香帅》，光绪二十二年六月二十日）因此，盛宣怀坚决抵制洋人插手中国银行，夺走利权。

其次，盛宣怀认为创办银行，有利于振兴国家经济。甲午战争失败后，清政府面临大量的战争赔款，问计于盛宣怀。盛宣怀在提出裁绿营、旗兵的饷费外，在兴利方面，集中于速办银行。盛宣怀说："至可兴之利甚多，取之民必假于商；欲取之于洋商，尤必假手于华商。故开关互市之天下，若仍不加意商务，未有不民穷财尽不战而弱者也。今言变法者多矣，然坐言易，起行难；立法易，收效难。始就力所能行，效所能速者筹之，则铸银币、开银行两端，实为商务之权舆。亟宜首先创办。"（见盛档，盛宣怀：《上翁同龢禀》，光绪二十一年七月初六）他还认为，中国自己办银行，要做到"驾乎各行之上"；而银行要办好，关键在于"任用得人，一呼可集（见盛档，盛宣怀：《致汪春宇函》，光绪二十一年闰五月十三日）"。

再次，盛宣怀认为银行的模式应为"官助商办"，银行在国民经济中的地位与作用是："流通上下远近之财，振兴商务，为天下理财一大枢纽。故欲富民必自银行始。"他又说："银行昉（开始）于泰西，其大旨在流通一国之货财，以应上下之求给，立法既善于中国之票号、钱庄，而国家任保护，权利无旁扰，故能维持不敝。各国通商以来，华人不知务此……近年中外士大夫灼见本末，亦多建开设银行之议。"
（见盛档，盛宣怀：《请设银行片》，光绪二十二年九月）

最后，盛宣怀认为，要办中国的第一家银行，仍须依靠政府的支持。他认为必须争取官本投入银行才能办到。盛宣怀在董事会议上说："俄行已入官股五百万，而中国银行转无官款，不足取信，为外人笑。一经洋商谣言倾钆，必使众商裹足。"故非领官款不可。但这个官款不是作为股份，而是"援创办招商轮船之例，暂借官款二百万，作为生息存项，包缴年息五厘，不计盈亏"（见盛档，盛宣怀：《致翁叔甫信》，光绪二十三年十二月二十七日）。此外，盛宣怀指出，"中国银行难做外国汇票，必须依赖各省官场汇票为正宗""铸银元行飞券，权利甚宏，统属之商，必有异议，与其得利后官夺之，不免失信于商民，诚不及官商合办之为愈矣！"（见盛档，盛宣怀：《致翁叔甫信》，光绪二十二年十二月初八）

盛宣怀一生对金融与保险，从知之不多到逐渐认识，进而全身心投入，以至灵活驾驭、掌控自如，被业界公认为是当时中国金融理财

第七章 中国的第一家银行

的高手。除此之外,他在长期的实践中形成了一系列金融理财思想和主张,在理财方面,他主张设银行、增税率、改币制;在币制改革上,他则坚持虚金本位的观点。盛宣怀在一百多年前形成的理念与主张,应该说是超越当时绝大部分人的认识的。

九、凭借冷静机智,化解假钞事件

1903年,中国通商银行遇到了一次恶劣的假钞事件,险些使根基还不稳的中国通商银行垮掉,由此引发了第一次挤兑风潮。

当年2月4日,农历正月初七,中国通商银行开门迎新。一个钱庄的伙计拿着通商银行的钞票到柜面上去兑现,柜面人员接过钞票,发觉上面的号码有些不对,经过反复仔细查验,发现居然是假钞。

大惊之下,银行工作人员立即报了警,很快巡捕将钱庄伙计扭送至官府。

在当时,银行收到假币是罕见的重大事件,通商银行的钞票有假的消息不胫而走。第二天,上海各钱庄相约拒收通商银行的钞票,市民纷纷拿着钞票前往通商银行兑换银元和银两,一些流氓无赖乘机起哄,搅得人群秩序大乱。挤兑风潮发生后,通商银行想方设法筹集现金。盛宣怀以金条、银条向汇丰银行抵押了70万元,并委托汇丰代为收兑。2月8日是星期天,通商银行为了便于持票人兑换,依旧照常开门收兑。

据统计,6日、7日、8日三天,通商银行共兑付70万元,而从1897年中国通商银行成立至1903年挤兑风潮发生前,通商银行总共发行纸币不过130万元。三天之中,挤兑数量已超过以往发行额的一半,可见挤兑风潮的凶险程度。在极短的时间内,盛宣怀凭借其在业界的声望和实力,筹措了现银100万元以上,使通商银行未因大量"失血"而倒闭。

2月6日,一个日本人拿了4000元通商银行假钞前往汇丰银行兑换现银,被柜面人员识破,经过跟踪,终于掌握了假钞的来源,原来制作假钞的是6个日本人。他们掌握了印刷和刻印技术,在日本大阪地区伪造了通商银行的五元券和十元券两种钞券，偷运来华。经查，这伙日本人共印制假钞约 30 万元。

盛宣怀经过外交途径敦促日本政府破案，得到一个不甚明了的答复。日本政府仅仅将制造假钞的机器、版样、纸张等烧毁，借口伪票所造不多，已经全数烧毁，以及日本法律无专门条例针对伪造他国钞票，而对此案未做认真深究，结果不了了之。

在晚清内忧外患的社会环境下，中国通商银行在其初创的 15 年中，仅有 4 年的存款总额勉强超过资本额，其余 11 年的存款总额都未达到资本额，承揽汇款和其他在途结算资金方面也未见成效。

辛亥革命后，中国通商银行只剩下北京、汉口两个分行及烟台一个支行。随着盛宣怀逐渐失势，这些银行的一些经营特权也慢慢失去了。

十、盛宣怀的铸币主张

鸦片战争前后，外国银元入侵，因其通行方便，抢夺了中国的块银纹银之权。铸币是商品经济的必然产物，但是，由于清政府的腐朽，不能适用经济发展的客观需求，直到 1889 年张之洞才在广州正式开始铸造银元，与外国银元抗争。

1895 年，《马关条约》签订后，盛宣怀及时提出了铸币的意见。他认为："官铸银元，使其上下通用，中外通用，不特使元宝及杂色碎银俱可铸成银元，且可收罗洋银改铸华银，徐禁他国银币不准通用，实系塞漏卮之一端。"他明确提出铸币应由国家掌控，不准外币在国内通用。他认为："中国铸银系国家圆法，成本无多，获利甚厚。自应归官局管理，未便作为公司。但当通融悉照商务办法，不可绳以官例，方免亏折成本。"（见盛档，盛宣怀：《铸银币意见》，光绪二十一年七月）即在铸币方面，他坚持收回利权，并且应按照商务原则铸币以做到有利可盈。

1896 年 10 月，在盛宣怀有权直接向皇上奏事后，他上的第一个奏折《条陈自强大计折》中，就把办银行、自铸银币作为重要一目上呈。

其中特别强调的是"货币自主，抵制外币通用"。他在奏折中说："臣愚以为国家圆法，自古及今，皆自为制度，随人趋步，各国所无。"（见《愚稿》卷1,7页）即他主张金融自主。

他不赞成继续铸造国内自铸的七钱二分银元。因为，当时墨西哥等国的七钱二分银元，在中国市场上已经很多。盛宣怀认为，中国所铸银元的分量与外国银元的分量相同，难以起到抵制作用，从而他主张铸一两重的银元。他说："本国只准通用本国银币，不准兼用他国银币，所以严守其自主权利也。"（见盛档，盛宣怀：《谨拟筹饷事宜》，光绪二十五年）

盛宣怀指出，若中国也铸造七钱二分的银元，货币就难以做到自主，因为那样外币可与华币混淆使用，实际上存在两种货币，不能画一，华币将随着外币的涨落而涨落，被人家牵着鼻子走。盛宣怀说："圆法之乱，何以为国！"（见盛档，盛宣怀：《寄香帅》，光绪二十五年十一月初九）。

1908年，清政府在币制上问计于盛宣怀。盛宣怀认为"立宪最重要理财"，理财"先齐币制，以裕财政"。如何做到"齐币制"？他说："非专用圆法不可；欲专用圆法，非确定十进位不可。"他总结过去改革币制的经验：应将"银行与币局联络一气"，中国从前"所造龙元未足抵制墨银，继造铜元，转以加增民困，皆官自为之，与商民隔膜，则不归银行管理之病也"（见盛档，盛宣怀：《请推广中国银行先齐币制折》，宣统元年闰二月）。这种币制可与银行相联，且币制十进位、画一币制等意见，都是很有见地的。1910年8月，清政府授予盛宣怀特有的"帮办支部币制事宜"的制币权[①]。

十一、新式民营银行纷纷诞生

中国通商银行的诞生，为上海开办新式银行做了先导。尽管它的

---

① 盛承懋：《盛宣怀与近代中国金融和保险》，武汉大学出版社，2022，第80-82页。

发展"一波三折",但是它的创办带动了一批新式银行的创立。

在它成立后的第九年,即1905年9月(光绪三十一年),官办的户部银行(后改名大清银行)在北京成立,同年10月在上海开设分行。

1906年2月(光绪三十二年元月),川源银行(总行重庆)上海分行开设;4月,周廷弼发起组织的上海信成银行成立。次年,尹克昌组织的镇江信义工商储蓄银行,以及浙江铁路公司组织的浙江兴业银行(总行杭州),先后在上海设立代理处或分行。于是,上海的华资银行逐渐增多。其后于1908年(光绪三十四年)设立的,有邮传部奏请开设的交通银行(总行在北京)分行,李云书等创办的四明商业储蓄银行和盛昌颐创办的裕商银行。1909年、1910年(宣统元年和宣统二年)设立的,有官银号改组的广西银行(总行桂林)和浙江银行(总行杭州)两家分行。

受盛宣怀创办中国通商银行的影响,盛宣怀的长子盛昌颐(系作者的祖父)于1908年9月29日(光绪三十四年九月初五),创办了裕商银行,银行兼办储蓄业务。盛昌颐任总经理。这是中国近代最早的新式民营银行之一。裕商银行关于储蓄的条款明确规定:"储蓄专代农工及小本经纪之人收存零星款项。凡有银满一元以上者,不论何项人等,均可来本银行存储,到行立即给以存簿,凭簿往来收付本息。其息长期及半年者周息五厘,不满半年者周息四厘。"这在晚清末年是有开创性意义的,其与同年在常州设立的和慎储蓄公司规定的"凡一元以上皆可存储"的条款基本是一致的,确定了清末银行储蓄存款一元起存的通例。裕商银行后因主要创办人——盛昌颐总经理的病逝而主动歇业。

中国的官办银行因为体制问题,发展势头逐渐落在民营银行的后面,显赫一时的私人银行"南三行"成为中国金融界极为耀眼的新生力量。

浙江兴业银行、浙江实业银行及上海商业储蓄银行并称为"南三行",总部都设在上海,可以看作是江浙财团的组成部分,但是它们在经营管理上各自独立,对南方乃至全国的金融界都有很大的影响。

第七章 中国的第一家银行

从时间上来说，浙江兴业银行是"南三行"的老大哥。它成立于1907年，由浙江铁路公司发起，经营方面素以稳健著称。

在清廷因需要外商提供借款而牺牲铁路利权的时候，精明的江浙人没有让政府控股铁路，清政府只能看着浙江的开明绅士成立浙江铁路公司。公司公开招募铁路股份，一下就筹集到2300万元股款，比外商承诺的借款多了两倍以上。但当时浙江连一家华商银行都没有，把这么多钱分别放在沪杭30多家钱庄里，不论是支取还是保管都很麻烦。这时，铁路公司的总经理汤寿潜提议不如趁此机会成立一家华人的银行，不受外商银行掣肘，也能确保铁路营运资金的流转，这个提议得到了大多数商人的赞同。于是，浙江兴业银行以"振兴实业"为名应运而生，浙江铁路公司当仁不让成为大股东，而蒋广昌绸缎庄的蒋抑卮也投资入股，成为浙江兴业银行的实际掌权人。

浙江实业银行创办于1909年，比浙江兴业银行晚了两年，前身是浙江银行，属于地方性质的官商合办银行，专门为浙江省政府打理库款。实业银行开办之初，除了受理一般银行的业务外，还发行钞票和军用票，后来官商决裂，银行金库就被移交给作为央行的中国银行，官办部分成为浙江地方银行，民营部分成为浙江实业银行。浙江实业银行的总经理李铭，是华资银行的领袖人物之一，与上海商业储蓄银行的陈光甫、中国银行的张嘉璈私交都很密切。

"南三行"的后起之秀上海商业储蓄银行，其总经理陈光甫自不必说，从创办银行的那天起，他就成为近代中国乃至世界金融市场上的焦点人物。

上海民营银行的发展之风，很快也吹到了盛宣怀的家乡常州。武进人恽祖祁、恽祖翼是盛宣怀的武进同乡与世交，他们对盛宣怀在短期内办成中国通商银行十分赞赏，认为其在中国开了一个好头。1908年（光绪三十四年），由恽祖祁任总经理、武进商会会长卢锦堂任经理的和慎商业储蓄银行在常州南大街开设，与各银行、钱庄流通汇票、汇款、存款、贷款、贴现、发行信用票等金融业务，吸引周边许多商家的银行业务，达到服务商业、盘活资金的目的。

1912年，上海商业储蓄银行总经理陈光甫为了拓展吸纳储蓄业务，在常州西瀛里开设上海商业储蓄银行常州分行，由于其经营灵活，管理严格，服务信誉高，很快名列常州各商业银行之首。上海商业储蓄银行常州分行的开设，为西瀛里奠定了银行街的基础，也为常州与上海之间资金的快速流通创造了条件①。

---

① 季全保：《寻访老常州》，南京大学出版社，2012，第99页。

第八章

中国第一条铁路干线卢汉铁路

一、督办铁路，取得"专折奏事特权"

《马关条约》签订后，面对巨额赔款，光绪皇帝"下诏自强"，责成开销巨大的汉阳铁厂及其他洋务企业招商承办。1895年7月19日，光绪皇帝提出救亡图存的六项"力行实政"，朝廷上下把修建铁路置于首位。盛宣怀同其他官员一样也将修建铁路当作应头等考虑的事。

之前，为了修筑卢汉铁路，清政府曾允诺每年拨款200万两白银备修路之用。对于生产铁路所需的钢轨及修筑铁路来说，每年200万两银子无疑是杯水车薪，然而，清政府仅仅拨了一年款，就因东北局势紧张，停止了拨款，下令"移卢汉路款先办关东铁路"。《马关条约》签订后，清政府又决议要兴建卢汉铁路，但是之前所遇到的难题，不仅一个都没有解决，反而还增加了对日本的赔款，修筑铁路的困难比起之前来说愈加困难。

面对种种困难，盛宣怀并没有退缩，因为他清楚地认识到，此时朝廷的决心基本已经下了，在这个大前提下，如何去实现才是最重要的，应该来说此时也是修筑铁路的大好时机。

1896年4月27日，盛宣怀向直隶总督王文韶陈述办铁路的方针时，强调"权自我操，利不外溢，循序而进，克期成功"，表明了他在办铁路上，坚持中国人应自己掌控利权的立场。同年7月27日，盛宣怀在给王文韶、张之洞的报告中提出："铁路之利远而薄，银行之利近而厚。华商必欲银行、铁路并举，方有把握"，也即"银行铁路应一气呵成"。他认为将铁路、银行通盘考虑，有利于实现目标。1896年9月2日，张之洞、王文韶第三次奏请清政府修筑卢汉铁路，并力保天津海关道盛宣怀督办该路。张之洞向清廷推荐"由盛宣怀督办铁路最为适当，因盛兼商业、官法、洋务三者之长"。

之前，盛宣怀因未被授予"专折奏事特权"而不愿任铁路督办，也就是说，在他看来，如果要督办铁路公司的话，就一定要有与皇帝对话的权利，不然，事情就难办得通。这是因为他深知在清政府办事如何之艰难、曲折。

1896年10月初，盛宣怀进京面递《拟办铁路说帖》，详细陈述了设立铁路总公司，采用商股、官股、官款、洋款并举的方式筹集资金，先建卢汉铁路，之后苏沪、粤汉等铁路也按上述方法修筑，不再另设公司的意见。这份"说帖"被总理衙门原封不动地予以批准。10月19日，光绪帝召见盛宣怀，"奏对一时许。府君（指盛宣怀）敷陈大旨，谓皇上深维至计，创兴南北铁路，顾铁路所以速征调、通利源，为自强之一端。非干路既成，即可坐而俟其强也"。（见盛同颐等：《杏荪公行述》，《龙溪盛氏宗谱·附录二》，2011年修订）光绪帝倾听动容，说诸臣皆不知之，患在因循耳。10月20日，盛宣怀奉命"以四品京堂候补督办铁路总公司事务"，并被授予"专折奏事特权"。

卢汉铁路（即京汉铁路，也称为平汉铁路）是甲午中日战争后，清政府准备自己修筑的第一条干线铁路。

盛宣怀有了"专折奏事特权"后，下定决心大干一场，他以湖北武汉为中心，想要把中国的北方与南方紧紧连在一起。1896年11月12日，盛宣怀电告王文韶、张之洞："今因铁厂不能不办铁路，又因铁路不能不办银行。这就要铁厂、铁路、银行三者一手抓。"11月16日，盛宣怀驰抵天津，与直隶总督王文韶商议，于上海设立铁路总公司，天津、汉口设分局，由此开始了他十年督办卢汉铁路的历程。

1897年1月6日，铁路总公司于上海成立。

二、卢汉铁路为什么成为清政府的首选

1895年，光绪皇帝"下诏自强"后，很自然地把修建铁路置于首位。张之洞响应说："方今时势日急，外患凭陵，日增月盛，富强之计，首以铁路为第一要图。"（张之洞：《铁厂煤矿招商承办截止用款片》，光绪二十一年八月二十八日）上下一致，将修建铁路放上了议事日程。

"富强之计，首以铁路为第一要图。"那么，究竟先造哪一条铁路最为合适？众说不一。李鸿章为了扩展和巩固北洋的地盘，力主修建天津至通州的路段，他十分注重有利于战事的沿海的东段；张之洞则主张在中部地区筑路，中部是国家的腹地，可进可退，一旦南北向的铁路建成，与东西向的长江呈十字交叉，中国的交通脉络就能发生质的变化。这时，除了顽固派反对修筑所有铁路外，多数人主张先造既是主干、又分布适中的卢汉铁路。盛宣怀认为"中国幅员广袤，边疆辽远，必有纵横四境诸大干路，方足以利行政而握中枢"。

张之洞认为："宜先择四达之衢，首建干路以为经营全局之计，以立循序渐进之基"的卢汉铁路。张之洞说这条路是"铁路之枢纽，干路之始基，而中国大利之所萃也"。

张之洞提出了修建卢汉铁路的优点：第一，"无引敌之虑"，不会因为修筑这条路，引起外国势力的各种猜忌和顾虑，从而增加阻力；第二，这条路一旦建好，"……民受其益，人习其事，商睹其利"，对商、民是极有利的；第三，建好了这条路，"将来集资推广续造，不至为难"，为修筑其他路段或卢汉铁路的支路，打下了基础。

张之洞提出的"缓造津通铁路"的意见，不一定正确，但是他将修筑卢汉铁路，提升至"纲领"地位，是十分有远见的。他在呈朝廷的奏折中说："中国应开铁路之利甚多，当以卢汉一路为先务，此路南北东西皆处适中，便于通行分布，实为诸路纲领。"（张之洞：《吁请修备储才折》，光绪二十一年闰五月二十七日）他在致电总理衙门时又说："此路四通八达，必宜先办，其余支路^①由此而推，如此方有纲领有次第。"（见《香帅致总署电》，光绪二十一年六月初十）

张之洞的见解，实际上也是盛宣怀的观点。盛宣怀多年在湖北、天津任职，现又被任命为铁路督办，他一再强调要抓紧"中权干路"渐及其他支路，清晰地表明了应以修筑卢汉路为起点，逐渐扩大到全国各路的想法。

---

① 原文为枝路。根据其意义，全书统一为支路。——编者注

为了修好卢汉铁路，盛宣怀向清政府表示："宣本不敢担任荷，但念华商无人领袖，若一推让，恐厂与路皆属洋商，贻后来患。反复思维，人生百岁耳，事机易失，既有把握，曷不放手为之。"（见盛档，盛宣怀：《寄王夔帅》，光绪二十二年四月初二）盛宣怀的讲话，清楚地表达了他是绝不会放过这样一个做好事的"事机"的；面对路与厂综于一手，他有"把握"成功；既然担起了此任，他就要"放手"大干一场。①

为此，盛宣怀对不利于修筑卢汉铁路的一切因素，都尽力予以排除和反击，包括西方列强的侵权与国内竞争对手的争夺。

三、卢汉铁路建设资金的筹措

1897年1月，中国铁路总公司成立于上海，后天津、汉口又设立了两个分公司。盛宣怀向清政府奏明，"先造卢汉干路，其余苏、沪、粤、汉次第展造，不再另设立公司"。

盛宣怀担任了公司的督办，他对自己担负的责任和可能遇到的困难是有足够认识的。他在给两江总督刘坤一的信中提到：铁路修筑之事"在泰西为易办，中国则有三难。一无款，必资洋债；一无料，必购洋货；一无人，必募洋匠……风气初开，处处掣肘"。（见盛档，盛宣怀：《致刘岘庄制军》，光绪二十三年正月初五）这三难中，资金可以说是最难的了。

因为盛宣怀有办洋务的实践与经验，"购洋货"与"募洋匠"对他来说已经有现成的方法可以借鉴，但对于"资洋债"，尽管盛宣怀之前也代政府向外国借过钱，但是，现在清政府国库空虚，要是再向外国借钱，就会面临很苛刻的条件。

事实上，清政府原本是打算用"官督商办"的模式修建铁路，即各省富商集股修建。但当时清政府信誉扫地，华商"各怀观望"，无人问津，不得已只好想办法用洋人的钱了。

① 夏东元：《盛宣怀传》，四川人民出版社，1988，第216-218页。

至于想要用洋人的钱，实际上也有两种方式，即"借洋债"与"招洋股"。尽管这两种方式都是用洋人的钱，但其中差别很大。借洋债，本利还清后，洋人对铁路的权益无法干涉；招洋股，一旦洋人的股权变多后，就有可能掌控铁路的主权。这与盛宣怀一贯坚持的"权自我操"的立场是格格不入的。

当时，清政府的倾向是以"洋商入股为主脑"，李鸿章也认为"洋债不及洋股容易"（见《愚稿》，卷24，27页；卷25，10页），可见当时均认为以招洋股为宜。盛宣怀则从"权"字上考虑，他说："所议借洋债与招洋股，大不相同。若卢汉招洋股，鄂、豫、东、直腹地，原不至遽为所割，但此端一开，俄请筑路东三省，英请筑路滇、川、西藏，法请筑路两粤，毗连疆域，初则借路攘利，终必因路割地，后患无穷。是何异揠苗助长！若借款自造，债是洋债，路是华路，不要海关抵押，并不必作为国债，只须奏明卢汉铁路招商局准其借用洋款，以路作保，悉由商局承办。分年招股还本，路利还息，便妥。"（见盛档，盛宣怀：《寄王夔帅》，光绪二十二年三月二十七日）

张之洞赞成盛宣怀的意见，他说："惟有暂借洋债造路，陆续招股分还洋债之一策，集事较易，流弊较少。盖洋债与洋股迥不相同，路归洋股，则路权倒持于彼，款归洋债，则路权仍属于我。"（张之洞：《卢汉铁路商办难成另筹办法折》，光绪二十二年七月二十五日）经过再三考虑，盛宣怀决定"无论议借何国路债，必须先用华款，后用洋债"。因为先用华款自造，造成一段，便可用路作抵押，免去苛条，"庶可权自我操，不致贻后来无穷之患"。（见盛档，盛宣怀：《密陈筹办卢汉路次序机宜折》，光绪二十三年三月）

借款筑路的消息一经传出，美、英、法、比"各国商人先谋入股，继谋借款包揽路工。而京外绅商亦竞请分办他路，实则影射洋股与借名撞骗者各居其半"。盛宣怀通电枢、译、直、鄂，"一律驳置不理，坚持先尽官款开办，然后择借洋债，再集华股，坚决反对招洋股"。至于向哪个国家借债，盛宣怀认为，其他国家胃口太大，而比利时是个小国，钢铁资源丰富，铁路技术成熟，尽管有法国作为后台，但它"国小而无大志,借用比款利多害少"(见盛档,盛宣怀:《遵旨沥陈南北铁路办理情形折》,光绪二十四年五月),比较让人放心。

1897年3月17日,比利时驻汉口领事法兰吉会见张之洞,面商筑造卢汉铁路事宜。经过四个月的谈判,盛宣怀最终与比利时人达成了协议。1898年6月,《卢汉铁路比国借款续订详细合同》和《卢汉铁路行车合同》正式签订,清政府向比利时公司借款450万英镑(年息5厘,9折付款,期限30年)。该合同规定,筑路工程由比利时公司派人监造;所需材料除汉阳铁工厂可以供应外,其余都归比利时公司承办,并享受免税待遇。在借款期限的30年内,一切行车管理权均归比利时公司掌握。这是不得已而为之的较好的办法。

四、盛宣怀紧紧抓住"中权干路"不放

随着卢汉铁路开始修建,西方列强在中国抢占路权之风盛行。盛宣怀描绘这种情景时说:"吉黑北路已经许俄代造,滇桂南路法亦来争代造";卢汉、粤汉等干路,"英、德眈眈虎视,几若不得此不甘心者"(见盛档,盛宣怀:《筹办卢汉铁路情形并呈比国借款草合同折》,光绪二十三年四月)。面对这种形势,盛宣怀针锋相对地与西方列强展开了关于路权的斗争。

自从德国占据胶州湾后,俄国占领旅顺,法国窥视琼州,日本图谋福建,英国则企图扼守长江,国家被瓜分的危机日益严重。1898年2月,盛宣怀在向清廷上奏、陈述此种危急形势之后,争取粤汉路一定要中国人自办,他说:"是各要害口岸,几尽为外国所占。仅有内地犹可南北自由往来,若粤汉一线再假乎英人,将来俄路南引,英轨北趋,只卢汉一线局蹐其中,何能展布?惟有赶将粤汉占定自办,尚堪稍资补救。故此路借款,断以美国为宜,若无意外枝节,竭六七年之心力,当可使南北相接,以符原议。"① 由此,清廷终于批准了粤汉路由湘、鄂、

---

① 夏东元:《盛宣怀传》,四川人民出版社,1988,第507页。

粤"三省绅商自办"的请求,仍由盛宣怀督办。盛宣怀奉谕妥速筹办粤汉、卢汉等铁路,达到了督办粤汉铁路的目的。

几乎与此同时,1897年11月5日,卢汉铁路汉口至孝感段正式开工,盛宣怀专程由上海赶赴汉口,检查汉孝段工程的具体部署,并主持开工仪式。

盛宣怀赴汉口后,因劳累过度,旧病复发,不得不回沪卧床休息。此时,北京有人密电禀告在病床上休息的盛宣怀:"容闳(中国留学生事业的先驱)由天津经清江至镇江修筑一条干线即津镇路的请求,清政府已批准,津镇路名义是集华股而实质是洋股。"

盛宣怀得知这一情况后,十分着急,他立即致信王文韶、张之洞,质疑容闳请修津镇路的情况,他说:"容闳在总署呈请办镇江至京铁路,有款千万,请验!先以百万报效,路成再报效百万?"(见盛宣怀《寄王夔帅、张香帅》,《愚稿》,卷29,4页)盛宣怀怀疑容闳的千万之款来自洋股,如是华股,那为何事先需要报效政府百万,事后再报效百万呢?1897年11月23日,他又函告直隶总督王文韶反对容闳办津镇路,提出:"若清江别开一路,则东南客货均为所夺,卢汉将来断不能集华股还洋债,卢汉一路必致停废无成……中国物力异常艰窘,倘属华商资本,岂能两路并举,徒自争竞!至于报效巨款,其为洋股可知,无论何路皆不可准。饵我小利,必受大害。"(见盛档,盛宣怀:《致直督王夔帅》,光绪二十二年十月二十九日)

当盛宣怀听说容闳请修津镇路是得到李鸿章支持的时候,他并没有退缩,而是直接写信致总理衙门,陈述修建津镇路对卢汉铁路的不利影响:"因时局变迁,原难拘执成议,惟卢汉干路内外几经筹度而后定。南连湘粤,西通川陕,东达长江。利,则聚天下之全力以保畿辅;不利,亦可联十余省之精锐以保中原。今若改营镇津,卢汉停办,恐以后各路事权均属外人,无一路可以自主。数十年归还中朝之说,尽属子虚,大局何堪设想!"(见盛档,盛宣怀:《寄总署、夔帅、香帅》,光绪二十四年正月二十二日)最终,津镇路停建。

卢汉铁路

五、"中权干路"将向南北东西伸展

盛宣怀担任中国铁路公司督办,首先是从修筑卢汉铁路开始的,但在动议之始,他就有南占粤汉的想法。

1896年,他接办汉阳铁厂后,犹豫是否承担督办卢汉铁路工程的时候,就已经与得力帮手郑观应商讨过此事。郑观应除了建议盛宣怀应坚持铁路必归一手经理,否则"铁厂事宜即退手"的态度外,在盛宣怀被任命为卢汉铁路督办三天后,便敦促盛宣怀要取得粤汉铁路的督办权。郑说:"南路之利,胜于北路",务必揽办,"毋致别人承揽",以致"我得其瘠,彼得其肥。"(见盛档,《郑观应致盛宣怀函》,光绪二十二年九月十一日、十七日)

当时占夺粤汉铁路的劲敌是英国,在盛宣怀已经取得督办粤汉铁路之权后,英国仍喋喋不休地向总署索要该路的承筑权。盛宣怀则采取由"总公司综其纲领"的湘、鄂、粤"三省绅商自行承办"的办法,坚决将英国拒之门外。盛宣怀上奏清廷说:"现在沿海沿边,无以自保,要在保我腹心,徐图补救。若使英人占造粤汉轨道,既扼我沿海咽喉,复贯我内地腹心,以后虽有智勇,无所复施。中国不能自立矣!事机万分危迫,用敢先行据实电陈。"(见盛档,盛宣怀:《湘粤鄂三省绅商请承办粤汉干路电奏》，光绪二十三年十二月二十二日）盛宣怀要确保粤汉铁路不被侵占。

盛宣怀对于铁路建设的基本方针是，干路借款自造，支路尽可能华商承造，或虽为外人所造，也作为中国的支路。他在致外务部电中说："查各国铁路皆由自主，中国穷于财力借助外人，自应先定干路若干条，由国家借款兴造，其余支路，仿照日本成法，准华商筹款接造，由短而长，由近及远。庶可有益无损。"（见盛档，盛宣怀：《寄外务部》，光绪二十八年九月二十日）事实上，干路借款自造，支路华商承造的主张，总体来说已经违背了盛宣怀"权自我操，利不外溢"的方针。因为前者要接受牺牲权利的苛刻条件，后者很难办通。

铁路总公司成立两年，盛宣怀"勘路购地，领官缗，贷外债，事事重要，件件棘手"（见盛档，盛宣怀：《寄外务部》，光绪二十八年九月二十日）。卢汉铁路工程进展缓慢，对盛宣怀不满者又趁机攻击，1898年6月，上谕："前因卢汉开办铁路，设立招商公司，特派盛宣怀督办，计值将近两年，所有勘路购地各事宜，应已办有端绪。此项铁路紧要，岂容观望迁延。现在业已筹有的款，着①盛宣怀克日兴工赶办，并将办理情形先行具奏。倘再延不开办，玩误要工，责有攸关，盛宣怀岂能当此重咎耶！此外粤汉、宁沪各路，并着承办各员一体迅速开办，毋得任意迟缓。"为开办卢汉等路，盛宣怀费尽心力，东奔西走，却还是受到了上谕的严厉责备。7月，盛宣怀向皇上奏上《筹办南北铁路办理情形折》，说明办理南北铁路的"委屈艰难"，随后，他就从上海赶赴天津，"督促北路工程"。

尽管盛宣怀受到各种困难与委屈，但他"中权干路"将向南北东西伸展的布局，他"干路借款自造，支路华商承造"的主张，为中国铁路的发展奠定了基础。

---

① 原文为著，此意义时，全书统一为着。——编者注

六、卢汉铁路的建造过程

1897年10月,盛宣怀与比利时公司签订了卢汉铁路借款草约,11月5日,卢汉铁路汉口至孝感段正式开工。1898年2月,因胶州之疫情势变迁,比欲反悔。经盛宣怀与比利时方面多次磋商,续议条件,并允适当加息,比方才未予悔议。6月23日,《卢汉铁路比国借款续订详细合同》在上海正式签订。8月11日,借款合同奉光绪皇帝朱批"依议",合同正式生效。

1898年年底,卢汉铁路南北两端同时开工,为确保汉阳铁厂能及时为卢汉铁路供应钢轨,1899年1月,盛宣怀赶赴大冶查勘铁矿,部署铁厂的生产,岁杪返沪。

与此同时,盛宣怀调来具有管理能力的、汉阳铁厂提调兼总稽核宗得福(1841—1906,字载之,江苏上元人。浙江知县、湖北知府)任南路公司总办。

卢汉铁路施工现场

1899年9月14日,盛宣怀"患痢疾,扶病北行,验收卢保路工。由上海附乘轮船,十五日到天津"。9月29日,"驰至卢沟桥顺轨西行以达保定"。10月4日,乘车进京。11月,奏请"卢汉铁路北端接轨至马家铺"。本日奉朱批"着照所请该衙门知道"。

当年,盛宣怀又向德国礼和洋行借款四百万马克,以加速萍乡煤矿的开采,用招商局财产作押①。

此时,义和团运动(又称"庚子事变")在山东渐渐兴起,发展很快。山东巡抚毓贤承认义和团的合法性,以期达到利用的目的。1900年春夏间,义和团向津京地区发展,他们在"扶清灭洋"的行动中,开始破坏卢汉铁路卢保段的已建工程,以慈禧太后为首的一些亲贵同意按照毓贤的办法,欲利用义和团与列强一决雌雄。6月20、21日(五月二十四、二十五日),清廷先后连下两次诏书,命令各督抚"联络一起保疆土"和"招义民御侮"。

面对朝廷的方针与行动,盛宣怀不敢苟同。1900年6月24、25日,盛宣怀先后电粤督李鸿章、江督刘坤一、鄂督张之洞等,发起"东南互保"。其总方针是:剿拳、护使、惩祸首、不援京师;与列强互保东南,不受干扰,当即得到督抚们的赞同。他们称清廷24、25日的诏旨为"矫诏",不予奉行。6月26日,盛宣怀指导沪道余联沅,与列强驻沪领事签订《东南互保章程九款》,即上海租界归各国保护,长江内地归各督抚保护,两不相扰。此后,盛宣怀尽力确保"互保"局面成功,并扩大"互保"范围至西南、山东等处。7月13日,盛宣怀向朝廷电请发密诏,平内乱以挽危局。他认为内乱一平,外衅自解,过此不图,悔莫能及。7月8日,清廷下令调李鸿章为直隶总督,议和全权大臣。李鸿章即由广州北上。7月中旬,李鸿章到达上海,盛与其密谈两天。李认为议和时机尚未成熟,决定由陆路北行,以拖延时间。

8月14日,八国联军攻陷北京。慈禧太后、光绪皇帝和一部分皇亲贵胄仓皇出逃。8月24日,清廷在李鸿章的议和"全权大臣"之上又加了"便宜行事"四字。

面对突如其来的"庚子事变",受到最大影响的是卢汉铁路的施工现场,而首当其冲的是北干铁路总办孙钟详与南路总公司总办宗得福。

---

① 夏东元:《盛宣怀传》,四川人民出版社,1988,第510-511页。

在盛宣怀的关注下，孙钟详与比利时施工负责人普意雅迅速商妥设立巡勇一队，自募护勇二百名，并配备了必要的武器。他们既要阻止义和团对施工段人员财产的破坏、对物料的抢劫，又要防止联军以监修铁路为名，对当地百姓奸淫搜掠。在特殊的困难时期，孙钟详为维护施工段人员与财产的安全作出了贡献，盛宣怀对他赞赏有加。

南路据记载："铁路大工甫之湖北之应山县，北方烽火震江汉，路工洋匠，动兴官吏龃龉，或辍或作。鄂督虑星星之燎原也，亟调府君（指宗得福，下同）权应山县事。时值两宫西巡，辒车往来贡赋输，委无不绾毂于此。各省勤王军络绎过境，大都乌合招募之兵，扶清灭洋甚嚣尘上。适有各国教士，避晋豫之难，叩平靖关而入者，扶老携幼以百十计，斗大山城如波涛夜惊，风雨骤至。府君选干役，封永阳书院容纳诸教士。内则供给薪水，外则钤以官符，而营兵之来刺询者日数至，见府君在，相率引去。教士因抚军（君）毓贤夙仇教，悉驱逐回国，地方官奉令唯谨，递解同囚房。至是遇府君，熏沐之，饮食之，从容出境。西士逢人辄告曰：吾侪入湖北界重见天日，微（惟）宗使君不知死所矣！驻汉口英总领事法磊斯，专函府君申谢，且面诣督抚两院称好官。于时鄂督方定保护东南之约，而府君应变有方，裨益大局岂浅鲜哉。"

（宗鹤年：《清授朝议大夫封通奉大夫湖北补用知府宗府君墓志铭》）

然而1900年，八国联军攻陷北京，北方烽火震江汉，路工洋匠，无心继续施工，一批乌合招募之兵，扶清灭洋甚嚣尘上，鄂省百姓人心惶惶。宗得福"召集绅耆，布告民众，车马有代价，夫役有工资，一草一木悉数交官，官依次给凭照，事定后缴凭照则物还原主，毁者偿钱，完者归璧，人民咸乐从而流亡绝少……"由于宗得福应变有方，保护了铁路沿线施工现场，减少了工程设备、材料的损失。

直至1901年9月7日，《辛丑条约》签订，濒临停滞的卢汉铁路修筑工程才得以逐步恢复。

1902年，盛宣怀自去年冬天病后，因"政务过劳，疏于调摄。至是陡患喉症，几濒于危……加以宵旦从公，尤形况瘁然，犹未尝稍休也"。

1903年3月24日（二月二十六日），接准直督电，到津面商恭办

第八章 中国第一条铁路干线卢汉铁路

大差车务。二十七日偕同直督袁勘查车道。两宫谒陵，道经所管铁路，盛因在制，不入觐，旋奉旨准素服冠顶，在保定迎驾请安。

6月6日，盛宣怀扶病出京，到上海后即延医诊治。行动即喘，医云须调治月余，方能出门。

由于常年在外奔波，盛宣怀的身体状况越来越差。"甲辰（1904年）元旦，瞻拜祖先，（盛宣怀）病久虚弱，竟至不能行礼，春融始稍向愈。四月，赴江宁就张文襄、魏午帅商合兴废约事件……美政府则谓公司分售股票，例所不禁，坚不肯承。方是时，沪宁借款合同英公司忽要求改泽道、铁路及山西铁矿合同，正与福公司反复磋商，久悬未决。澳门铁路及设关条约又与葡使开始争议，（盛宣怀）口瘏心瘁，眠食锐减。"

当年"自夏徂秋，直隶水潦，山东河溢，四川旱灾，筹募赈需又复日不暇给。府君（指盛宣怀，下同）自知劳顿过度，苦于不能少休。七为初旬，遂患湿温壮热，至廿余日兼发外症，昏愦中所言皆要政。神志稍清，则索逐日来电览之。伯兄昌颐（指盛宣怀长子）交卸德安郡篆遄归侍疾，月杪始有转机。葡约将竣议，宁、沪始开工，事更冗集于卧榻。冬令严寒，又因俄舰水手戕甬民周生有案，外部奏派府君查办，造次外出被风。乙巳初春，喘发尤剧，元气服寝亏，渐呈老态，非复丰腴健硕之素矣"（盛同颐等：《杏荪公行述》，《龙溪盛氏宗谱·附录二》，2011年修订）。

修建卢汉铁路最大的困难，是通过黄河天堑。卢汉铁路郑州黄河大桥工程，理所当然地由作为债权方的比利时公司包揽和承建，这也是中国第一座横跨黄河南北的钢体结构的铁路大桥。开始规划时，铁路面临的最大问题，便是从哪里过黄河。比利时工程师沙多历经4年才结束桥址勘察工作。经张之洞、盛宣怀拍板，大桥选址定在郑州北邙山脉尽头，就是郑州人常说的"邙山头"附近，距黄河河槽约3公里，此处最大的特点就是"滩窄岸坚"。

合同签订后，比利时公司因急于分占余利、获取最大利润，不惜偷工减料；为赶工程进度，不顾施工质量次劣，工程技术标准低，设计不合理。黄河大桥由比利时工程师设计，总长3010.2米，共102孔，是卢汉线上最长的桥梁。但比利时公司为了减轻投资负担、加快施工进度，没有采用压力沉箱法修建石质桥墩，而是选螺旋钢管作为基础，由于桥墩入黄河底部深度不够，施工期间就有8个桥墩被洪水冲毁。桥建成后，保固期只有15年，行车时速仅为每小时10公里至15公里。卢汉铁路建成后，信阳以北的平原如同一道长堤，拦阻了水的去路。每遇夏秋时节，山洪暴发，铁路附近的村庄农田顿时一片汪洋，农民只好被迫挖断路基，泄走洪水，自行抢救家园，但比方恃强行暴，武力镇压群众。

此后，每年洪水期黄河大桥都必须加固，均需要抛掷大量蛮石，维修成本巨大。

1905年5月中，盛宣怀北上勘黄河桥工、正太路工。5月22日，其被召见，面奉皇上垂询卢汉铁路工程及黄河桥工情形。11月，盛宣怀遵旨自沪赴荥泽会同唐绍仪验收黄河桥工，并举行全路落成典礼。后盛宣怀咯血病发，未及复命回沪。1906年，大桥正式建成通车。

黄河铁路大桥遗址

第八章 中国第一条铁路干线卢汉铁路

1906年4月1日，连接北京与汉口的全长1214.49公里的铁路干线卢汉铁路，全线通车。因力主修建这条铁路而被派任湖广总督的张之洞和直隶总督袁世凯一道验收工程后，改卢汉铁路为京汉铁路。

张之洞等验收卢汉铁路

七、沪宁铁路的建设

1895年，时任湖广总督的张之洞兼任两江总督，对修筑沪宁铁路表现出极大的兴趣，多次致电总理衙门并上奏慈禧、光绪，提议修筑沪宁铁路。他委派德国工程师锡乐巴从南京至苏州、从吴淞至苏州分两头对沪宁铁路进行勘测。

1896年9月2日，南洋大臣沈葆桢援北洋之例，奏请建筑吴淞至江宁的铁路；王文韶、张之洞奏：先筑淞沪，后筑沪宁，清廷批准。当时清政府国库空虚，只能采取分段筹筑的办法。1897年1月，先恢复修筑吴淞至上海段的铁路，1898年完工，全线长16.93公里。此时距当年拆毁此路已整整21年。

1898年，英国政府向清政府索要沪宁铁路的筑路权。清政府电告督办大臣盛宣怀：准令与英国怡和（洋行）就近商办。1898年3月23日，盛宣怀在上海与英国怡和洋行、汇丰银行的代理中英银公司签订了《沪宁铁路借款合同草本》。后由于军政形势变化，双方均无暇顾及筑路一事。直至1902年8月，怡和洋行代表碧利南（前英国驻沪总领事）与盛宣怀商议借款详细合同。因"所递条款，多所要挟"，前后谈了足有一年。1903年7月9日，盛宣怀与碧利南正式签订《沪宁铁路借款合同》。合同规定，借款总额325万英镑，按9折实付，以全部路产及营业进款担保，期限50年，25年后开始偿还本金，每半年须按年息5厘付息1次；并且还要分红，每年铁路营业的余利提取五分之一为英方所得。根据合同，盛宣怀聘请在中国已有多年工作经验、曾经参与津浦铁路设计的格林森担任沪宁铁路的总工程师。8月，沪宁铁路在格林森的带领下开始复测线路。

根据借款合同，沪宁铁路曾经先后发行过两次债券。第一次在1904年，发行了225万英镑，按折扣扣除后实收数为202.5万英镑；1907年第二次发行的沪宁铁路债券为65万英镑，按9.55折扣，实收620750英镑。

1904年3月22日，沪宁铁路分成上海—苏州、苏州—常州、常州—镇江、镇江—南京四段同时开工建造。盛宣怀作为铁路总公司督办，亲自主持了沪宁铁路的开工典礼。一年多后，沪宁铁路上海—苏州段建成。

当年的苏州火车站

苏州火车站于1905年4月竣工；站屋系平房，长19.2米，宽10.67米，设售票窗口6处。两侧为辅助用房，月台两座，地道一条。

苏州至无锡段的铁路是1906年完工的，1906年7月16日同时举行苏州、无锡站建成通车典礼，两天后即开办营业。建站时，因车站设在苏州，故站名定为苏州站。

1905年，沪宁铁路在常州的北乡铺设，至1907年建成。为建沪宁铁路，设计将坛街一分为二，在北圈门、黄泥坝北筑铁路道口，并设洋旗栏杆，在火车通行时放下关闭，确保行人安全通过。

沪宁铁路进入常州段后，从东门竹林的庵前村开始向北绕行，在前王村、煤史村区域建常州火车站。铁路有意绕城而过，改直行为绕行，这样避免了铁路穿过古城城墙、桥梁和建筑。从今天来看，建造沪宁铁路常州段时，刻意向北绕了个弯，起到了保存常州府衙、府学和青山门完整性的作用。

沪宁线全长311公里（其中南京市境内长33.4公里），丹阳以东地势平坦，以西则丘陵密布，在镇江宝盖山一处开凿隧道，长406米。龙潭至南京段，地势更为起伏，土方量为全线最高。距上海298公里处，铁路轨面已比上海地区海平面高出45.64米。南京车站（现南京西站）则在长江南岸低洼处，建站时大量填土，将地面抬高了0.75米。

沪宁铁路全线单轨，铺设85磅（43公斤/米）钢轨，枕木使用了澳大利亚进口的茄拉枕木，比美国、日本的松木枕木价格昂贵数倍。大小桥梁269座（其中铁桥264座、石桥4座、木桥1座），涵洞424个。

1908年4月1日，沪宁铁路全线通车，线路全长311公里，由上海北站至南京下关站，沿途共设上海、苏州、无锡、常州、镇江、南京等37座车站。当时上海到南京的火车需要行驶10个小时，上海与南京之间开行6对列车，全线通车后当年即运送旅客300余万人次。

沪宁铁路的通车，为中国长三角的发展奠定了基础。今天中国的现代化高铁已经驰骋于祖国的大江南北，从上海至南京，高铁只要一个多小时就可以通达。但是我们不得不承认，沪宁铁路段仍然是中国最繁忙的铁路段之一。足见这段铁路在中国铁路网中的地位。

沪宁铁路

八、与主干线相关的部分支线的修筑

盛宣怀被任命为铁路督办后，他一再强调要抓紧"中权干路"渐及其他支路，清晰地表明了他以修筑卢汉路为起点，逐渐扩大到全国各路的想法。盛宣怀修筑的支线铁路主要有七处。

陇海铁路的前身"汴洛铁路"。汴洛铁路是指自河南开封至洛阳之间的一条铁路，取两地简称为"汴洛铁路"。1899年11月，盛宣怀以"预筹干路还款、保全支路"为由，呈请清政府批准归总公司筹款建造。1903年11月，盛宣怀与比国代表卢法尔签订了《汴洛铁路借款合同》。1905年6月，汴洛铁路在开封破土动工。

1909年6月，总长185公里的东西走向贯穿河南的铁路工程正式完成。现在这条线成为自连云港起，经徐州、郑州、西安、宝鸡、天水，直到甘肃省会兰州，长一千多公里的东西大动脉。

一波三折的"正太铁路"。1896年6月，山西巡抚胡聘之请求修建太原到正定的铁路支线，当年8月，该建议获得光绪帝的批准。

1898年5月21日，山西商务局曹中裕与华俄道胜银行代理人璞科第签订了《柳太铁路合同》。法国钢铁实业集团派工程司数人至山西，经初步踏勘，判断工程繁难，修筑费用极贵，便决定采用一米的窄轨。后由于内外形势变化，修路的事便被抛之脑后。

1902年10月15日，盛宣怀奉命与华俄道胜银行驻上海总办佛威郎谈判，双方拟定了《正太铁路借款合同》和《正太铁路行车合同》。合同规定，借款总数4000万法郎，年息5厘，"三年之内全路告竣"。

1904年2月，合同才正式履行。1907年10月，正太铁路全部竣工，线路总长243公里，设车站35座，有隧道23座，大小桥梁1200多处，最长的隧道640米。建成通车后的25年里，正太铁路一直由法国巴黎银行经营。

因无烟煤而修筑的"道清铁路"。道清铁路是河南省道口（今滑县）至清化镇（今博爱县）的一条铁路。1904年1月从道口修至待王镇，1907年1月修至清化。全线长190公里。

1896年，意大利商人罗莎第发现了蕴藏着优质无烟煤（无烟煤被英国女王称为"香砟"，英王室专用）的宝地——焦作。于是，罗莎第在伦敦成立了一个英意联合公司——英国福公司，在北京设立办事处，策划掠夺河南焦作的煤炭资源。

1898年3月27日，清政府允许福公司修筑"道清铁路"道口至清化一段线路。1902年初，盛宣怀得知福公司拟造道清铁路，认为这将损害卢汉铁路的利益，致电朝廷："如有必要，亦须俟卢汉完工之后，察看情形方可。"

1905年，英国驻华公使与盛宣怀签订《道清铁路借款合同》，将原道口至清化一段铁路修建费用作为清政府向福公司的借款，清政府以经营权做抵押。该路于1906年2月竣工通车。1907年3月3日，道清铁路正式全线通车。焦作车站开办货运业务，以运送煤炭为主。

清末运输效益颇佳的"广三铁路"。1898年2月，盛宣怀获得粤汉铁路督办权，美国合兴公司主动表示愿意贷款。1898年4月10日，盛宣怀委托驻美公使伍廷芳在华盛顿与美国合兴公司签订了《粤汉铁路借款合同》。

广三铁路是由美国合兴公司投资修筑的，它自广州珠江南岸石围塘起，经三眼桥、佛山、小塘至三水，分两段先后修筑，主要包括石围塘站、小塘站、佛山站、三水河口站。

1901年12月起，美国合兴公司开始修筑广州石围塘至佛山一段，长16.5公里。1903年10月5日，佛山至三水一段建成通车后，标志着耗资4000万美元的广三铁路全线竣工，时任两广总督岑春煊主持了盛大的通车典礼。

广三铁路以客运为主，每日平均运送旅客万人以上。据资料记载，当时广三铁路的客运人数占广东铁路客运人数的一半以上。广三铁路虽短，却是清末运输效益颇佳之路。

应与卢汉铁路并举的"津榆铁路"。津榆铁路是由唐胥铁路延长而来，形成于1894年。1888年10月3日，津沽铁路正式竣工，全长130公里。1890年，开平矿务局又在唐山和古冶之间修筑了一条铁路，与唐津铁路相连，更名为冶津铁路。

1890年，因为国防的需要，李鸿章建议从冶津铁路的终点古冶经山海关至沈阳、吉林修建铁路（称关东铁路）。4月30日，该建议得到清廷批准，于山海关设立北洋官铁路局，开始修建关东铁路。

1894年，关东铁路修至山海关，天津至山海关铁路改称津榆铁路（因山海关在历史上曾称"榆关"得名）。1895年12月5日，清政府决定修筑一条从天津至卢沟桥的铁路（称津卢铁路），成立津卢铁路局进行筹备。1896年1月，津卢铁路开工。

1897年4月13日，外人谣传俄国代造东北铁路至大连湾，盛宣怀致电王文韶，主张卢汉、津榆同时修筑。1897年7月，津卢铁路修至丰台及马家堡（原名马家铺），同时，丰台至卢沟桥的铁路亦竣工。1899年，开平矿务局为了便于煤炭运输，修建了开平至秦皇岛的铁路。1900年，关东铁路修至大虎山。1911年，关东铁路延伸至沈阳。

"广澳"、"广九"铁路的修筑。1902年，占驻澳门的葡萄牙总督以扩充商务为由，提出修建从澳门到广州的铁路。7月8日，盛宣怀致电外务部："葡萄牙索造铁路，意在推展澳界，图占香山，如不允所请，只能由葡借款筑造作为中国支路，并须订立合同以清界限，而保主权。"10月15日，清外务部同意葡修筑从澳门经中山到广州的铁路，全长120公里。

1904年11月11日，清政府与葡萄牙签订了《广澳铁路合同》。合同规定，广澳铁路由中葡两国商人集股合建，两国商人各占一半股份，建成通车起满50年，即归还中国所有。

就在清政府与葡萄牙为广澳铁路的修建来往争执、摇摆不定之时，英国政府也在积极游说清政府修建由广州至香港九龙的广九铁路，并于1907年3月7日签订了《广九铁路借款合同》。同年8月，广九铁路开工，1911年竣工并使用至今，而广澳铁路则搁置了近一个世纪。

因萍乡煤矿运煤而建的"株萍铁路"。1898年，正值卢汉铁路动工，急需更多的煤炭炼钢造轨。为解决煤炭的运输困难问题，盛宣怀会同张之洞上书光绪皇帝，提出在安源修建一条专门运煤的铁路。盛宣怀招股集资600万两，其中200万两为铁路建筑费用。1899年11月30日铁路竣工，路长7.23公里，并命名为萍安铁路，为株萍铁路之开端。

1899年，张赞宸与盛宣怀商议，拟修建一条萍乡至醴陵的铁路，将煤先由萍乡运到醴陵，再走渌江下湘江至长江，萍乡的煤炭通过长江可运至汉阳铁厂，朝廷很快批准了建设这条铁路。1901年11月，萍乡至醴陵段竣工通车，路长38公里，并命名为萍醴铁路。

本以为萍煤能在醴陵转水路运至汉阳，未料渌水滩多水浅，无法承载煤炭运输。1903年7月，盛宣怀经调研后决定将这条铁路延伸至株洲，借助湘江来运输煤炭。1905年12月13日，醴陵至株洲铁路建成通车。株萍铁路整条铁路共设安源、萍乡、醴陵、株洲4座大站，峡山口、老关、板杉铺、姚家坝、白关铺5座小站。这是江南最早的一条铁路。①

九、因铁路而建功，因铁路而获罪

从李鸿章1881年修筑中国第一条铁路——唐胥铁路开始，至1911年清朝灭亡的30年间，清朝共修筑了50条铁路，总长9100公里，遍布全国18个省市。除了西北、西南比较偏远的省份没有铁路，其他省

---

① 盛承懋：《盛宣怀与近代中国铁路建设》，武汉大学出版社，2022，第126-137页。

份都通了铁路。仅在 1909 年，清朝就一口气规划了 7 条铁路。这些铁路有的在清朝灭亡之时还没有修筑完成。可以说，清朝灭亡的时候，整个中国的铁路框架已经搭建起来了。之后的铁路都是在这个基础上进行修筑的。

盛宣怀当年所设计的 4 条最急于修筑的铁路干线，在清朝灭亡之前得以建成，即"以卢汉为核心，东面沪宁通上海，西面汴洛达关中，北面京津通吉林，南面粤汉达两广"，这是清末铁路的大致分布，也是中国百年来铁路网的根基。

从卢汉铁路开始，中国进入了第一个铁路建设的高潮时期，但是铁路建设的巨额资金难以筹集。1895 年，为解决卢汉铁路建设资金问题，盛宣怀督办中国铁路总公司，采取官股、商股和外债并用的办法。但是由于官股与商股难以筹集，至 1911 年之前，铁路修建的资金基本依赖举借外债解决。

铁路建设所需要最大量的材料就是铁路钢轨，盛宣怀督办的汉冶萍公司作为中国最早的钢轨制造企业，先后承造了京汉、津浦、正太、陇海、沪杭甬、粤汉、株萍、南浔、广九等铁路的钢轨制造。据统计，截至 1922 年底，中国已通车铁路 9980.78 公里，其中，采用汉冶萍公司生产的钢轨铺设的铁路里程就有 3347.95 公里。

关于铁路干线"国有"与向四国银行团"借款"的关系，盛宣怀在一份文件中是这样说的："查四国借款合同不能销灭，所以提议铁路国有。如铁路不为国有，则借款合同万不能签字，其原动力实在于借款之关系。"（见《邮传部修正川汉、粤汉借款合同暨干路国有办法理由》，1911 年 10 月）也就是说，川汉、粤汉"收归国有"，实际上是为了借钱。

事情的源头还要追溯到 1906 年，当时清政府被迫准予粤汉铁路和川汉铁路集股商办，于是这两条铁路各自成立了商办铁路公司。而现实充分表明这两条路并无钱继续修建下去，只能再去向外国借钱。为了借钱，又重新将它们收归国有，这自然激起了全国各阶层人民的反对，湖南、湖北、广东、四川四省大举展开了保路斗争。

6月10日，广东粤汉铁路股东召开万人大会，提出"万众一心，保持商办之局"，并致电湖南、湖北、四川各省，谓"铁路国有，失信天下。粤路于十日议决，一致反对"，从而掀起了保路风潮，导致辛亥革命的爆发，盛宣怀成了首当其冲的打击对象。

其实，盛宣怀一向是铁路商办的主张者，1898年他在《上庆亲王》一书中说："查铁路一事……盖一归商务，可由中国造路公司与外国借款公司订立合同，准驳之权仍归政府，可消除许多后患……中国欲保自主之权，惟有将各国请造铁路先发总公司核议，自可执各国路章与彼理论，其有益于中国权利者，不妨借款议造；若专为有益于彼国占地势力而转碍于中国权利者，即可由总公司合商民之力拒之。惟中国官商多有暗中结连彼族希图渔利，反使大局受无穷之害，此时事之尤为可虑也。"

盛宣怀提出："中国幅员广袤，边疆辽远，必有纵横四境诸大干路，方足以利行政而握中枢。从前规画（划）未善，致路政错乱纷歧，不分支干，不量民力，一纸呈请，辄准商办。乃数载以来，粤则收股及半，造路无多；川则倒账甚巨，参追无着；湘、鄂则开局多年，徒供坐耗。循是不已，恐旷日弥久，民累愈深，上下交受其害。应请定干路均归国有，支路任民自为，应即由国家收回，亟图修筑，悉废以前批准之案，川、湘两省租股并停罢之。"

但是面对"钱"的问题，盛宣怀不得不提出粤汉铁路和川汉铁路收归国有的主意。当各地起来反对时，盛宣怀又与清政府商议"请收回粤、川、湘、鄂四省公司股票，由部特出国家铁路股票换给，粤路发六成，湘、鄂路照本发还，川路宜昌实用工料之款四百余万，给国家保利股票。其现存七百余万两，或仍入股，或兴实业，悉听其便"。（赵尔巽主编《清史稿》，1927，第12811—12812页）。

盛宣怀想借铁路国有，向外国借款，从而加快铁路建设的步伐，以达到改善国计民生的目的。但是，他错误地判断了当时国家的政治形势，错误地想象民众对政府政策朝令夕改所能忍受的程度，也过高地估计了自己的能力，最终，他只能自食其果。他在京汉线全线完工后，说过:"设当日不废美约，则粤汉、京汉早已一气衔接，南北贯通，按照原奏先拼力偿比款，继偿美，最后偿英，不逾三十年，京汉、粤汉、沪宁三路，皆徒手而归国有，然后以所赢展拓支路，便利矿运，讵不甚伟。"

无疑，在清末朝廷官员中，盛宣怀不愧为一位金融谈判的高手，在与外国代表的谈判中，他从国家利权出发，往往对经济利益比较注重；然而，殊不知与外国金融的较量，不仅仅是经济的利权，更会牵涉政治、政权的平稳，尤其是处于清王朝本已摇摇欲坠的那个年代。

盛宣怀对清廷蛇鼠两端的铁路政策极其不满，他力图改变它，然而事情的发展并非如他的预计，他深陷政治的漩涡，最终清廷将他作为替罪羊予以革职，结束了他的政治生涯，他也只能承受由此所带来的一切。

第八章 中国第一条铁路干线卢汉铁路

第九章

中国第一所正规大学
北洋大学堂

一、中国第一所正规大学的创设

甲午战争前,盛宣怀在办洋务实业的过程中切身体会到,科举选拔的人才无法适应新式企业的需要,所以他在经营与管理企业的过程中,往往设置附属于企业的学堂,为企业培养急需的技术人才。如办电报局时,在天津、上海等地办有电报学堂;在勘矿与督办轮船招商局时,又开设矿务、驾驶等学堂。但这些学堂大多是迫于一时急用,属于非正规的训练班,培养的人才在知识的深度上都还很不够。19世纪90年代初,盛宣怀明确提出要办正规的商船学堂和矿务学堂等学校,他希望培养更有质量的人才。随着时间的推移和实践经验的积累,盛宣怀认为教育要走在实业发展的前面,培养的人才要系统地学习理论知识和专业技术本领,这样他们不仅可以掌握先进科技,而且能够从事创造性工作。

1892年6月,盛宣怀被任命为天津海关道兼海关监督,8月正式到任。这使得他开始有条件实现多年的愿望,即通过办学培养合适的人才。他开始更多地从国家层面上来思考培养人才的问题,对培养人才的规格和标准有了更高的要求。他开办新式学堂的夙愿,终于在天津首先得以实现。

晚清时期,一批西方传教士进入中国,为当时开办新式学堂献计献策。他们的办学活动,也为国人创办新式学堂,起到了启迪、引导、示范的巨大作用,为中国教育现代化和培养新式人才与广开民智作出了突出贡献。其中,美英两国在华传教士的贡献尤为突出。传教士把兴办新式教育和培养新式人才视为传教的手段和途径,并为此付出了巨大的努力。中国最早出现的新式小学、中学、大学、男塾、女学、扫盲识字班、专业培训、留学教育,甚至连简化汉字和拼音字母等,都是由传教士首先倡导和付诸实践的。①

美国驻津副领事丁家立出生于美国,后在德国柏林大学获神学硕士学位,最初他是以传教士的身份进入中国的。由于对西方大学十分了解,再加上 1886 年在天津英租界创办了一所不带宗教色彩的"中西书院",他在社会上获得了一定的声誉,这同样使盛宣怀对他颇有赞誉。1892 年,盛宣怀上任天津海关道后,开始思考并筹备创办新式学堂,自然关注起丁家立在天津的办学活动。他与丁家立频繁接触,向其请教美国等西方国家的教育与办学模式。

甲午战败后,盛宣怀坚定了他"自强首在储才,储才必先兴学"(见盛档,盛宣怀:《南洋高等商务学堂移交商部接管折》,光绪三十一年二月)的主张。通过开办新式学堂,他为国家培养急需人才的心情与想法更加强烈了,因此更深入地向丁家立请教,并与其进行商讨。就这样,盛宣怀与丁家立一起细致地研讨开办北洋大学堂的办学章程、方法、实施计划等,并仿照哈佛、耶鲁模式勾画出北洋大学堂的创办蓝图及具体实施方案。

1895 年秋,盛宣怀通过直隶总督王文韶,向清光绪皇帝奏《拟设天津中西学堂章程禀》,禀奏设立新式学堂。他在奏折中说:"请就光绪十一年所建博文书院原有房屋,设头等学堂,又另设二等学堂一所,使学生递相推升,与曾充教习之美国驻津副领事丁家立商订课程,以切近易成、循序渐进为本旨,倡捐巨资,宽筹学费,禀请具奏立案,克期开办……拟订请美国人丁家立为总教习。"②盛宣怀在上奏时,还将亲自草拟好的《创建北洋大学堂的章程》一起呈上,是即所称北洋大学堂,是为盛宣怀办理正规学堂之始。

1895 年 10 月 2 日,光绪皇帝御笔钦准,成立天津北洋西学学堂,盛宣怀任首任督办,校址在天津北运河畔大营门博文书院旧址。该校延洋教习,分教学员天算、舆地、格致、制造机器、化矿诸学。它是

第九章　中国第一所正规大学北洋大学堂

---

① 《丁家立:以哈佛为蓝本,为北洋育精英》,《天津大学报》2014 年 12 月 30 日 04 版。

② 夏东元:《盛宣怀传》,四川人民出版社,1988,第 500 页。

中国的第一所现代大学。

1896年,北洋西学学堂正式更名为北洋大学堂,是中国第一所命名为"大学堂"的高等学校。

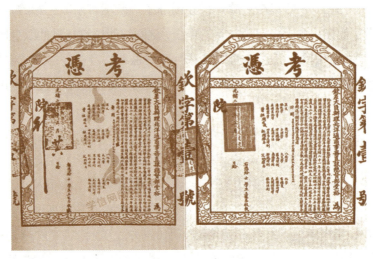

"钦字第壹号"文凭

1899年,天津北洋大学堂的第一届学员毕业。1900年,学堂颁发了中国历史上第一张大学文凭。由于成绩最优,香港学员王宠惠(1905年获耶鲁大学法学博士学位,1912年出任南京临时政府外交总长)成为"钦字第壹号"文凭获得者。北洋大学堂治学严谨,校风朴实,当时在国内与哈佛、耶鲁齐名,毕业生可免试进入美国一流大学攻读研究生,被誉为"东方的康奈尔"。

1900年,八国联军入侵津京,学堂校舍被敌兵霸占,设备、文档案卷遭到毁坏,学校被迫停办,以后不容学堂复课。至1903年4月,学堂方在西沽(今河北工业大学红桥校区东院)正式复课。

1903年,北洋大学堂开学复课时,分设法律、土木工程、采矿冶金三个学门,后应外交需要附设法文班、俄文班,1907年开办师范科。至此,北洋大学堂已成为包括文、法、工、师范诸科,初具综合性的新式大学。

北洋大学堂

二、"实业强国"需要培养新式人才

盛宣怀在办理洋务实业中,除了深感"本大臣不谙文语,每逢办理交涉备尝艰苦"之外,更深切地体会到培养适应实业所需要的新型人才的重要性与迫切性。科举培养的人对此一窍不通;聘请洋工程师、管理人员,只能是暂时的、短期的,而且真假难辨,有的时候他们还与中方争权争利,不听指挥;临时训练班式的学堂培养出来的学员,基础知识不牢固、缺乏系统理论,遇到一些复杂的问题便难以驾驭;送有基础的年轻人到国外留学是一个途径,但是,这只能解决一部分问题。因此,必须创办中国自己的大学,而当时首先应该办的是工科大学,其中排在优先位置的是"商船学堂"和"矿务学堂"。

其实早在19世纪70年代中期,盛宣怀在湖北从事煤铁开采的时候,就认识到"开矿不难在筹资本,而难在得洋师"。1877年,他又提出"树人如树树,唯恐迟暮"的观点,并说,"久有此意,志在设一商船学堂,更欲设一矿务学堂"。

盛宣怀对于甲午战败有深刻的认识,他意识到要加快"实业强国"的步伐,必须"兴教强国"。他在创建北洋大学堂的奏折中指出,"日本维新以来,援照西法,广开学堂书院,不特陆军海军将弁皆取材于学堂;即今之外部出使诸员,亦皆取材于律例科矣;制造枪炮开矿造

路诸工,亦皆取材于机器工程科、地学化学科矣。仅十余年,灿然大备","中国智能之士,何地蔑有,但选将才于倚人广众之中,拔使才于诗文帖括之内,至于制造工艺皆取材于不通文理不解测算之匠徒,而欲与各国较短絜长,断乎不能"。盛宣怀客观地比较了中日之间的差距,深刻认识到人才的重要性,提出"伏查自强之道,以作育人才为本;求才之道,尤宜以设立学堂为先"的解决方法,并且草拟了创建北洋大学堂章程。

盛宣怀突破"中体西用"的束缚,提出新建学堂"参用西制,兴学树人",促使地方和中央政府摈除陋见,创建"全新"西式学堂,光绪帝迅即降旨照准。

为了办好学堂,盛宣怀兼任了学堂督办,聘任美国驻津副领事丁家立为总教习。

甲午战争之后,盛宣怀意识到培养人才不能仅用短期训练的方式,要培养高层次的科技、工程与管理人才,以及新式的政治、外交、法律、商务人才,就需要建立正规的基础教育体系和各式专业方向的高等学堂。1895年,盛宣怀主持制定了一份颇具雄心的"全国设学计划",规划在全国各地捐建大学堂2所、小学堂23所、时中书院(类似于时务人才培训班)3所,所需办学经费每年24万两,全部由盛宣怀所管轮船、电报、金矿局捐出。准备创建的2所大学堂,分别设于天津、上海两地,称为北洋大学堂、南洋大学堂[①]。

盛宣怀在《条陈自强大计折》中说:"窃谓各府州县骤难遍设学堂,宜令各省先设省学堂一所,教以天算、舆地、格致、制造、汽机、矿冶诸学,而以法律、政治、商税为要;先设武备学堂一所,教以筑垒测地、枪炮制造、弹丸发送、队伍分合、马骑控御诸学,而以兵律戎机、有勇知方为要。在下之趋向,全视在上之用舍。同文馆、广方言馆出洋学生靡费不少而得人不多……今不能尽改科举之制,似宜专设一科,裁天下之广额为新学之进阶,明定功令,使文武学堂卒业者皆有出身

---

① 王宗光:《盛宣怀与南洋公学新论(上)》,《上海交大报》2010年5月23日04版。

之正途，齐仕进于科第，则闻风兴起，学校如林，人才自不可胜用。应请特简通知时务学行俱懋之大臣专司学政，会同礼、兵二部，提挈纲领，一新海内之观听，有志之士不自奋于有用之学者，未之有也。"（见盛档，盛宣怀：《条陈自强大计折》，光绪二十二年九月）可见，盛宣怀最初兴学的目的是培养人才，取代一部分科举之士，使其为国家所用，其愿景是各省设立省学堂1所和武备学堂1所。

三、变法图强，以培养人才为先

甲午战败，在痛定思痛之后，盛宣怀意识到中国必须通过变法才能图强。1895年5月5日，盛宣怀禀李鸿章，称："和议已定，社稷乂安，浮议只可置之不问，中国必须乘时变法，发愤自强，除吏政、礼政、刑政暂不更动外，户政、兵政、工政必须变法。'其转移之柄在皇上，而开诚布公集思广益之论，微我中堂谁能发之'①。"

盛宣怀意识到，中国社会的变革不能仅仅停留在经济领域，中国要走上自强之路，只依靠实业的发展、科学技术的进步是不够的，还必须要有政治上、军事上和法律上的进步。

1895年，他读了郑观应所著的《盛世危言》，思想上十分受震动。郑观应在实业上与盛宣怀有长期的交往，二人相识并且熟知于江南赈务中。1878年，郑观应又与徐润、盛宣怀等人创办义赈公所，除办晋赈外，兼办豫、直、陕等省灾荒。郑、盛二人在筹办赈务中结识，并很快有良好的私交。此后，二人又经历了津沪电报的艰苦创办。1880年，郑观应受盛宣怀之邀，积极参与洋务活动，协助盛宣怀拟定《电报局招商章程》和《详定大略章程二十条》，开展津沪电线架设工作。盛宣怀负责北端的管理，郑观应则为南端一路的主要负责人，合作十分愉快。在与丹麦大北公司的谈判中，二人联手获得成功。津沪电报的筹备与办理，将郑观应与盛宣怀紧密地联系在一起。在具体工作过程中，

① 夏东元：《盛宣怀传》，四川人民出版社，1988，第499页。

特别是在架设沪汉长江沿岸电线，以及清政府与西方电报公司进行的谈判中，郑观应作为助手始终积极配合盛宣怀。1882年以后，郑观应与盛宣怀在诸多矿业投资上步调一致，形成了利益共同体，二人关系得以巩固和加强①。

1892年12月6日，盛宣怀委派郑观应为招商局帮办。1893年1月15日，郑观应拟就整顿招商局十条，主要内容是开源节流，盛逐条加批语，多数同意郑的意见。当年1月23日，盛宣怀禀李鸿章札：添委道员郑观应会同沈能虎驻局以总其成。郑由帮办升任"会同办理"。紧接着3月30日，盛宣怀派郑观应溯长江西上，稽查各招商分局利弊，为整顿的依据。在郑观应的协助下，轮船招商局又有了起色。4月5日，郑观应自汉口致书盛，告以张之洞的汉阳铁厂恐办不下去；请做好接办准备。4月，盛宣怀依靠郑观应，与招商、怡和、太古三公司重订齐价合同②。二人在实业上的合作进一步深入。

但是，盛宣怀与郑观应真正在政治思想上的认同，是在盛宣怀读了郑观应所编的《盛世危言》之后。如果说，这之前盛宣怀对人才的关注与培养，更多的是着眼于办实业的需要，而至此，盛宣怀开始关注变法图强，从政治、经济、金融、军事、外交等多方面思考，国家需要的新型人才。

《盛世危言》编成于公元1894年（光绪二十年）。全书贯穿着"富强救国"的主题，对政治、经济、军事、外交、文化诸方面的改革均提出了切实可行的方案，在当时给甲午战败以后沮丧、迷茫的晚清末世开出了拯危于安的药方。该书最突出的特点是以"商战"思想占据主导地位，指出要改变近代中国落后的局面，仅仅采取"强兵"政策、依靠军事力量与西方列强竞争是远远不够的，必须设立议院、建立君主立宪制度，发展资本主义经济，抵御外国殖民经济入侵，才能真正实现民族独立和国家富强，因此必须有适应"商战"的人才。

---

① 邵建：《郑观应与盛宣怀关系研究》，《广东社会科学》2014年第2期。

② 夏东元：《盛宣怀传》，四川人民出版社，1988，第494、495、496页。

1895年4月8日，盛宣怀致函郑观应，感谢郑所赠《盛世危言》四部，并说："乞再寄赠二十部，拟分送都中大老以醒耳目。"该书也触动了光绪皇帝，6月7日，盛宣怀又致书郑观应，告以"《盛世危言》一书蒙皇上饬总署刷印二千部，分送臣工阅看"[①]。

《盛世危言》对后世的影响也很大，很多革命志士都读过此书。

1895年5月2日，以康有为为首的应试举人"上今上皇帝书"要求维新，即"公车上书"。维新的思想进一步鼓舞了盛宣怀，盛宣怀认为中国要维新变法，必须要有一大批新型人才。

四、北洋大学堂办学的场地与经费

光绪皇帝批准了盛宣怀筹建大学的奏折后，盛宣怀首先面临的是办学的场地与经费问题。按说这是一所国家所办的学校，应由国库出钱，但是，当时正值甲午战争失败之后，国库空虚，国家根本无力支付。因此北洋大学堂创建之初，既没有场地，也没有资金。

盛宣怀经过考察及和有关方面商讨，决定将天津博文书院的校舍拨给天津北洋西学学堂使用，作为北洋西学头等学堂的办学场所。

博文书院是1886年（光绪十二年）由时任津海关道的周馥禀请北洋大臣李鸿章在天津设立的，院址选在天津大营门外梁家园村，建造了四合式的大楼和相连楼房的平房，作为校舍。后因经费困难，书院未曾开办。于是，博文书院将建成的校舍抵押给了银行。盛宣怀为解决办学场地，通过集资从银行赎回了校舍，利用博文书院原校舍开办北洋西学学堂。

1895年年底，德国将北洋西学学堂校址划入租界，但初期西方列强未对学堂加以干涉。1900年八国联军侵入京津后，学堂校舍先被美军所占，后成为德军兵营，校舍被霸占，设备、文档案卷遭到破坏，学堂被迫停课，这是北洋大学堂有史以来遭受的第一次大灾难，亦为

---

① 夏东元：《盛宣怀传》，四川人民出版社，1988，第500页。

我国首创大学横遭帝国主义铁蹄践踏之第一次。当时直隶总督兼北洋大臣袁世凯多次为此事与联军交涉，但都无果而终。总教习丁家立挺身而出，"深痛五载兴学，夷为异国营房，爰亲赴柏林，向德国政府力争赔偿"。根据德国人"购地章程"规定的地价房价，丁提出向德国政府索取偿金5万两白银。袁世凯当即指定在武库废墟重建北洋大学堂校舍。李书田对此评价说："北洋之得于庚子后复兴，而蔚为东方有名学府者，皆丁先生之功也。"①

盛宣怀和丁家立对学堂的办学经费、学生的录取及学生在校期间的补助项目等，都一一作出规定。"头等学堂每年需经费银三万九千余两，二等学堂每年需经费一万三千余两……是以常年经费甚巨，势难广设。现拟在天津开设一处以为规式。"头等学堂章程中列出："头等学堂所节省之经费，除另选二等学堂及每次考试花红外，其余积存生息，以备四年后挑选学生出洋川资经费。"（见盛档，盛宣怀：《拟设天津中西学堂章程禀》，光绪二十一年秋）学堂常年经费需白银五万五千两，盛宣怀决定自筹经费予以解决，开办经费和常年办学经费由他所督办的中国电报局、轮船招商局以商捐的名义提供给学堂。这样，就基本解决了学堂校址与办学经费的难题。

1900年，德兵占据天津北洋大学堂，学生南逃，盛宣怀将其中头等班学生选派出洋，故学堂暂无须支用经费。盛宣怀即将原本拨助北洋大学堂的经费改作商务学堂的用款，"以商人报效之资为振兴商务之用，于理至顺。况商学商律实为国家当务之急，他年富强之基"。（见《愚斋存稿》第6卷，奏跋6、22页。）

1901年，盛宣怀通过南洋公学资送北洋大学堂第一批学生赴美留学。这是中国首批大学生出国留学，是中国高等学校教育留学之始。学堂总教习丁家立兼任"留美学堂监督"，他亲自带领北洋大学堂第一批8名毕业生赴美留学。这8名毕业生是陈锦涛、王宠惠、张又巡、王宠佑、严一、胡栋朝、陆耀廷、吴桂龄。他们在美分别取得了硕士

---

① 王玉国：《丁家立与北洋大学堂》，《天津大学学报（社会科学版）》2003年第1期。

或博士学位①。

丁家立主张精英教育，他把资送留学生当作北洋大学堂教育的继续，把送出国门留学培养的留学生看作北洋大学堂的学生。他不仅负责将学生送往各相关学校读书，监督检查学生的学习，安排管理学生的膳食、住宿、医疗等，而且还发放学费、文具费、试验费、衣装费、膳食费、住宿费、医疗费等，甚至发给他们比在校时更多的零用钱。出洋留学生除少数赴法国、德国、日本、比利时、英国外，绝大多数赴美入哈佛、耶鲁、布朗、康奈尔、麻省理工等著名学府。1901至1907年，全国官费留美学生总计有100余人，其中北洋大学堂就占有半数以上②。

五、北洋大学堂制定了成套的规章制度

北洋西学学堂成立时设督办，由盛宣怀担任，他还兼任名义上的校长。丁家立出任学堂总教习，实际管理学堂事务，即为实际校长。盛宣怀之所以请丁家立出任总教习，是因为他要将学堂按照美国哈佛、耶鲁的模式来办。当时科举培养出来的人才，不能胜任此事，根据对丁家立的考察与了解，他认为丁家立比较合适。转年，学校更名为"北洋大学堂"。丁家立在办公签字和著作上都署职为"PRESIDENT"（校长）。

在创建北洋大学堂的奏折中盛宣怀指出，"伏查自强之道，以作育人才为本；求才之道，尤宜以设立学堂为先"，并且草拟了创建北洋大学堂章程。他突破"中体西用"的束缚，提出新建学堂"参用西制，兴学树人"，促使地方和中央政府摈除陋见，创建"全新"西式学堂，光绪帝迅即降旨照准。

盛宣怀于1896年调上海任铁路总公司督办。学堂督办由继任津海关道的李少东兼任，李实际不到学堂视事，学堂由总教习丁家立一手

---

① 王杰：《北洋大学堂与中国近代高等教育的缘起》，《高教探索》2008年第6期。

② 王玉国：《丁家立与北洋大学堂》，《天津大学学报（社会科学版）》2003年第1期。

掌管。丁家立主管学堂长达11年之久，在学堂的创建和发展方面发挥了重大作用。

创建北洋大学堂的奏折中明确规定设立头等学堂、二等学堂各1所。头等学堂分设律例（法律）、工程（土木）、矿冶和机械4学科。其中既有社会科学学科，又有自然科学学科，这表明北洋大学堂从创始时起，就明确是一所综合性大学。

北洋大学堂仿照当时美国高等教育的3个层次，即预科（为解决本科生源而设立）、本科和研究生。北洋大学堂二等学堂的学生经过4年学习毕业后，方可升入头等学堂，再学习4年才能毕业，总共8年的学习，才能成为高级人才。学校8年后挑选毕业生"分赴出洋分途历练"，即送往国外大学的研究院进行研究生层次的培养。可见，关于研究生培养问题在制定北洋大学堂规划时就被写入了章程。

北洋大学堂实行班级授课制。头等、二等学堂各分为4个班，由高到低依次为头班、二班、三班、四班（末班），每班招生30人，学生按年依次升班，各学堂规模保持120人。但考虑到学堂初创，急需培养人才，因此，学堂于1895年由天津、上海、香港等地遴选出学历相当的学生入学。

1900年庚子事变后，北洋大学堂二等学堂学生锐减，遂将保定直隶高等学堂依北洋二等学堂学制，改为4年，定为北洋大学堂头等学堂的预备学堂。学生毕业后无须考试，即可升入北洋大学堂头等学堂，使普通学堂和高等学堂的学制、课程设置与北洋大学堂的教学相联系，成为一个有机的整体。

北洋大学堂创建之初是按照盛宣怀和丁家立商定的《拟设天津中西学堂章程禀》中奏定的章程来管理学校的。初期虽然仅设有《头等学堂章程》和《二等学堂章程》，但其中对于总办和总教习的职权、教习的延请、功课的考核、学堂的经费、学生的录取及学生在校期间的补助等项目，都一一作出规定。

盛宣怀为北洋大学堂订了两条规则：一是，不许躐等。即学习应该循序渐进，不允许越级。他认为，中国过去学西学的学生成绩不显著的原因之一，就是"学无次序，浅尝辄止"，因此本大学堂的学员必须做到循序而进，"不容紊乱"。必须坚持完成学业计划，不许中途他骛。二是，学习专门科学技术，文字语言不过是工具。盛宣怀这一观点的形成，主要是有同文馆只学语言文字，因而用途不广的教训在前。基于这种认识，当天津道关的继任者李少东欲让60名学生改学法、德、日三国语言时，盛宣怀明确要求加以改正。他讲，李少东"殆误会此堂仅学文字，不知内有分类专门工夫"。盛宣怀认为如果按照李少东那样去做，就会白白浪费本就不多的、急需的专门人才，将"为小失大，弊莫甚焉"。他指出，大学堂各专门学科的人才，"以后每年每类仅得数名，正恐不敷派用，时势需才如此其急，讵可一误再误！铁路学生同习英文尚不肯假借，以损大学，况改习他国文字便须另聘他国教习。此堂壤废，即在目前，为天下笑"（见盛档，盛宣怀：《寄直王夔帅、津关道李少东岷琛》，光绪二十二年正月初六）。不许人才"躐等"与"他骛"，学习专门科学技术，都表明了盛宣怀对人才培养独到的见解①。

为使管理机制和规章制度进一步完善，丁家立于1904年参考了新学制，主持修订了《天津大学堂新订各规则》，分门别类地规定了学校教学管理等各项制度，其中包括总办规则、监督规则、总教习规则、教习规则、监学官规则、检查官规则、考试规则、课程分数规则、医务处规则、杂务处规则、支应处规则、斋务规则、食堂规则等，可谓面面俱到，使学校的教学管理有章可循。总办规则共16条，对总办的各项活动作出详尽的规定。教习规则共14条，对教习的延请、教学、告假等制度作出规定。考试规则共11条，对考试的监考、试卷的评定、分数的计算及考场的规则都作出详尽的规定。从这些规则中我们可以看到这所新型大学在师生关系上与封建传统教育有着鲜明对比。《天津大学堂新订各规则》对总办及以下各教员的职责、学生应遵守的纪律都一一作出规定，并刊印成册，分送学堂各处并发给全体学生，人

① 夏东元：《盛宣怀传》，四川人民出版社，1988，第277、278页。

手一册,"一律遵守,以严秩序",这对于学堂的教学管理至关重要。北洋大学堂在中国现代大学中以严谨的校风而闻名,这同它在建校初期就十分重视各项规章制度的建设是分不开的[①]。

六、北洋大学堂设置现代大学的课程体系

晚清时期数理化等学科开始传入中国。浙江海宁人李善兰(1811年1月22日—1882年12月9日)对近代数理化知识的传入作出过较大贡献。李善兰出身于书香世家,自幼就读于私塾,受到了良好的家庭教育。9岁时,他发现父亲的书架上有一本中国古代数学名著——《九章算术》,感到十分新奇有趣,从此迷上了数学。14岁时,李善兰又靠自学读懂了欧几里得《几何原本》的前6卷。他与传教士伟烈亚力合译《几何原本》后9卷,并且翻译《重学》,将牛顿力学三大定律介绍到中国。他在数学、天文学、力学和植物学上都有很多贡献。

1866年,北京京师同文馆添设了天文算学馆,广东巡抚郭嵩焘上疏举荐李善兰为天文算学馆总教习,李善兰因忙于在南京出书(李鸿章曾资助李善兰重刻《重学》20卷并附《圆锥曲线说》3卷),到1868年才北上就任。从此他完全转向于数学教育和研究工作,直至1882年去世。其间教授学生百余人。

在李善兰的主持下,京师同文馆于1872年拟订了8年制课程计划:第一年认字、写字,讲解浅书;第二年练习句法,翻译条子;第三年讲各国地图,读各国史略,翻译选编;第四年讲数理启蒙、代数学,翻译公文;第五年讲求格物、几何原本、平三角、弧三角,练习译书;第六年讲求机器、微分积分、航海测算,练习译书;第七年讲求化学、天文、测算、万国公法,练习译书;第八年讲求天文、测算、地理、金石、富国策,练习译书。如果是年龄较大的学生,无暇学习洋文的,可以凭借译本而学习诸科学课程,这样需要5年时间。

---

① 王玉国:《丁家立与北洋大学堂》,《天津大学学报》(社会科学版)2003年第1期。

盛宣怀对现代科学技术基础的教学、对最早学校课程的设置是作出过重大贡献的。他从亲身经历中，认识到科举教育培养的人才无实、无用，只有于科举教育之外，另办新式学校，加强数理化等基础知识与能力，才能培养出大批有用的人才。北洋大学堂按照盛宣怀、丁家立规划的章程，学生除学习语言文字外，主要学习理工方面的基础知识，即算术、地理、逻辑、物理、化学、机器制造和采矿等，这些都属于公共课。在学习公共课之外，另选其中 30 名优秀者学习专门学（即科系）4 门，即工程学、矿务学、机器学、律例学。1897 年，盛宣怀又把北洋铁路学堂合并于北洋大学堂。上述学门皆为当时中国社会所急需，体现了北洋大学堂"兴学救国"的创办宗旨。

盛宣怀为北洋大学堂订立的课程如下：第一年，几何学、三角勾股学、格物学、笔绘图、各国史鉴、作英文论、翻译英文；第二年，驾驶并量地法、重学、微分学、格物学、化学、笔绘图并机器绘图、作英文论、翻译英文；第三年，天文工程初学、化学、花草学、笔绘图并机器绘图、作英文论、翻译英文；第四年，金石学、地学、禽兽学、万国公法、理财富国学、作英文论、翻译英文。

从课程的设置可以看出，盛宣怀、丁家立十分注重英文及数理基础课的学习，依照年级不同，循序渐进地安排课程。根据《北洋大学琐记》记载："课堂授课，除国文外，一律用英语教授，因此学生的英语水平都比较高。"而专门学的课程则各有侧重，据记载"学生升入头等学堂之后各就其性质所近，课以专门之学"，使学生学有所长。

学堂创立之初名为"北洋西学学堂"，可见学堂是以学习西学为主，因为侧重英文与西方科技的学习是洋务派的主张。学堂以西学为主的教育思想并非丁家立所灌输，而是中国人主动向西方学习的具体表现。

学堂还根据需要对学科设置有所调整，盛宣怀创办的山海关铁路学堂于 1897 年停办，其学生并入北洋大学堂，北洋大学堂因此增设了铁路专科；1898 年应卢汉铁路要求，学堂又开设铁路学堂；1903 年应外交需要，学堂附设法文班、俄文班，以培养专门人才。

北洋大学堂十分重视教学的实践环节，教学计划中安排了毕业论文的撰写，但是规定"汉文不做八股试帖，专做策论，以备考试实在学问经济"，一改封建教育八股取士传统，只撰写"实在学问经济"的毕业论文。1903 年，北洋大学堂重新厘定课程，"各学门的功课又分为主修功课、辅修功课和选修功课。主修与辅修为必修功课，选修功课为学生自由选学。毕业时，都要自著论文一篇和毕业设计"①。

盛宣怀非常重视基础课程与应用课程的设置。他充分意识到要培养实业、创业之有用人才，必须一改旧学堂的教学内容与教学方法，适应时代前进的步伐。这是十分难能可贵的。

七、重视教师的选聘与招生质量

盛宣怀要仿照美国哈佛大学、耶鲁大学的模式办新式学堂，那依靠谁能来承担教学任务呢？科举培养的人才不能胜任；同文馆刚刚起步，而且在教育思想与知识结构上，也不能满足办学的要求；当时国内开始有留学生回国，但是数量很少，不少人回国之后就被有关部门聘去了。因此，初创北洋大学堂时，盛宣怀不得不聘请了很多外国教习任教，其中，首先是聘请美国教育家丁家立担任总教习。盛宣怀把自己出色的外交能力，充分运用于办学之上了。事实上他在创办洋务实业的过程中，就不断地要与洋人争权争利，并与之周旋。为了国家的利益，他要学会团结一些人、尊重一些人、孤立一些人、反对一些人，这使他具备了出色的外交能力。对一些与国家友好的、有真才实学的洋人，盛宣怀是十分尊重的。盛宣怀兼任学堂督办时，所聘任的美国驻津副领事丁家立及由丁家立帮助物色的一批洋教习，对北洋大学堂办学很是热心。

师资力量对北洋大学堂的发展至关重要，学堂创立之初，丁家立根据教学进度的需要，向盛宣怀提出头等学堂拟聘洋教习 5 名，主讲工程学、算学、格物学、化学、矿务机器学、地学、机器学、绘图学、

---

① 王杰：《北洋大学堂与中国近代高等教育的缘起》，《高教探索》2008 年第 6 期。

律例学等；华人汉文教习2名，华人洋文教习6名。二等学堂拟聘华人洋文教习8名，华人汉文教习4名。后来随着功课门类的增加，教习亦随之增加。

丁家立于1908年5月离校。在任期间，丁家立共延聘教习44人，洋教习占10人，其中美籍教习7人。专业课聘任的都是外籍教习，外语课聘任的多为出国留学归来或教会大学毕业的中国教习。当时中外教习薪酬不同，外国教习薪酬很高，而办学经费有限，所以不能够全部聘请外籍教习任教。但从教习的任课中可以看出，北洋大学堂突出了西学为重的教学方针。丁家立延聘洋教习为北洋大学堂开了先河，继他之后，北洋大学堂还聘请了美籍冶金教习梅理士、美籍机器工学教习亚当斯、美籍化学教习福拉尔、美籍物理兼铁道学教习赫曼士、英籍力学教习欧施德、美籍英文教习崔伯和饶伯森、日籍日文教习斋藤传寿等外国知名学者。北洋大学堂学生王宠佑曾回忆说："且时延请专家演讲，美前大总统胡佛曾在矿科演讲数次。"外国教习更重教学实践，与中国传统教育只重书本知识不同，"然授之于口，聆之于耳，求之于简篇，固亦可得梗概，究不如实地研讨之，能宏造诣也，是以每于暑假期内，从外国教授德雷克（Drake）赴矿山看矿，研究地质，长途跋涉，固甚劳苦，此不仅于学业可以孟晋，而于身体亦收锻炼之功"。北洋大学堂中外硕学鸿儒云集，汉文教习吴稚晖是光绪年间举人，化学教习美籍学者福拉尔博士与爱因斯坦交往甚密，对相对论颇有研究。

如此一来，学校便出现了如北洋校友孙越崎所说"北洋大学名义上是国立大学，实际上和教会学校一样"的独特现象，教师中绝大部分是美国人，教材是原版美国教科书，课堂上主课一律用英文授课，作业和考试亦是如此。当时的学生谈起感受："课本是原文的，教授用英文，答卷用英文，到处是英文，我们吃完晚饭在北运河畔散步，连枝头的小鸟也都在讲英文！"①

在招生方面，盛宣怀也花了不少心思。北洋大学堂初创时期，招

---

① 王玉国：《丁家立与北洋大学堂》，《天津大学学报（社会科学版）》2003年第1期。

生的地区主要集中在江浙、两广、河北及天津等地。盛宣怀起草的、并经光绪皇帝御笔朱批的《拟设天津中西学堂章程禀》及招生章程，除以公文形式下发到有关省份之外，还通过报纸（天津《直报》、上海《申报》）等渠道，对外宣传。由于这是中国人第一次办不同于旧式学堂的新式大学堂，受到绅商与各界人士普遍关注，因此各地报名、应试的青年，十分踊跃。但是，学校始终以重质不重量的风气蜚声于世，对学生的选拔极为严格。1895年，香港招生报名应试者就有千余人，然而，最后仅录取了10余名。

北洋大学堂不仅在延请教习上要求严格，对学生的筛选也非常严格。学堂尚未创立，奏章中即对学生的遴选作出规定，"（头等学堂）学生将由二等学生挑来""凡欲入二等学堂之学生自13岁起至15岁止，按其年岁考其读过四书，并通一二经，文理稍顺者酌量收录"。学堂初创，急需人才，故从天津、上海、香港等地招收学生，而头等学堂末班仅招30人，足见招生之严格。

北洋大学堂课程的安排、内容的讲授、教材的使用均以美国哈佛、耶鲁为标准，起点高、教学水平高，所以学生毕业后可不经考试直接升入美国著名的研究生院。

北洋大学堂在办学过程中，始终贯彻"宁缺毋滥"的原则，实行刚性标准的招生制度，哪怕每年只招收1名新生也绝不降低招生标准；实行严格的考试和淘汰制度，培养出来的学生少而精。1895年至1905年，北洋大学堂培养出的毕业生和肄业生只有184人，每年不足20人，平均到每个学门不足5人。当时在校教师和学生的人数比几乎是1∶1。北洋大学堂严谨办学的作风，为中国高等教育的发展开了一个好头。

八、北洋大学堂开了中国高等教育的先河

北洋大学堂的创办对中国高等教育的贡献是多方面的，主要来说有三个方面：中国大学精神的确立，现代教育思想的形成，现代大学章程的制定。

盛宣怀在创建北洋大学堂的时候，正是甲午战争失败、《马关条约》签订之际，国家面临国土沦丧、巨额赔款、丧权辱国的严峻形势，举国沉浸在哀伤之中，中华民族正处于历史的谷底。盛宣怀提出了"兴学强国"的主张，他强调"伏查自强之道，以作育人才为本。求才之道，以设立学堂为先"，"自强首在储才，储才必先兴学"。这种大学精神表达了凝聚中华民族奋发图强的内在精神，是一种至今仍然应该发扬光大的民族精神。

盛宣怀虽生于清末，受的是传统教育，但是他在洋务实践中形成了丰富的现代教育思想。盛宣怀突破"中体西用"的束缚，提出新建学堂"参用西制，兴学树人"，即按照当时西方先进的大学体制开办大学，这在晚清时期是非常开放的思想。

可以说，盛宣怀所建立的大学为我国高等教育确定了最早的办学模式，他所制定的办学章程为我国高等教育树立了样本。盛宣怀创办北洋大学堂是为了培养以工、法为主的人才，之后他创立南洋公学，专注于培养政法、外交和理财方面的人才。一北一南两所高校，形成了我国高等教育工、理、文、法、财、管相结合的学科结构。

北洋大学堂从1895年至1911年共有毕业生和肄业生518人，其中资送出国52人（不包括自费留学生）。该校为我国近现代科技教育事业培养了一大批专家学者，他们多为国家社会所倚重，对采矿、冶金、土木、水利、机械工程、铁路交通、财政金融、政法、外交等事业的发展作出开创性贡献。中共早期领导人张太雷、我国著名经济学家马寅初、五四运动天津各界联合会副会长马千里、海牙国际法院大法官徐谟、著名诗人徐志摩、中国奥运之父王正廷等，都是北洋大学堂的毕业生。

北洋大学堂为中国培养了大批科技人才，尤其是矿冶方面的专家。其中有1899年毕业于北洋大学堂，后到美、英、德、法等国攻读地质学、矿床学、地层学、古生物学的王宠佑。王宠佑在任大冶铁矿矿长期间，与矿山工程技术人员一起改变了大冶铁矿的管理体制（原汉冶萍公司在大冶铁矿实行"事工分治"管理制度，设坐办管事务，矿长管工务，

第九章 中国第一所正规大学北洋大学堂

互不干涉,结果导致管理混乱,影响生产;王宠佑和工程技术人员一起向公司力陈"事工分治"的弊端,迫使公司改变"事工分治"管理制度,从此矿山由矿长管理全矿生产及一切事务),使矿山的年产矿石由30多万吨提高到60多万吨,最高年份达到80万吨。另一名毕业于北洋大学堂的著名矿冶专家孙越崎,后任国民政府资源委员会委员长,1949年率领资源委员会全体专家加入新生的人民政权,为新中国重工业的发展作出巨大贡献。

北洋大学堂的建立开创了我国现代高等教育的先河,为"继起者规式",足见盛宣怀的胆识与能力。

第十章

中国第一所高等师范学堂南洋公学

一、南洋公学的创办

清朝,面向大海的上海、天津被称为南洋、北洋,它们是当时中国的两大通商口岸,中外往来,商贾如云,人文荟萃,新潮涌动,地位举足轻重。盛宣怀继在天津创设北洋大学堂之后,又决定在上海开设高等学府——南洋公学,是极具远见的。

1895年,盛宣怀在津海关道任上得以首创北洋西学学堂,次年他从天津离职,到上海总办铁路事务,在征得两江总督兼南洋大臣刘坤一的同意后,立即谋划另一所新校,即南洋公学及附设达成馆。1896年2月18日(光绪二十二年正月初六),两江总督刘坤一给盛宣怀来电,说:"闻公在津新设学堂,章程甚佳,即祈抄示全卷,以便将来仿办。"[①]

当年春天,盛宣怀禀江督刘坤一:"筹建南洋公学。捐资于上海徐家汇购买基地,作为公学校址。"此即今上海交通大学原址。

1896年11月初,盛宣怀向清廷上奏《请设学堂片》,提出:拟以上年津海关道任内所办北洋大学堂为楷模,在上海筹办南洋公学,"如津学之制而损益之"进行筹备。他向清廷报告说,培养人才"相需方殷,缓不济急",此校须"赶紧兴建,庶几早一日开学即早一日成才"。(见盛档,盛宣怀:《请设学堂片》,光绪二十二年九月底)

在盛宣怀上奏请办南洋公学之前,他写信给苏州文人谢家福,说:"各省试办中西学堂,系为造就人才,大处着笔,方能开天下风气之先,挽中国积弱之政。"(见盛档,盛宣怀:《致五亩园学堂谢家福函》,光绪二十二年六月二十八日)盛宣怀说得很清楚,为了挽"积弱之政",必须办新式学堂。

盛宣怀为什么要办"公学"呢?这是相对于"义学"而言的,因

---

① 夏东元:《盛宣怀传》,四川人民出版社,1988,第501页。

为盛宣怀的好友谢家福在苏州创办了"五亩园技术学堂",打算办"偏重桑梓,专意三县儒孤"的公学。盛宣怀得知后,对谢家福给的"公学"的称呼有些异议。盛宣怀写信与谢商讨,说:"鄙见苏堂若果专收三县儒孤,只可名为义学。由本省筹捐办理,归入义举,未能名为公学,动用公款,致使各邻省效尤,以义学而请拨公款也……如系公学,可在轮、电捐款内禀拨……想长才必能会心另换面目。"(见盛档,盛宣怀:《致五亩园学堂谢家福函》,光绪二十二年六月二十八日)盛宣怀指出公学与义学有两点不同:一是"经费半由商民所捐半由官助者为公学",而义学"由本省筹捐办理,归入义举"(见盛档,《南洋公学章程》,光绪二十四年四月);二是"公学造端之宏",而义学"未必能如公学造端之宏也"。事实上,此时盛宣怀对办学的思考,不仅仅着眼于办实业的需要,他更加关注国家如何变法图强,更多的是从政治、经济、金融、军事、外交等方面,考虑要为国家培养一批新型人才。

盛宣怀对于南洋公学,也有具体解释,他在上奏清廷时说:"环球各国学校如林,大率形上形下道与艺兼。惟法兰西之国政学堂,专教出使、政治、理财、理藩四门。而四门之中皆可兼学商务。经世大端,博通兼综。学堂系士绅所设,然外部为其教习,国家于是取才。臣今设立南洋公学,窃取国政之义,以行达成之实。于此次钦定专科,实居内政、外交、理财三事。"(见盛档,盛宣怀:《筹集商捐开办南洋公学折》,光绪二十二年四月)盛宣怀又说:"商捐经费,学资不出于一方,士籍不拘于一省……其学生卒业给凭,与国家大学堂学生身份无异。"(见盛档,盛宣怀:《南洋公学历年办理情形折》,光绪二十八年九月)南洋公学的经费来源于商捐,主要是盛宣怀督办的轮、电二局的捐助;学生来自全国各省,毕业后的任用,也不拘于一省一地。

盛宣怀设立南洋公学,其着眼点是为了培养新型的从政人才,懂法律、外交、政治和理财的人才,盛宣怀创办南洋公学的目的是与北洋大学堂互补,北洋大学堂是为了培养以工科、法科为主的人才,而建立南洋公学则是培养以文、理科为主,兼及政法、理财方面的人才,两校优势互补。

1897年4月8日（三月初七），南洋公学正式开学。盛宣怀首创的两所大学，南北相应，共创新风，以实际办学行动登高一呼，唤起全国兴学之高潮。

1898年6月，盛宣怀向清廷呈奏《筹集商捐开办南洋公学折》，在该折的附奏《南洋公学章程》中，阐明了创建南洋公学的宗旨、目标及办学模式。盛宣怀拟定的《南洋公学章程》共分8章——设学宗旨、分立四院、四院学生班次登记（学规学课）、考试、试业给据、藏书议书、出洋游学、教员人役名额。同年7月6日，光绪皇帝朱批"该衙门知道，单并发，钦此"，并在《南洋公学章程》上朱批了"览"字。

盛宣怀意为国家培养"造就桢干大才之用"，在第一章设学宗旨的第一节就指出，"西国以学堂经费半由商民所捐，半由官助者为公学。今上海学堂之设，常费皆招商、电报两局众商所捐，故定名曰'南洋公学'"。在第二节中，明确要"以通达中国经史大义、厚植根柢为基础，以西国政治家、日本法部文部为指规，略仿法国国政学堂之意。而工艺、机器、制造、矿冶诸学，则于公学内已通算化、格致诸生中，各就质性相近者，令其各认专门，略通门径，即挑出归专门学堂肄习。其在公学始终卒业者，则以专学政治家之学为断"。这些内容更加凸显出南洋公学不是一般的新式学堂。

盛宣怀在《南洋公学章程》中，开宗明义写出"南洋公学本系大学"。公学建成后又明确南洋公学上院"即头等学堂"。建成一所大学是盛宣怀对于南洋公学的明确定位。南洋公学分外院（附小）、中院（附中）、上院（大学）、师范院，相互衔接，并按年级逐年递升，具有近代三级学制的雏形。《南洋公学章程》中第三章"学规学课"、第四章"考试"、第五章"试业给据"等均提出了学生从小学升中学到大学的流程。为了更好地学习西方，上院毕业后，公学还将"优异者资送出洋"。（见盛档，盛宣怀：《筹集商捐开办南洋公学折》，光绪二十四年四月）

二、何嗣焜出任南洋公学首任校长

盛宣怀从筹备南洋公学开始，就在物色主持南洋公学办学的人选，而他的老乡何嗣焜向来被誉为"学有本原，洞达时务"之人。经过再三思考，盛宣怀觉得"非该员不足当此选"，遂亲至其家，竭诚相邀，讲明培养人才的重要意义，"以时局艰危，不当徒为洁身之士"，请他主持办学。何嗣焜慨然就任公学第一任总理（即校长）。

何嗣焜（1843—1901），字梅生（眉孙、枚生），江苏省武进人，三品衔官员。他学有专长，勤勉旷达，饶有声名。

盛宣怀在向朝廷奏报时称："查有奏调三品衔分省补用知府何嗣焜，学术湛深，不求闻达。臣与纵论西学为用，必以中学为体，考核程功次序，极为精邃，志气尤坚卓，不致始勤终惰。当经派委该员总理南洋公用事务。"（见盛档，盛宣怀：《筹集商捐开办南洋公学折》，光绪二十四年四月）

何嗣焜随即前往天津考察北洋兴建的情况，明晰南洋办学思路，并产生不少新的主张。他提出，与北洋相比，南洋尤其要强调中西结合，重视国粹和优秀文化熏陶，以厚植学子根柢。盛宣怀对此颇为欣赏，于是这成为南洋公学基本办学方针①。

何嗣焜出任南洋公学总理后，一边在上海徐家汇购地、建房，一边先借民房招生，筹备办学事宜。他主持了公学第一期师范班（中国第一个新学师范班）的开学工作。

1897年10月，校内显眼之处张贴了一份《南洋公学章程》，供众人悉知。它由何嗣焜手书而成，其内容共分15章，对南洋公学内部管理的各类负责人、管理人、办事人，教习的职责，课堂、卧室、休假、休息等纪律和相见仪节、督过办法等作出明确的规定。

通读何嗣焜手书的《南洋公学章程》全文，会发现学校十分注重对学生品德的培养。比如，章程中的第六章"相见礼仪"共10节，第五节要求学生"师长有命，须肃立敬听"，第六节则要求学生"在堂

① 贾箭鸣：《百年淬厉电光开》，西安交通大学出版社，2014，第5页。

见师长及前辈，均宜起立，遇事恭谨"等。章程在纪律方面的要求也是非常严格的。第十二章"休假"和第十三章"游息"共19条，内容细化了学生日常管理，如"查得托词家居有意旷课者，议罚""不得入茶馆酒肆"等。这份章程明确了当时学校内部管理的各个方面。此外，第二章中写道"本公学但分学科，不立中西之名，惟章程内省文曰：华课、西课"。章程内对华文学科教习和华文、西文课程管理有十分详细的规定。

有意思的是，南洋公学在办学过程中先后制定了两份《南洋公学章程》，一份是由何嗣焜于1897年10月制定并颁布；一份由学校创始人盛宣怀于1898年6月在向清廷呈奏《筹集商捐开办南洋公学折》时作为附奏而拟定。两份《南洋公学章程》名称相同，内容却各有侧重。何嗣焜手书的这份章程，侧重于学校内部管理的各个方面；而盛宣怀拟定的那份章程，通篇阐明了创建南洋公学的宗旨、目标及办学模式[①]。

南洋公学创办初期经费依靠商捐，何嗣焜在筹建南洋公学任总理时曾捐出钱款以建校，且不领取薪金（月薪100两白银）。何嗣焜筹办南洋公学事无巨细、亲力亲为，盛宣怀称赞他"租房、招生、聘教习、开学日期以及拟定大略章程等事项，都极为周妥"。对何嗣焜在开办南洋公学时的功绩，张謇曾著文曰："中国公学之兴，自南洋始。南洋公学之建，自何先生始。先生以清光绪二十三年丁酉，为公学总理，询咨擘画，造端经营，一涂一径，一甓一石，皆出先生之心之手。阅五年辛丑，校舍次第完成，规模粗具矣。"盛宣怀在与刘坤一会奏的《请将何嗣焜学行宣付史馆立传折》中曰："博求总理之人，非该员不足当此选。臣宣怀本与该员同里，乃诣其庐申论此意……该员慨然褰裳相就。既至，先为经营公学房屋规模闳敞度支详核，首开师范院，次开外院、中院、上院……日以持身行己之道，兢兢与诸生相勖勉。其教学也，始于西文西语，以渐及于各国法律政治之精，沿流溯源，务究其旨；其堂规整齐画一，以起居饮食致其爱护子弟之心，以藏修

[①] 康雨晴、史瑞琼：《南洋公学和它的两份章程》，《中国科学报》2019年4月3日。

息游示其张弛之节，务俾诸生受范而不苦，知方而易从……学行允孚，体用明白。正可举为总办学堂者劝。恭恳天恩将已……何嗣焜生平事迹宣付史馆立传。"此奏折奉朱批"着照所请"。

何嗣焜对教育事业的开拓不仅体现在南洋公学，他在逝世前写给盛宣怀的函中说"今之读书坏于科举，胜衣就傅，知为进取之计，故今之学堂当使知学问之可贵，而不可悬富贵利禄以为招，当使后生皆不为废材而不必高语人才，深思熟虑，尤不能不以多设小学堂为先务之急。此话看似迂远，而求富求强兴华保种之策舍此无由。去年劝得叶澄衷捐十万金设一小学堂，为定名曰澄衷学堂，颇可经久。"澄衷学堂即为现在上海澄衷高级中学的前身。

何嗣焜在南洋公学任职，经管经费巨大，却能持身行己，恪尽职守，不谋私利，是一位讲求品节的校长。清光绪二十七年三月一日（1901年4月19日），何嗣焜病逝于工作台上。盛宣怀为表彰他的功绩，特奏请清政府为他在国史馆立传纪念。何嗣焜留下已50多岁的老妻邵氏及15岁的儿子，张謇日记中记载："四月二十九日，謇过梅生宅，闻其夫人饮泣之恸，悲感不能久坐。"可见其家属之悲。所幸有何嗣焜之四女婿刘垣及好友张謇、沈曾植、汤寿潜等，才于正月十八日（1902年2月25日）举行公祭。其得盛宣怀优恤千金，俾得营葬。营葬日"诸生徒步会者数百人"。

在何嗣焜主持南洋公学的4年多中，先后招收各类学生300多名，派出留学生10余名。经过他几年的经营，南洋公学初具规模。何嗣焜的办学功绩深得学生尊重。1917年，交通大学学生制作重约30公斤的何嗣焜铜像，并立纪念碑，纪念碑碑文由张謇所写。

三、聘请福开森担任公学教务总长

盛宣怀办南洋公学，其目的是培养新式人才，鉴于他办北洋大学堂，聘用美国驻津副领事丁家立担任总教习的经验，他决定聘请懂美国教育的福开森担任南洋公学监院一职，此职位相当于教务总长，在校地位仅次于校长。盛宣怀认为由福开森参与公学创建工作,更有利于公学初创阶段的发展。

福开森(John Calvin Ferguson),1866年出生于加拿大安大略省。其父是一位教会牧师,福开森出生不久后,便举家迁往美国定居。1886年,20岁的福开森从波士顿大学毕业,获文学学士学位。当时美国基督教新教兴起了所谓的"社会福音"的自由主义神学主张,即鼓励向世界各地传扬改造社会的福音,新婚不久的福开森正是受此感召来到中国。福开森来到中国后,先在镇江学习汉语,次年前往南京,在自己家中开课传授《圣经》。

1888年,美国传教士傅罗在南京创办汇文书院,福开森应邀担任院长,他对汇文书院的创建与发展作出贡献,在苏南地区有较大的影响。

1896年,盛宣怀在上海创建南洋公学,为培养新式技术人才,他开始寻觅具备西方教育理论与经验的专家参与公学的创建工作。经过他人的推荐与亲自考核,盛宣怀认为福开森是合适的人选。福开森在南洋公学致力于校舍建设、设备选定、课程设置、教师聘用等事宜。

南洋公学校址确定后,福开森便着手设计校舍。为降低房屋造价,福开森设计的中院摒弃了华丽的外表,力图朴实、坚固。他亲手设计了该校最早的两幢建筑物——中院和上院,以后成为学校早期的标志建筑。

公学设立之初,有师范院、中院(中学)、外院(小学)。福开森上任之后,为加强学校的制度建设与教学管理,"规定学科,按班授课,一改师范院没有课程表,教员不知何时到校、何时授课的无序状况"。

为加强南洋公学的英语教学,福开森特意聘请了外国人薛来西、勒芬尔、乐提摩等来校任教。

为方便师生出行,福开森又自费修建了一条马路。开始的时候,这条路并没有名字,后来法租界与宁波同乡会"四明公所"发生冲突,又与英、美、俄等国发生矛盾,福开森居中协调,出力甚多,最终将矛盾妥善化解。为答谢并纪念福开森,当地民众给这条马路取名为"福开森路"。

此外，福开森主张学生全面发展，提倡学生参与体育运动。1898年，南洋公学举行了第一次田径运动会，它是我国体育史上最早的运动会之一。福开森的办学主张与管理方式，拓宽了中国人的办学思路，有利于学生的健康成长。

为设立商务学堂，盛宣怀希望派人调查西方国家开办商务学堂的经验与不足，他认为福开森能胜任此事。他在给福开森的信中说："商务一门为富强之本……商务学堂各国皆极注意，而日本尤为美备。"他要求福开森"折衷比较，不厌求详"，将各国商务学堂异同和办法，连同造屋图样等，带回来一并具报①。

1902年3月，福开森带回欧美各国商务学堂章程办法1件，课程表原文1件，图样2件。盛宣怀请公学黄斌、胡诒谷教习尽快翻译，以资参考；此外，盛宣怀咨请驻外使臣在国外觅购商学商律诸书，以备学堂使用。福开森为盛宣怀实现办商务学堂的心愿与目标作出贡献。

从1897年到1902年，福开森担任南洋公学监院有五年之久。南洋公学创办不久即在国内拥有良好的声誉，这与福开森的努力和贡献是分不开的。因福开森在公学任教作出重大贡献，盛宣怀给福开森授予二等"宝星奖"。

四、创造性地提出一套全新的学制体系

1896年11月初，盛宣怀上奏的《请设学堂片》中，表明他原先想要设立的并不是南洋公学，而是达成馆。他认为日本明治维新的成功，在于"藩士翘楚，厚其资装，就学外国"，因此应在北京和上海各设立一所官员在职进修的达成馆，"京官取翰林、编检、六部司员；外官取候补、候选州县以上，道府以下；令京官四品以上、外官三品以上各举所知，出具切实考语保送。特简专司学政大臣考取"，学制为

---

① 《交通大学校史》编写组《交通大学校史资料选编》，西安交通大学出版社，1986，第1卷，第41页。

三年，每馆学员三四十名，"专学英、法语言、文字，专课法律、公法、政治、通商之学"，将毕业生作为出使大臣的随员。到外国后，至外国大学进修，三年后归国，可"内而总署章京，外而各口关道使署参赞"，在资望逐步积累中，即可备选为出使大臣或总署大臣。他认为上海达成馆应设在南洋公学内①。

盛宣怀考虑到北洋大学堂和正拟创办的南洋公学，"综厥课程，收效皆在十年之后，且诸生选自童幼，未有一命之秩，既不能变更科举，即学业有成，亦难骤膺显擢，予以要任。相需方殷，缓不济急"。也就是说，北洋大学堂与南洋公学培养的学生都是少年，至少还要十年左右才可能出来任职，而现在朝廷急需人才，远水解不了近渴。因此，他请求政府批准仿效日本的办法：在京师及上海两处各设一达成馆（见《愚斋存稿》，光绪二十二年九月，卷1，11、12页）。他进一步认识到培养和使用人才的迫切性，既要办正规的大学，在国家急需人才的情况下，也可以变通地培养一批速成的、急需的人才。

盛宣怀本来建议在北京、上海设立两所达成馆，因为京师达成馆的设立遥遥无期，上海就先行一步，达成馆与公学"相辅而行"。但是，南洋公学没有按照原定的设想去办达成馆，而是于1897年3月，"考选成材之士四十名，先设师范院"。这就是中国近代史上第一所正规的师范学校。后来南洋公学的教师绝大多数是从中培养出来的。

盛宣怀办南洋公学有远大计划，并创造性地提出一套全新的学制体系。设立上院、中院、外院，即大学、中学、小学，从初级程度起步，循序渐进，逐级选拔，培养造就高级人才。首先开办师范院，从培养师资入手，奠定学府根基。后更有特班、政治班、铁路班、商务班之设，使南洋学子尽快娴熟"内政、外交、理财"三事②。

众所周知，要办大学，必须要有相应的中学、小学，为大学提供

---

① 黄永泰、郭镇武、卢鸿兴：《盛宣怀与南洋公学史料汇编》，台湾交通大学出版社，2017，第5页。

② 贾箭鸣：《百年淬厉电光开》，西安交通大学出版社，2014，第6页。

足够的优质生源。当时我国新式教育刚刚起步,正规的中学、小学几乎没有,公学在"大学无从取材"的情势下,不求虚名,实事求是,先从小学、中学办起,规划在十年后建成大学。盛宣怀把师范和小学放在学堂的优先地位。他说:"师范、小学,尤为学堂先务中之先务。"因此,1897 年他在招收师范生的同时,"复仿日本师范学校有附属小学之法,别选年十岁内外至十七八岁止聪颖幼童一百二十名,设一外院学堂令师范生分班教之"。外院学堂就是小学堂,由师范生分班教习。接着 1898 年开办二等学堂(亦称中院,即中学),待条件成熟再开设头等学堂(亦称上院,即大学)。盛宣怀说:"外院之幼童荐升于中、上两院,则入室升堂,途径愈形其直捷。"(见盛档,盛宣怀:《筹集商捐开办南洋公学折》,光绪二十四年四月)这与他办北洋大学堂"循序而进"和"不躐等"的思想是一致的①。盛宣怀设想大学办成后,全国中小学也将大量建立起来,到那时就将中学、小学裁停,专办大学。这是一种符合教育规律、切合当时实际情况的踏实做法。

盛宣怀的办学思想是很可取的。小学是学业基础的基础,师范班的学员是培养人才的人才,没有优秀的师资和优良的小学基础,学校是办不好的。

后来南洋公学外院、中院和上院的教师,除一小部分为外籍教习外,绝大部分是师范院毕业的学员,而南洋公学中院和上院的学生,大部分也是从外院逐步递升上去的。

1899 年,盛宣怀在南洋公学又办了一个"特班",即"变通原奏速成之意,专教中西政治、文学、法律、道德诸学,以储经济特科人才之用"(见盛档,盛宣怀:《南洋公学历年办理情形折》,光绪二十八年九月)。这实际就是盛宣怀原来设计的达成馆的办学模式。特班从经过科举的成年读书人中考试选拔,"为将来造就桢干大才之用","但望学成之后,能如曾李两星"。复试地点设在盛宣怀家中,以表特别重视。

盛宣怀创办的南洋公学陆续设立了师范院、外院(附属小学)、

① 夏东元:《盛宣怀传》,四川人民出版社,1988,第 282、283。

中院（中学）、上院（大学）和特班。它是我国最早兼有师范、小学、中学、大学的较为完整教育体制的学校，它为中国近代基础教育、高等教育奠定了基础。郑观应赞誉说："此乃东半球未有之事，其非常不朽之功业也。"

中国近代教育史上，盛宣怀书写了浓墨重彩的一笔。

五、南洋公学附设的"译书院"

盛宣怀创办洋务实业，需要培养新型人才，同时需要学习西方新的知识。要学习西方新知识，"顾非能读西国之籍，不能周知西国之为"。然而"西国语言文字，殊非一蹴可几"（见盛档，盛宣怀：《南洋公学附设译书院片》，光绪二十四年四月）。要求大家都去读西方国家的原版书籍是不可能的，只能将那些有用的书翻译过来，供大家学习、参考。为此，需要聘请专门的翻译人才，成立相应的翻译机构——"译书院"。

1898年，盛宣怀在给朝廷的奏报中说："中国三十年来如京都同文馆、上海制造局等处所译西书不过千百中之十一，大抵算、化、工艺诸学居多，而政治之书最少。且西学以新理新法为贵，旧时译述半为陈编。将使成名成材者皆得究极知新之学，不数年而大收其用，非如日本之汲汲于译书，其道无由矣！"（见盛档，盛宣怀：《南洋公学附设译书院片》，光绪二十四年四月）盛宣怀办南洋公学，着重想培养外交、政法、理财方面的人才，所以他主张公学须附设译书院，要改变以往主要翻译科学技术方面西书的情况，要多翻译一些政治方面的书、"新理新法"方面的书。盛宣怀上奏不到一个月的时间，就得到清廷"着照所拟办理"的批示。他随即就成立了译书院，附设于公学。

"译书院"在盛宣怀与何嗣焜的领导下，先期完成了一部分军事、理财、商务、学校等专业领域书籍的翻译，满足求知大众和清廷新设政务处的需求。

后经李鸿章推荐，1898年9月，盛宣怀聘请张元济（1867—1959，浙江海盐人，字筱斋，号菊生，进士，翰林公，创办北京通艺学堂，后任商务印书馆董事长）出任筹建中的译书院主任。张元济是一位富有新思想的青年，他在创办通艺学堂的同时，认真研习西学，攻读英文，日臻精通。他先任职于刑部，有志于振兴外交，考入总理各国事务衙门。戊戌变法时，他与梁启超、严复、沈曾植等一批新潮人物交往频繁，并被变法人士推荐给光绪皇帝，讲他"熟于治法，留心学校，办事切实，劳苦不辞""筹划新政，必能胜任愉快"等，因此他受到光绪皇帝的特别召见。张元济向朝廷就"统筹全局以救危亡"提出诸多对策，并向光绪皇帝推荐了不少西学新书。变法失败后，他受到"革职永不叙用"的处分。李鸿章赏识张元济的人品和才华，遂将他推荐给盛宣怀①。

南洋公学译书院成立之后，大量购买日本与西方国家新出版的书籍，并且聘用了一批"中外博通之士"担任翻译工作。其中有日本的细田谦藏、稻田新六（曾任日本陆军大尉，担任兵书翻译顾问）等人；国内的郑孝柽、李维格、伍光建、陈诸藻、黄国英等人；回国留学生中的雷奋、杨荫杭、杨廷栋等人。张元济曾数番邀请严复担任译书院总校，虽因故未果，但严复仍然是译书院的知名译稿者。严复所翻译的亚当·斯密的《原富》（又名《国富论》），就是在南洋公学译书院印刷出版的。

据统计，至1901年8月，译书院所翻译的书，已出版的有13种（其中12种为兵事之书）；已译好，尚未出版的有15种（其中：兵政8种、理财1种、商务2种、学校3种、税法1种）。其中最多的是军事书，其次是政法、学校、商务、理财方面的书。从译书院成立到停办，约4年时间，共翻译出版13种40余部书。仅《原富》一部书，就有22册。译书院所出版的书在当时风行一时，引起社会舆论，对社会思想冲击不小，为中外文化与教育交流作出了贡献，对民主思想的传播也起到了积极的作用。南洋公学因之成为世纪之交社会大变动格局下，引领

---

① 贾箭鸣：《百年淬厉电光开》，西安交通大学出版社，2014，第7页。

新思想、新文化的重镇①。

在译介国外的中小学教材时，译书院选择版本十分严格，既要符合"文部所定教员所授之本"，又要符合"经文证之正本"。南洋公学译书院的这些见解及措施是对翻译实践的总结，也是对我国出版事业的贡献。即使以今天的观点来看，对我们也有一定的启迪作用。

1901年2月，盛宣怀任命张元济接替病逝的何嗣焜出任南洋公学总理。1901年7月，张元济辞去公学总理一职，专心于译书和出版。

1908年9月，盛宣怀东渡日本就医，兼考察钢铁厂矿和银行各业。从日本返沪后，他要求译书院编译日本明治财政史，但书稿完成后未正式出版。

译书院人员通过翻译实践，总结了四条纲要：一是"先章程后议论"，二是"审流别而定宗旨"，三是"正文字以一耳目"，四是"选课本以便教育"。其中，特别针对第三点，盛宣怀提出"译本要在同文"，才便于读者。然而"近来私译名字纷拿，官译为其所淆"，译文不统一的危害是很大的。

为了统一翻译的译名，他在上奏中说："臣今所译科学书夥多，不敢不致慎于斯。除随文勘整外，其人、地、国名，品汇名物"，统一规格，列表"附诸卷后"。他说，这样做"以期诸学浅深纲要，开卷了然。专门者，借以溯洄；涉猎者，亦可预知门径"。（见盛档，盛宣怀：《南洋公学推广翻辑政书折》，光绪二十七年十二月）统一翻译译名，可以保证译书的质量。于是，盛宣怀建议清政府颁布统一的译名。盛宣怀的这一建议得以实施，为中国自然科学与社会科学等各个领域、各个分支中文字翻译工作的顺利展开奠定了基础，也为中外交流创造了进一步的条件。他在这方面的贡献是名垂青史的！

---

① 夏东元：《盛宣怀传》，四川人民出版社，1988，第284-287页。

六、为南洋公学寻觅人才不遗余力

1901年，何嗣焜去世、张元济辞任南洋公学总理职位之后，盛宣怀有感于校务和扩充翻译书籍的需要，1901年7月至10月，聘任劳乃宣担任南洋公学第三任总理。

劳乃宣（1843—1921），字季瑄，号玉初，原籍河北永年，后入籍浙江桐乡。1871年中进士。1873年参加李鸿章主持编辑的《畿辅通志》。他深受总编黄彭年的影响，笃信程朱理学。

劳乃宣任职期间，承前启后，继续开办了南洋公学附属小学和公学政治班。他对盛宣怀要求开办上院（大学）的建议提出异议，认为条件尚未成熟，要求上院"暂缓二年"，并建议"今既缓开上院，未便阻其（指中院生）向学之诚，拟请选派品学最优者五名，前赴英国学习，期以四年，分门专习商务政治"。盛宣怀同意了他关于将中院毕业生择优选送出国学习的主张，于1901年夏在中院首届6名毕业生中，选拔4名派往英国留学。

与此同时，盛宣怀仍不断为南洋公学寻觅人才，特别延请了沈曾植和费念慈二人。

沈曾植（1850—1922），字子培，浙江嘉兴人。自幼勤奋好学，博览群书，常手不释卷，每读一书，总要寻根究源，弄清道理。1880年中进士。任晚清政府刑部主事，专研古今律令书，在刑部任职长达18年。

1901年10月，沈曾植出任南洋公学第四任总理。沈曾植精心致力校务整顿和师资延聘，聘请罗振玉担任东文学堂学监。沈曾植主张中西文并重，办好特班。1902年春他奉调赴京任职外务部。在南洋公学半年任期内，他悉心筹划公学监院、提调、总教习等职位，制定翻译学校组织章程，主持学生考试，维持校内学风，应付法国领事干涉等。

沈曾植治学严谨，办学有功，因而深受盛宣怀的赏识。盛宣怀对他的评价为"品学粹然，缜密而栗，平日讲求经济，各国公法条约亦颇深阅历"。盛宣怀于1905年呈奏清政府获准，对沈曾植办学有功予

以奖励。

费念慈（1855—1905），字屺怀、峐怀，号西蠡，江苏武进人。1889年中进士，二甲六名。费念慈是盛宣怀的表弟，出身翰林，学术精湛。1901年10月，盛宣怀奏调费念慈至南洋公学委用，可惜的是1905年他就去世了。

盛宣怀为南洋公学寻觅人才不遗余力，且知人善任。1902年春，外务部欲调沈曾植回京当差，他即延请"学术闳正，兼贯中西"的翰林院编修汪凤藻担任南洋公学第五任总理。

汪凤藻（1851—1918），字云章，号芝房，江苏苏州吴县人。汪凤藻早年就读于京师同文馆，1883年中进士，钦点翰林院庶吉士，三年后授职编修，派任驻俄国使馆二等参赞。1902年11月，汪凤藻因"墨水瓶事件"①自行辞职离校。

"墨水瓶事件"发生后，南洋公学遭遇经费大幅削减的困难，盛宣怀顶住巨大的压力，千方百计保证学校继续开办。他亲自到学生中去，安抚人心，勉励大家潜心读书。

当时，公学设置总提调一职，负责督率学生，稽查课程。盛宣怀决定延请伍光建出任。

伍光建（1867—1943），号昭扆，笔名君朔，广东新会人。1881年入北洋水师学堂第一届驾驶科，1884年毕业。1886年，伍光建被派赴英国格林威治皇家海军学院深造，一年后转入伦敦大学学习数学、物理、化学。在英国留学期间，他利用课余时间研读英国文学及历史。1892年，他学成归国，任北洋水师学堂教习。1898年，伍光建开始撰稿介绍西方的科学文化，并以"君朔"为笔名发表了许多白话翻译作品，其中法国大仲马的《侠隐记》《续侠隐记》译文受到热烈欢迎。1902年10月29日，盛宣怀任命伍光建担任南洋公学总提调一职。

---

① 关于"墨水瓶事件"，可以参阅陈华新等：《百年树人——上海交通大学历任校长传略》，上海交通大学出版社，1997，第29、30页。

七、南洋公学附设的"商务学堂"

南洋公学设立了师范院、外院、中院、上院和特班,又附设了译书院,但是,还没有完全达到盛宣怀培养外交、政法、理财方面人才的目标。特别是商务、理财方面的人才,十分紧缺。

为此,1903年盛宣怀决定开设附设于公学的"商务学堂"。其实早在1899年,盛宣怀就意识到设立商务学堂的重要性。他说:"(中国)一则无商学也,再则无商律也。无商学则识见不能及远,无商律则办事无所依据。"他向清廷建议,先于各省设华商公所,而后准华董们自己集资开设商务学堂,专教商家子弟,"以信义为体,以核算为用,讲求理财之道"。他认为,如果能这样做,"数年后商务人才辈出,则税务司、银行、铁路、矿务,皆不患无管算之人矣"。他认为,有了商律,又有商务学堂,就"不致受衙门胥吏之舞弄,即不致依附洋商流为丛爵渊鱼之弊"(见盛档,盛宣怀:《商务事宜详细开具清单》,光绪二十五年)。

1901年,盛宣怀被授予办理商税事务时,他又向清廷上奏,请设商务学堂,他说:"必须广商学以植其材,联商会以通其气,定专律以维商市,方能特开曹部,以振起商战,足国足民。"他以亲身的经历禀告皇上:"臣三十年来在通商口岸随同李鸿章办理洋务、商务,仅稍知其事理所当然,而于泰西商学商律,何能识其窍要。"(见盛档,盛宣怀:《商务事宜详细开具清单》,光绪二十五年)总而言之,无论从国家、商民来看,都应该尽快设立商务学堂,培养商务人才。

1902年1月26日(光绪二十七年十二月十七日),盛宣怀附奏《请设商务学堂片》,"拟在南洋公学之旁购地建造商务学堂一所,原拨天津学堂招商轮船局2万两、电报局2万元款,因天津学堂为德军所占,可将该款拨归上海商务学堂,如有不敷,由臣随时设法筹凑"。2月5日(阴历十二月二十七日)奉皇帝朱批"知道了,钦此"。至此,轮船招商、电报两局拨给北洋学堂的银两,全部拨到南洋公学一事被朝廷正式确认。事实上,从1900年夏季起,两局支付的天津学堂经费就开始流往南洋公学。

盛宣怀一边向朝廷上奏,一边就行动起来。首先,他让南洋公学主管教务行政的提调刘树屏,将公学尚未开班的上院改为商务学堂。为了使商务学堂办学顺利,他对未来毕业生作出"优与出路"的保证。盛宣怀说:"商学卒业,不过二三年,本大臣即当分别擢用,优与出路,决不负各该生数年响学之苦心",希望学生"勿遽以学业粗成,亟谋他就"(见盛档,盛宣怀:《拟改上院为商务学堂札》,光绪二十七年);其次,他派遣公学监院福开森赴美、英、比、法、德、奥、瑞七国考察商务学堂。

1902年3月,福开森按照盛宣怀的要求,结束了对欧美各国商务学堂的考察,并带回欧美诸国经办商务学堂的经验与相关资料。1902年3月,盛宣怀又秉请驻德国大臣吕海寰为商务学堂购得31本有关各国商部制度章程及商律全书等,足见盛宣怀对办商务学堂之用心良苦。

1903年9月,盛宣怀重提设立商务学堂之事,并明确在商务学堂前面,加上"高等"两个字。商务学堂于1903年9月6日正式开学。根据课程表安排,薛来西教授理财、公法、商律;勒芬尔教授宪法、商务、历史;乐提摩教授商业、书札、法文,每周三小时,其余商业数学由陈伯涵讲授,实验化学由黄国英讲授。

1903年9月29日,盛宣怀又一次呈奏《南洋公学开办高等商务学堂折》:"时局既以商务为亟,而商学尤以储才为先。现在各省设立高等学堂,考求政艺,不患无人,独商学专门未开风气。窃惟南洋公学款由商捐,地在商埠,若统称高等学堂,则与省会学堂不甚分别,且无所附丽。"故此,盛请将上院作为商务学堂,将本年毕业的中院生递升上院学商务,以尽早收效,并请颁给毕业生出身文凭。皇帝给予"管学大臣议奏"朱批。1903年10月,南洋公学改名为"高等商务学堂"①。

---

① 盛懿、孙萍、欧七斤:《三个世纪的跨越——从南洋公学到上海交通大学》,上海交通大学出版社,2006,第49页。

八、轮、电二局积极为两校筹措经费

在当时的情况下，办北洋、南洋两所学堂，最难的是校舍与日常的经费问题。盛宣怀通过集资从银行赎回了博文书院原校舍，利用该校舍开办北洋大学堂；而办南洋公学时，他决定徐家汇"学堂基地由臣捐购"。这样，基本解决了学堂的校舍问题。

盛宣怀还决定，北洋大学堂、南洋公学办学的常年经费由他所经营的轮、电二局岁捐十万两。表10-1列出了晚清时轮船招商局给政府、学校的资金数额[①]。

表 10-1　1890—1911年招商局报效给政府、学校的资金数额

单位：两

年份	学校	北洋兵轮	商部	赈灾等
1890				20000
1891				100000
1894				55200
1896	80000			
1897	80000			
1898	80000			
1899	80000	60000		
1900	80000	60000		10000
1901	80000	60000		
1902	80000	60000		54800
1903	20000	60000		
1904	20000	60000	5000	25000
1905	20000	60000	5500	
1906	20000	60000	5500	20000
1907	20000	60000	5500	
1908	20000	60000	5500	
1909	20000	60000	5400	
1911				11000
合计	700000	660000	32400	296000

---

① 统计数据见朱荫贵：《朱荫贵论招商局》，社会科学文献出版社，2012，第51、52页。

从表 10-1 中可以看出，自 1890 年起至 1911 年止，轮船招商局对清政府、学校等总计报效了 168.84 万两白银，这相当于同期招商局资本总额的 42%。从统计表中还可以得知，在招商局 168.84 万两的报效中，报效给商部的仅为 3.24 万两，约占总额的 1.92%；报效用于赈灾等的为 29.6 万两，约占总额的 17.53%；报效给北洋兵轮的为 66 万两，约占总额的 39.09%；而报效给北洋、南洋两校的为 70 万两，约占总额的 41.46%。很明显，招商局提供给学校的经费在总额中占比最大。

这仅是招商局一家给北洋、南洋两校提供的办学经费，加上电报局提供的经费，总体就相当可观了。

从表 10-1 中还可以看出，从 1896 年至 1902 年，招商局每年提供给学校的经费为 8 万两；而从 1903 年至 1909 年，招商局每年提供给学校的费用仅为 2 万两，为原先的四分之一。之所以如此，是因为 1902 年之前是盛宣怀担任招商局的督办，他深知办学经费对学校的重要性，再苦也不能苦学校，因而提供给学校的费用远远超过了其他项目的费用。1902 年，盛宣怀的父亲盛康去世，袁世凯借盛宣怀"丁忧"之际，以自己的亲信替代盛宣怀出任了轮船招商局督办。在袁世凯亲信的掌控下，招商局成了袁世凯的提款机，而为了满足贪欲，他们将给学校提供的经费压到最低。招商局每年提供给学校的经费大打折扣。

这期间电报局同样每年为学校提供了大量的经费，据有关资料表明，"电报局 1884—1902 年报效清政府的经费数额，按低限算也有 124 万墨西哥银元"①。其中，从 1896 年起，有相当部分是提供给学校的。

有学者对电报局保留的每年收报费、业务支出、拨还借款、提取公积金、报效与捐助、当年结存等账目资料进行整理，表 10-2 为自 1895 年至 1909 年的统计数据资料（拨还借款及提取公积金两项未在表中列出）。

---

① 朱荫贵：《朱荫贵论招商局》，社会科学文献出版社，2012，第 54 页。

表10-2 1895—1909年电报局统计资料

年份	收报费	业务支出	报效与捐助	结存
1895	1155825	961037	11647	2495
1896	1145571	863574	20000	3506
1897	1607602	1224152	73333	-3428
1898	1860400	1688900	168430	3070
1899	1773505	1403032	212810	9554
1900	2100000	2033300	309600	57100
1901	2352600	1953800	395000	3800
1902	2124806	1834087	202784	2650
1904	3176352	1903277	612072	1003
1905	3188575	2074058	220000	247670
1906	3371057	2426664	220000	209865
1907	3207435	2417235	132000	176464
1908	2835791	2596791		239000
1909	3807963	3165963		642000

表10-2中"报效与捐助"一栏的数字，就包括了每年提供给学校的经费[①]。

当年，盛宣怀为培养商务人才，拟于南洋公学内添办商务学堂，经费却无处可筹。于是盛宣怀就从电报局给朝廷的报效中作打算，以维持学堂日常经营。1900年，德兵占据天津北洋大学堂，学生南逃，盛宣怀将其中头等班学生选派出洋，故学堂暂无须支用经费。盛宣怀即将原本拨助北洋大学堂的经费改作商务学堂的用款，"以商人报劾之资为振兴商务之用，于理至顺。况商学商律实为国家当务之急，他年富强之基"。（见《愚斋存稿》，光绪二十二年九月，第6卷，奏跋6，22页）

[①] 表中数据摘自韩晶：《晚清中国电报局研究》，博士学位论文，上海师范大学，2010，第136、137页。

九、积极派遣留学生出国深造

盛宣怀对培养人才是不惜工本、不遗余力的。他在办北洋、南洋的过程中，斥巨资派遣了一批又一批的学生出国深造。

盛宣怀派留学生出国学习是为了让这些学生在科学技术先进的国家中，"躬验目治，专门肄习，乃能窥西学之精，用其所长，补我之短"（见盛档，盛宣怀：《资送学生出洋游学片》，光绪二十八年九月）。学生身处国外的环境中，较易"窥西学之精"，学习的效果与深度显然要优于国内。出国的学生"其学科则注重工商实业"，"学成回华任以路、矿、铁厂、银行各要政，渐可不借材异地，授柄外人。目前虽糜费巨资，将来可收实用"（见盛档，盛宣怀：《南洋高等商务学堂移交商部接管折》，光绪三十一年二月）。盛宣怀派遣留学生，目的很明确，即"不借材异地，授柄外人"。

1900年秋，八国联军攻占了天津，北洋大学堂被德军强占为兵营，学堂被迫停办。1901年，盛宣怀通过南洋公学资送北洋大学堂第一批学生赴美留学。这是中国首批大学生出国留学，是中国高等学校留学教育之始。学堂教习丁家立兼任"留美学堂监督"，他亲自带领北洋大学堂第一批8名毕业生赴美留学。这8名毕业生是陈锦涛、王宠惠、张又巡、王宠佑、严一、胡栋朝、陆耀廷、吴桂龄。他们在美分别取得了硕士或博士学位[①]。

出洋留学生绝大多数赴美入哈佛、耶鲁、布朗、康奈尔、麻省理工等著名学府就读。1901至1907年，全国官费留美学生总计100余人，其中北洋大学堂就占有半数以上。[②] 另一份资料中说："从1898年至1906年，这八年中，盛宣怀主持派遣到美、英、德、日、比五国的留学生，有章宗祥、王宠惠、雷奋等共58人。"[③] 这些学生出国"或由公学筹

[①] 王杰：《北洋大学堂与中国近代高等教育的缘起》，《高教探索》2008年第6期。

[②] 王玉国：《丁家立与北洋大学堂》，《天津大学学报（社会科学版）》2003年第1期。

[③] 《交通大学校史》编写组编《交通大学校史资料选编》，西安交通大学出版社，1986，第74-77页。

给经费,或由该生自行筹集资斧",学生大多为公学学生,亦有由盛宣怀"招致咨送赴英国肄业"者。(见盛档,盛宣怀:《资送学生出洋游学片》,光绪二十八年九月)

由于北洋大学堂、南洋公学还不能培养钢铁冶炼与生产专业的人才,1902年10月,盛宣怀开始资送这些专业的学生出洋游历,他认为"躬验目治,专门肄习,乃能窥西学之精,用其所长,补我之短"。1902年至1918年间,汉阳铁厂及汉冶萍公司先后送培的学生有吴健、卢成章、郭承恩、黄锡赓、杨卓、陈宏经、金岳祐、朱福仪、程文熙、赵昌迭共10名。

特别要提到的是,由盛宣怀亲自从南洋公学挑选、从汉阳铁厂送到英国谢菲尔德大学委托培养的留学生吴健,是该校首批获得冶金专业学士学位和硕士学位的学生之一。1908年底,吴健从英国回到汉阳铁厂,成为汉阳铁厂第一位中国工程师。正是这一年,汉阳铁厂与大冶铁矿、萍乡煤矿合并成为汉冶萍公司。1912年2月,吴健被委任为总工程师,并先后任汉阳铁厂与大冶铁厂的厂长。此外,1914年留美学生王宠佑被委任为大冶铁矿矿长,留美学生黄锡赓被委任为萍乡煤矿总矿师,一批归国留学生担任了汉冶萍公司的要职,逐步替代了外籍冶金、矿山工程技术人员。

盛宣怀派遣的留学生回国后,"或任京师大学堂教员,或充北洋译员,或办两广学务;此外各省府学堂教员所在多有"(见盛档,盛宣怀:《南洋高等商务学堂移交商部接管折》,光绪三十一年二月)。事实上,回国留学生在外交与工矿企业工作的不在少数,可见派遣留学生的成效,是有目共睹的。

盛宣怀对留学生的要求也很严格。除学业成绩有明确规定外,必须期满归国,不许躐等。例如,1903年两广总督岑春煊拟调留学国外的陈锦涛回国办理学务。盛宣怀得知后,以该生已进入耶鲁大学,1904年即可取得博士学位为由,拒绝了岑春煊的要求。盛宣怀说:"从前派出学生百余名,从未有一人毕业考得博士者。瓜不待熟而生摘,殊属可惜。"并电告岑督:"敝学堂立法,必欲期满考得毕业文凭,所以杜学生躁进之心,免浅尝辄止之诮。不徒为虚縻经费也。"(见盛档,盛宣怀:《寄粤督岑云帅》,光绪二十九年九月十一日)1904年冬,川督锡良请调留学生胡朝栋等回国派用。盛宣怀答复,胡朝栋等学生必须赴欧洲历练一年,即到1906年才能回国听调,"若令早回,所造尚浅"(见盛档,盛宣怀:《寄成都锡清帅》,光绪三十年十一月十四日)。

此后,在南洋高等实业学堂校长唐文治的配合下,1911年盛宣怀又利用他担任邮传部尚书之便,派留学生出国学习电机、矿务等专业,培养人才的积极性从未降低。诚如唐文治所说:"(盛公)造就实业人才不遗余力"(见《愚斋存稿》,光绪二十二年九月,卷78,3页)。

十、为南洋公学的顺利办学鞠躬尽瘁

南洋公学的常设费用都来自盛宣怀管辖的招商局、电报局的商务捐款。总款项由招商局每年拨规银6万两,电报局每年拨规银4万两。从1897年2月开始付给,银款存放在华盛机器纺织厂,按长年6厘生息,每年收取利息规银数千两,这在初建时是很宽裕的。1901年,北洋大学堂中止后,为了选派学生留美,"招商局每年添拨洋银2万元,以备游学经费",这批北洋留学生经费也由南洋公学兼筹管理,由公学"附列报销"。

从1897年至1903年公学保留的账目来看,盛宣怀经办的八年中总计支出规银581518.654两,尚存规银729122.07两。其中用于购买地皮、建筑校舍的近20万两;购买仪器设备、化学试验用品、图书经费一万余两;支出薪水共计规银156351.294两;支付留学生费规银56246.77两;支付译书院和东文学堂经费规银44469.139两,以及其他各种支出。

从这些数字中可以看出,公学初建时,主要经费都用于购买地皮、建筑校舍。表10-3为1898年至1906年南洋公学各项建筑开支。

表 10-3　1898 年至 1906 年南洋公学各项建筑开支

年份	建筑名称	支付规银
1898	购徐家汇地 120 亩	8785.445 两
1899	建中院购地面积 21000 方尺	49926.2 两
	建监院住宿房	6073.83 两
	建洋教习住房二所	8060.0 两
1900	建上院购地面积 26000 方尺	82908.0 两
	建总理公馆	5543.0 两
	建门房	120.0 两
1906	建小学校舍一座	（数字不详）

南洋公学教习的待遇是优厚的。从公学薪水、膏火账目看，1897 年初建时，支付总理、监院、总教习、教习及各司事等的薪金，全年为 7655.5 两，平均每月支付约 640 两。1898 年后，每年达 17777 两，平均每月支付约 1480 两，到了 1902 年，每月支付有 2368 两之多。洋员的薪水和中国教习的薪水差距很大，如福开森每月工资 350 两，而公学总理何嗣焜每月工资 100 两。

此外，公学对任教多年的教习还给予出国进修的机会；对工作辛劳，教习 5 至 8 年的教师进行表彰，1905 年公学奖励了在本校任职 5 至 8 年的教师张美翙、张天爵、陈伯涵、陈懋治等，这些措施都颇受公学同仁的欢迎。同时按清廷外务部规定，还奖励在公学任教的外国教员福开森二等"宝星奖"，薛来西、勒芬尔、乐提摩三等"宝星奖"。这些措施促进了公学教学质量的提高。盛宣怀在给清廷上奏时，自豪地称公学培养的学生在"国内外享有盛誉"①。

纵观盛宣怀一生的教育活动，南洋公学是盛宣怀投入精力最多的一所学校。从 1896 到 1905 年，南洋公学创办近 10 年，常驻上海的盛宣怀始终担任南洋公学督办。对于南洋公学，大到经费筹措、校长人选、办学方向，小到招生考试、学生出路、教习聘任，盛宣怀事无巨细，

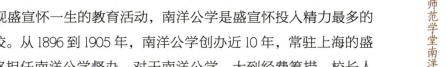

---

① 《交通大学校史》编写组：《交通大学校史》，上海教育出版社，1986，第 10-12 页。

亲力亲为，而非常人理解的只出钱不管校的"甩手掌柜"。

比如，对于经费问题，盛宣怀总是尽心筹措。1901年，公学的两家供款单位轮船、电报两局拖延公学拨款长达半年，致使公学经费紧张。盛宣怀当即致函两局负责人，措辞严厉地说："此系额外支要款，岂能任意宕延。"两局迫于盛宣怀的压力，于当年8月份拨付全部办学费用。

又如，对于师资力量与招生考试，他极为重视。1901年夏秋，盛宣怀主张设立经济特科班，有人推荐翰林院蔡元培担任总教习。盛宣怀两次接见蔡元培，当面详细考察后决定聘任。南洋公学招考生时，考场往往设于盛宣怀上海斜桥的家里，考卷批阅后也由盛宣怀最后定夺录取名单，黄炎培、邵力子、李叔同等都是盛宣怀亲自录取的学生。

南洋公学筹建和兴办时期，曾遇到各种各样的阻力，甚至几次面临夭折或停办的危机。每次出现危机时，都是盛宣怀亲自出面，极力维持，最终化险为夷。

第一次危机发生于1896年10月。盛宣怀上呈光绪帝奏折，要求兴办南洋公学。然而，光绪帝谕旨表示，办学可以，不用盛宣怀筹钱，"以崇体制"。盛宣怀知道，甲午战败后的巨额赔款，使清政府国库空虚，所谓不用他筹款而由政府拨款的谕令只能是一纸空文，这样下去学堂不知何时才能办成，必将胎死腹中。育才心切的盛宣怀并没有等候国家拨款办学，而是坚定地利用电报、轮船两局捐助的筹资渠道创建了南洋公学。

1899年，公学面临第二次办学危机。钦差大臣刚毅南下南京、上海等地，以筹措海军军费为名，要求盛宣怀停办南洋公学，将轮船、电报两局提供的办学经费10万两移归国库。盛宣怀一方面极力向刚毅强调培养人才的重要性，一方面反复与轮、电两局股东商议，每年筹措相应经费充作海军费，又一次度过了学校停办的危机。

最严重的一次困难发生在1902年。南洋公学发生了"墨水瓶事件"，导致100多名学生集体退学，并由此引发了全国新式学堂反抗专制的学运高潮。很多守旧官员纷纷上奏清廷，要求停办新学，不少新式学堂因此停办，但是盛宣怀表示南洋公学绝不能停办。他对学部大臣张百熙说："弟学识谫陋，何足以言兴学，惟办事必需人材，成材必由学校，故不惜延访通人，创开风气，而自忘其才力之不及，始终不肯退步。"（见盛档，盛宣怀：《致张百熙涵》，光绪二十九年）在公学生死存亡关头，盛宣怀"始终不肯退步"，使公学得以传承不辍。

1903年，墨水瓶事件过后，又逢盛宣怀所管轮船招商局、电报局被袁世凯接管。袁指示两局停拨公学经费，要求公学停办。1月24日，袁世凯致电盛宣怀："闻南洋公学已罢散，能否趁此停办？或请南洋另筹款。"2月3日，盛复电告袁世凯"（公学）并未罢散"，坚决不同意停办。他一面裁撤译书院、东文学堂及特班、师范班，以收缩公学规模；一面另募经费，又使公学顺利度过此次危机①。

盛宣怀终其一生，深深热爱他所创办和付出巨大心血的南洋公学。他离开学校后，始终为学校的事业呼吁奔走。1910年，南洋同学会成立，每月所需50两白银的房租和活动经费即由盛氏支付。据载，1916年4月盛宣怀在即将离开人世时，签出了人生最后两张支票：一张是给上海图书馆的5万元，另一张是赠给上海工业专门学校——即南洋公学的20万元②。

十一、盛宣怀与唐文治的交往与友情

1903年，直隶总督兼北洋大臣袁世凯，从盛宣怀手里夺取了轮船招商局、电报局和部分铁路方面的权力。1904年，商部尚书戴振函令南洋公学办理移交。次年2月，盛宣怀辞去南洋公学督办职务，宣告他在该校权力的结束。

1907年，唐文治告别官宦生涯，投身教育事业。当时曾有两位朝廷尚书大臣，请他出任京中两所学校的监督，但均被他婉拒，唯独应

① 王宗光主编《上海交通大学史：第1卷南洋公学》，上海交通大学出版社，2016，第331页。

② 贾箭鸣：《百年淬厉电光开》，西安交通大学出版社，2014，第12页。

允了到远在上海的南洋公学上任。他将"实心实力求实学，实心实力务实业"写进为南洋公学所拟的校歌中，反映了他对盛宣怀办实业、办教育的认同。

盛宣怀于1896年至1905年担任南洋公学督办，唐文治则于1907年至1920年担任交通大学校长，从盛宣怀和唐文治分别掌校的时间节点来看，他们似乎没有什么交集，有关著述中也鲜见两人在交大办学方面有交往的记载。然而上海图书馆《盛宣怀档案》中却保存着100多封两人未刊的信函，时间跨度长达10年之久（1905—1915），涉及内容也相当广泛，包括赈灾、勘矿、交通大学、私人交往等。

这些信函中可以反映出唐文治对盛宣怀办实业、办学校十分认同。1906年，唐文治任职商部，管辖路、矿、电诸多事务，两人当时已有交往。唐文治曾评价："汉厂、萍矿为中国制造之命脉，台端频年组织，艰苦卓绝，刻已规模大备，立定根柢。"盛宣怀对唐文治的支持也给以肯定，称"唐蔚翁于敝处尤极关切"。唐文治对盛宣怀创办南洋公学更是赞赏有加，称其"造就实业人才不遗余力"。

1902年以后，轮船招商局与电报局被袁世凯接管，南洋公学的办学经费开始变得紧张。到了1904年学校开学时，已开始酌收新生膳费。随后，经济状况愈发严峻，到1907年唐文治上任校长后，经费更是捉襟见肘，有一段时间里，唐文治校长带头领取半薪，教师的薪金收入也受到影响。盛宣怀得知后，积极协助唐文治解决办学经费短缺的困难。上海高等实业学堂（交通大学时名）属于邮传部，学校经费主要来自邮传部管辖的轮船招商局和电报局每年拨付的10万两，以及以学校名义购买的股票生息和存款利息。随着学生人数增加，学校建设费用及教职员工开支日渐增大，原定的10万两早已入不敷出。1908年，学校在整理旧案卷中发现有汉阳铁厂股票和德律风（即电话）股票若干，已多年未领息。然而因为管辖部门及户名变动等原因，这些股息迟迟未能领取。经过盛宣怀的斡旋，学校最终取回了这些经费。1911年，盛宣怀升任邮传部尚书，他又以实际行动支持唐文治，不仅增加学校预算，还将自己的私产赠予学校建校舍。盛宣怀利用他担任邮传部尚书之便，在唐文治的支持与配合下，派留学生出国学习电机、矿务等专业，为实业充实人才。

尽管盛宣怀是唐文治的上司，又帮助学校解决了经费短缺的困难，但是他从不干预唐文治办学。由于学校办学严谨，教风、学风名声大振，文人商宦子弟都欲入校或转学就读。盛氏家族及盛宣怀朋友郑观应、刘芬等人的子弟都希望通过盛宣怀的关系挤进学校。唐文治则既讲原则，又适当灵活掌握，对入学或转学的学生基础有严格要求，即"所试各科视英文、算学之程度如何以定去取，而中文尤为注重"。盛宣怀的侄孙曾在徐汇公学读书，欲转入附设中学就读，但因其英文程度不及，根基尚浅，唐文治建议其先入小学就读，然后再入中学为宜。刘芬的儿子刘志煜在考试时国文时表现欠佳，没有达到唐文治的要求。唐文治给盛宣怀复函："查敝校学生已多，每班积至六七十名，校舍不敷，几无容榻之地。为刘世兄计，请先入上海南洋中学修业，俟敝校招考有期，再行复试。"刘芬得知结果后非常失望，但仍礼仪性地致函盛宣怀，以示感谢①。

盛宣怀与唐文治因交通大学诸事而交往密切，尔后两人的私人感情不断加深，交往范围也不断扩大，形成了良好的社交关系。这种关系无疑对交通大学的早期发展有着极为重要的正面作用。

十二、盛宣怀对南洋公学的贡献

盛宣怀创办南洋公学，其着眼点是为了培养新型的从政人才，懂法律、外交、政治、理财的人才。北洋大学堂着重培养工科、法科方面的人才，而南洋公学则是培养以文、理科人才为主，兼及政法、理财方面的人才，两校实现优势互补。

1898年春，南洋公学实施了四院并设的计划，规划了一种新的学

---

① 吕成冬：《从盛宣怀档案中盛宣怀与唐文治信函看盛唐关系》，《常州工学院学报（社科版）》2010年12月第6期。

校制度：外、中、上三院学生各120名，每院学生按程度分四班，每班30人，每年依次升班，外院结业递升中院，中院结业递升上院，上院四年学成给予毕业文凭。这便是中国近代大、中、小学三级制的雏形。公学为培养自强人才而设，其重点为上院。

盛宣怀提出"公学所教，以通达中国经史大义，厚植根柢为基础，以西国政治家、日本法部文部为指归，略仿法国国政学堂之意。而工艺、机器、制造、矿冶诸学，则于公学内已通算、化、格致诸生中，各就性质相近者，令其各认专门，略通门径，即挑出归专门学堂肄习。其在公学始终卒业者，则以专学政治家之学为断"。也就是说，盛宣怀设立南洋公学，其着眼点是为了培养新型的从政人才，懂法律、外交、政治和理财的人才，至于制造等"器物之学"，若公学学生有此天赋或意向，则令其到"专门学堂"肄习，这也从侧面体现了盛宣怀对南洋公学的期许，即该校不是什么"专门学堂"。而且，其总的教育思想也可从中看出，即所谓的"中学为体，西学为用"，立身还须"通达中国经史大义"，谋事却要以"西国政治家"或"日本法部文部"为标准。

盛宣怀的教育思想，在交大早期历史上打下了深深的烙印。他在《筹集商捐开办南洋公学折》中说："中外古今教学宗旨本无异同。特中土文明之化开辟最先，历世愈远，尚文胜质，遗实采华。而西人学以致用为本，其学校之制，转与吾三代以前施教之法相暗合。今日礼失而求诸野，讲西学，延西师，学堂之规模近似矣。"从中可以看出，他特别强调的一是要"学以致用"，二是要"讲西学，延西师"，这些思想实际已融入交大120余年的办学理念与日常教学活动中了。这意味着国家的学校必须为国家服务，国家的利益也必然高于一切。这是那个时代，也是今天大学最基本的使命和功能。

南洋公学办学较早，成绩突出，得到朝野人士的广泛赞誉，视之为"大学堂"。1902年2月，相当于如今教育部长的管学大臣张百熙奏称南洋公学是京师以外所设学堂办学成效最好者之一；1903年梁启超也称，南洋公学是当时我国所办学校程度最高者。1903年，京师大学堂总教习张鹤龄告诉盛宣怀幕僚吕景端:"张野翁(张百熙)以下及京师大夫早认南洋公学为南洋大学堂,不妨径请作为大学堂。"吕景端也向盛宣怀建议:"公学规模程度,实在各省未设之高等学堂之上,故折中径请作为南洋大学堂。"

20世纪20年代的交大校长凌鸿勋曾说:"盛氏虽为政治上一牺牲者,然对于南洋公学则为一首创之功臣。"盛宣怀在办理南洋公学的过程中,顶住了重重艰难阻力,凭借自身的社会地位和影响力,积极倡导兴学救国的办学目的、学以致用的办学原则,学习借鉴西方教育经验,开创新的办学模式,努力寻找中西教育的结合点,在一定意义上推动了中国教育近代化进程。

教育家身份的盛宣怀早已受到人们的关注。蔡元培早年曾说:"逮盛杏荪先生瞭于大势所趋,始奏立南洋公学,以与北洋大学并峙,其规模宏远,不特为当时华校所罕见,抑亦在华西校所难几然。"他高度评价了盛宣怀首开南北洋公学的教育功绩。近现代著名教育家孟宪承在《新中华教育史》(1932年)一书中称清末确定全国学制时,"李(鸿章)、张(之洞)的议论和盛宣怀的事业,并为后来国定学制的先声"。他肯定了盛宣怀的办学实践活动在1902年和1904年两次全国性学制的颁布实施中所起到的重要作用。

1988年,近代史专家夏东元在考察了盛宣怀教育方面的生平事迹后认为:"南洋公学是我国最早兼师范、小学、中学、大学的完整教育体制的学校。促其成者为盛宣怀,中国近代教育史上应给予一个席位。"2004年,夏先生又在《人民日报》刊文明确称盛宣怀为"中国现代化进程中早期的实业家、教育家"。

从晚清同治光绪年间因发展实业需求而不自觉地办理单纯性不成体系的技术学堂,发展到甲午之后顺应时代变化主动设立正规体系的近代高等学堂,再到20世纪初以遣留学、开译院、设图书馆以辅助学校教育的大教育模式,作为实业家的盛宣怀终其一生参与了整个晚清时期近代教育的进程。他以对新式教育的敏锐感和付诸实施的能力,首创中国近代最早的两所大学、最早实施近代三级学制、最早开设师

第十章 中国第一所高等师范学堂南洋公学

范教育，成为中国教育近代化过程中非常有影响力的实际推动者，是中国近代著名的教育家。

南洋公学的创办、交通大学的发展，为江南学子树起了一面旗帜。如江苏苏南四所著名的高级中学，即苏州中学、常州中学、扬州中学、南师附中，这些学校历来重视基础教育，学生的数理化基础尤其见长。四所高中的学子纷纷以考入交通大学为荣。我的母校——苏州中学，几十年前就有一句口号"一脚跨进苏中，一脚跨进交大"。100多年来，交大为江苏培养了一大批人才，仅交大毕业的苏州籍两院院士就有10多位。

北洋大学堂、南洋公学的创办，最直接的成果是为当时国家急需发展的矿业、钢铁、铁路、工程、机械、轮船等产业输送了一批人才，也为国家培养了一批法律、外交、经济、商务、金融、教育等方面的人才。这实际上也为辛亥革命及20世纪中国社会的发展储备了人才。

第十一章

中国红十字会
第一任会长

一、盛宣怀慈善思想的形成

盛宣怀晚年在评价自己时说："平生最致力者实业而外，惟赈灾一事。"辛亥革命后，他已退出政坛，但是面对各省发生的"兵戈旱潦，仍力疾任筹义赈及江皖水利各端"，"即病榻呻楚中，每口授函电措拨款项"。就在他去世的前两日，"犹命筹备黑龙江赈需"。

1910年2月27日，盛宣怀被任命为中国第一任红十字会会长，这是对他在慈善事业中所作出的奉献的肯定。

盛宣怀的慈善思想与行动，是受众多因素的影响逐步形成的。

盛氏家族从盛宣怀的"六世祖父"盛时贤开始，经济上有了初步的实力。盛时贤善于经商，生活相对宽裕，在经商之余他喜欢读书，并乐善好施，在他担任其支族长时，组织和号召族人草修了《盛氏宗谱》，并激励子孙要奋发读书，获得科举功名。此后盛氏几代不仅在原先的基础上有所进步，还利用自己的能力，帮助同族贫穷的乡亲。不仅如此，他们还在地方上修祠堂、置祠业、办赈捐。

盛宣怀的祖父盛隆生于1786年，他在长辈的教诲下刻苦努力，于1806年考取生员，四年之后，应试"北闱"，1810年他应顺天乡试考中举人。1824年，他选授浙江安吉县知县，在浙江安吉、太平、长兴、临海、德清、孝丰、归安、山阴诸县及海宁州任职三十年，勤政爱民，政绩显著，深得民心。他捐三千金修复古桃书院；捐五千金筑乌龙坝，使数千顷民田免遭水患；大灾之年，倡捐千石，并开仓赈粜。盛隆尤重洁己爱民，善听断狱案由，所至有政声。盛隆曾在县府大堂悬联曰："不循情、不爱钱、一副冷面皮，但知执法；勿矜才、勿使气、满腔热心血，总期无刑。"表达了他为官勤勉、清廉、爱民的宗旨与原则。

盛隆晚岁归居故里，经常教诲子孙要多做善事，他编纂的《人范须知》一书，卷五中有"施济""救荒"两节。收录了大量前人的格言和事迹，既是教育子女，也是规劝世人。他在《龙溪盛氏家谱》中这样教育族人："做好人，眼前觉得不便宜，总算来是大便宜；做不好人，眼前觉得便宜，总算来是大不便宜……积善之事无尽，随时随事随心而行之。"盛宣怀少年时代接受的教育，使他尊敬长辈、孝敬父母，对穷苦人有同情心，逐步养成了助人为乐的品行。

盛宣怀小时候受祖父的影响很大。盛隆为人正直、朴素，讲究因果报应，他像当年长辈培养自己那样，倾尽全力培养盛宣怀，经常向盛宣怀传输先祖重视教育、勤奋向上、乐善好施的思想与事迹。盛隆通过潜移默化的教育、身体力行的行动，使勤奋向上、乐善好施的思想在盛宣怀心中扎了根。

二、淳朴的常州民风，起着潜移默化的影响

晚清时期常州地区频发自然灾害，据不完全统计，自鸦片战争结束后的百余年内，共发生旱涝、雨雪、冰雹、虫害等各类灾害百余次，百姓的生命、财产遭受极大损失。面对灾害，当地总结了一套救灾善后的办法，官府与民间团体通过拨付公帑及劝募善款的方式，筹得钱、米、医药，救济灾民。

太平军失败后，民间自发设立的义庄、善堂，在常州的社会保障中逐渐占据主导地位。常州汤氏、盛氏、刘氏等家族都以创建义庄、义田为目标。盛宣怀的祖父盛隆创设的义庄，按照范仲淹的义田条规，帮助与赈济灾民与贫民。

晚清常州润谊义庄门楣

盛宣怀的父亲盛康1866年丁忧时从湖北回到常州，除了经营典当行、钱庄外，还遵循盛隆的心愿，设义庄，办义学，为乡里族中的穷苦民众提供慈善帮助。1879年，盛康与刘云樵、姚彦森、恽光业、庄俊甫、董云阶等人共同出资白银25000两，在常州创办慈善医疗机构"长年医局"，向民众施诊送药，这些都给盛宣怀作出榜样。

常州社会十分重视文明道德的传承，为继承家乡先贤的道德风范，常州的藏书家刊刻了《常州先哲遗书》，"萃前辈之精神，为后人之模范"。盛宣怀年轻时就喜欢阅读先贤的教诲。平时，乡里乡亲间相处和睦，互相关心照顾；逢年过节时，总有人会送些糕团点心、零钱之类的给穷苦的乡邻。盛宣怀看在眼里，记在心里。有一年，临近年三十，盛家附近的一户穷人家里揭不开锅，没钱过年，在家中啼哭。盛宣怀得知后，就拿了家里的钱和米送过去，并安慰他们，解了他们的燃眉之急。

三、年少时的"逃难"生活，加深了对百姓疾苦的了解

1850年冬，盛康在安徽和州做官，6岁的盛宣怀随祖父母前往和州。到安徽和州，对少儿时期的盛宣怀来说，好像打开了一扇窗户。350多里的路途，经过的江河、农田、丘陵、平川，见到的各式各样的自然风光，旅途中的餐饮、住宿，遇到的各种人际交往，以及安徽和州不同于江苏武进的语言与生活习俗，都使盛宣怀第一次了解到世界之大，事物的错综繁杂。到了父亲身边之后，尽管父亲每天仍忙于行政与备战，但父亲的行事与为人，依旧给了盛宣怀很深的影响。父亲级别不算高的官邸内与常州家里有天壤之别，少了许多家长里短、柴米油盐的传话，多了不少衙门事务、战事变化的信息。幼小的盛宣怀感悟到，两地居住者关心与思考的问题相去甚远。两年后，因战事告急，祖父母只好带着盛宣怀返回老家。

伯父盛应是道光癸卯年（1843年）的举人，1860年太平军攻杭州城时阵亡。1856年，盛应出任浙江归安县令。盛应在归安县任职期间勤勉、清廉，其"夫人曹氏随夫居杭城，勤俭持家"，有口皆碑。1858

年，伯父接盛宣怀的祖父母前去暂住，盛宣怀也被带去了。但不到一年，浙西告急，太平军已攻入浙江，祖父母和盛宣怀只好再次返回故里。在归安生活及之后的那段时间里，盛宣怀更多地接触到太平军起义，以及官军追杀太平军的信息。少年时代的盛宣怀对社会的动荡、百姓生活的不安定有了切实的感受。1860年，盛宣怀在逃难中得知伯父遇难，十分心痛，从此他对伯父留下的后人始终予以关心和照顾。

1860年2月，太平军从镇江南下逼近常州，盛宣怀随祖父母逃往江阴，之后又逃至苏北盐城。是年，父亲盛康派人接他们离开江苏。当时盛宣怀16岁，便随祖父母从盐城到南通，再由南通航行至宁波，经浙江、安徽、江西，辗转半年抵达湖北。途中十分艰辛，他们有时可搭上车马、便船，有时不得不靠双腿徒步。祖父母都已是七十五六岁的老人，16岁的盛宣怀便挑起了大梁，一路上肩扛手提、小心侍奉着祖父母，每到一处先想方设法为祖父母安排好吃住。漫长的"逃难"生活，使青少年时期的盛宣怀对当时社会的动荡、官吏的腐败、底层百姓生活的艰难，有了真切的了解；也萌发了他要为国家、为百姓多做有益的事的想法。

四、"慈悲为怀"的思想铭记在心

佛家思想教育人们要行善积福、行义积德，为社会多做点好事，给自己及子孙多积福、留些好名声，这是盛隆、盛康等长辈做人、行事的规范，也成为他们教育盛宣怀及其他子孙的金科玉律。因此，盛宣怀从小就在以"行善积福，行义积德"为家风的家庭环境中长大。

盛氏家族热心佛教的传播与发展，盛宣怀曾祖母、祖母辈的妇人都烧香拜佛，为此，盛氏初建、兴建了上海的"玉佛寺"，并对多处名刹寺院，如常州天宁寺、苏州西园寺、普陀山惠济寺、杭州灵隐寺、常熟赵园（天宁寺下院）、苏州报恩寺等的修缮予以捐助。这些寺庙，也是盛氏家族成员常去的地方。庄夫人（盛宣怀的第二任夫人）对佛事十分尽心，她在上海静安寺路（南京西路）的老公馆里，常年雇着十几个裁缝和绣工,主要工作就是为上海、苏州和常州的寺庙制作绣品,如椅披、台布、帐幔、坐垫、门帘等。

受家族影响,盛宣怀对传播佛学思想十分自觉,他留下的墨迹中有:"积善余庆贞固干事,永锡难老美意延年。"他对"行善"有自己的追求和认识,晚年他有一个名号叫"止叟",他解释这个名号,是从《礼记·大学》中"止于至善"这句话引申而来的,他说要把行善作为自己的归宿,至死也要做善事,追求人生的完美。

在佛家思想的熏陶下,盛宣怀秉性仁恕,处事接物宽和,出于自然。他与人言纡徐委婉,无不尽之意,即意所不可,亦未尝以遽色加人。盛宣怀对自己的评价是:"吾平生有法言而无恶声,有微愠而无暴怒。"晚年他在总结自己的人生、教育子孙时说:"恩不可忘,怨则不可不忘。佛法戒嗔,吾尤致意,彼下石倒戈之徒,吾惟以大度置之,静俟公论之评判而已。"

积德行善是盛宣怀青少年时代从父辈那里受到的良好的教育,任何一个想为百姓、为社会作出有益的事的人,如果没有"积德行善"这一基本品行,是不可能真正成功的。

1871年,盛宣怀参与直隶赈灾,从此开始了他致力慈善的人生,直至1916年他离开人世。

五、直隶赈灾,增强了"担当"意识

1871年夏秋间,直隶久雨不晴。永定河、海河、南北运河、草仓河及拒马河先后漫溢,大水冲得房倒屋塌,畿辅东南几成泽国,这是数十年未有之水灾。

直隶总督李鸿章得知灾情后,将身边的人员派遣到各地劝捐,同时派官员前往灾区救灾。盛宣怀也被派往灾区。那时盛宣怀进入李鸿章幕府不久,是他第一次参加灾情这么严重的赈灾活动。

盛宣怀与其他官员一起奔赴灾情严重的地区,面对直隶多年未有的大水灾,他亲眼见到了灾民的苦难。农田汪洋一片,颗粒无归;灾民房屋被冲走，流离失所，可谓损失惨重。回到天津后，他就请求李鸿章准予他回家乡去募集赈灾物资。

回到家乡后，盛宣怀先拜见了父亲盛康，将直隶的灾情禀告给父亲。当时盛康还在浙江杭州任上，听说这一情形后，立即慷慨解囊，带头捐赠了两万件棉衣，帮助灾民过冬，并让盛宣怀到上海采购粮食，运往天津发放。

盛宣怀在家乡动员亲戚、朋友、乡绅捐钱捐粮捐物。盛康还让盛宣怀到淮南、苏南、上海等地去募捐，盛宣怀倚仗父亲以前老同年、老同事的面子，走乡串巷，很快就为直隶筹到了30万两白银，50万石粮食。

秋天，盛宣怀带了从江南筹集到的银两、衣物、粮食到灾区去发放，他本人也捐助了赈米2000石。因为赈灾有功，盛宣怀被皇上嘉奖二品顶戴。这是他第一次参与赈灾行动，从事社会慈善事业。

六、"丁戊奇荒"，主持了一个地区的赈灾

1877年至1878年，山东、山西、河南、直隶、陕西等省发生了十分严重的旱灾，受灾人口接近2亿，死亡人数1000多万，真正是"饿殍遍野"、触目惊心，史称"丁戊奇荒"，是中国近代的十大灾荒之一。

由于灾情严重，赈灾任务十分繁重，但赈济工作的进度却难以跟上需求。此时，天津赈济灾民的粥厂接连失火，一家粥厂失火后，其收容的2800名灾民死了2287名，大大震动了当时的清政府。于是，李鸿章专门成立直隶筹赈局，命人专职负责赈灾，其中就有被任命为筹赈灾局候补道的盛宣怀。

丁戊奇荒

李鸿章将当时正在湖北主持煤铁勘矿开采的盛宣怀抽调到直隶，与吴大澂、李金镛等一起主持河间府献县、景州地区的赈灾工作。这是盛宣怀第一次主持一个地区的赈灾工作。

1878年秋，盛宣怀奉命进入献县，下车所见饿殍载道，场景令人触目惊心。沿路灾民成群结队，扶老携幼，一路乞讨，个个骨瘦如柴，到处都是风吹即倒的悲惨景象。他在《义赈原起》中记录："光绪四年，河间大灾，赤地千里，天津遍设粥厂，途为之塞，李督派余往视河间，先入献县境，即见饿民扶老携幼乞食于道，风吹即倒。"

当时赈灾的主要形式是"官赈"，即由地方政府上报受灾情况和灾民数量，朝廷调拨救济款及粮食、棉衣等实物，再由当地政府按户核查发放。盛宣怀到献县后，经过调查，发现县衙门官僚作风盛行，村董保办事拖拉，灾粮发放十分缓慢。以献县为例，本应发放3000石粮食，一个月前要求各村董保查送户口册，可是直至检查时户口才查了不到一半。按照惯例，户口册还要送往县里复查，之后才能按册散放粮食。这时赈灾粮已下拨一个多月，户口还没有查完，如此缓慢的进度，等到粮食发下，恐怕灾民都要饿死一半了。此外，由于不管各户家境如何、损失怎样，每家每户都得分给救济粮，这样使得真正困难的灾民分不到多少粮食，解决不了困难。

于是，盛宣怀要求县里尽快把粮食分运到各村，又出面向典当行和钱铺借了一万串现钱，印制了一些赈票，亲自带了熟悉当地情况的官员和乡绅下乡，走村串户，了解灾民的真实情况。他根据每户灾民的实际困难，当场发放赈票，灾民第二天就可以凭赈票就地领取粮食或救济款。这样，赈济速度大大加快了。

盛宣怀在赈济工作中发现某些官吏营私舞弊时，就会立即进行查处。他在查到一户被董保列入"极贫"的人家时，发现这户人家情况不算差，根本用不着救济，显然是董保的"关系户"。他大为震怒，勒令谎报赈济户口的董保自己掏出钱来，"捐款"给真正的贫户，以示惩处。

经过挨户详查，他给李鸿章写了两份报告，详细汇报了献县受灾的真实情形：政府赈灾款只有区区六千串，以每户一千文散放，只能救济六千户。他请求借库平银一万两，以满足救济"极贫之户"之需。由于这是计划外的要款，可能拨不下来，因此盛宣怀提出："此银如筹赈局无款核销，拟请代为转借，俟职道回南劝捐，如数归缴，决不敢短少。"由于1871年直隶水灾时，盛宣怀曾到江苏、上海一带募捐钱物，收效颇好，因此他才有把握向李鸿章要求增加一万两赈款，"回南劝捐，如数归缴"。

回到南方后，盛宣怀拿出积蓄带头捐赠，发动江苏、浙江、上海一带的亲友商绅捐粮捐钱，其夫人不忍见他为劝捐憔悴，也拿出了自己的首饰以补不足。

通过在一个地区进行赈灾工作，他亲眼见到了灾民的痛苦，也认清了自己肩上的责任，下决心要将"施济"和"救荒"作为重点，并尽快付诸行动。

第十一章 中国红十字会第一任会长

七、以工代赈，受到社会各界赞赏

经过1871年的直隶水灾及1877年的赈灾，盛宣怀由临时向亲友商绅劝捐，逐渐变为通过向带有同业商会背景的善堂、善会进行劝捐。这些机构相对稳定，运转成熟，平时也从事施医、施药、施衣、施棺、恤嫠、保婴、惜字等社会救济工作，灾时就成为募捐义赈的组织机构。机构成员基于互助救济的理念，开展的募捐活动常常颇有效果，是民间赈灾救济活动的主要力量。

"丁戊奇荒"稍微缓和后，盛宣怀向李鸿章提出，以后由非官方委派的民间士绅来主持各县的赈灾工作，除了官府拨款之外，由民间人士开展募捐活动，以补充"官赈"的不足，他把这种形式称之为"义赈"。在以后的几十年中，盛宣怀主要是以"义赈"的形式组织和开展赈灾救荒工作的。

在清政府财力亏空之时，盛宣怀的劝捐将民间力量引入救灾，以义赈代替官赈，不得不说具有历史性的进步。而盛宣怀本人，一生为赈灾捐款100多万两，起到了一定的带头与示范作用。

"丁戊奇荒"后，盛宣怀发现河间地区的纺织业较发达，就禀明李鸿章。建议在当地设局购买，同时在收容受灾儿童的抚幼局中派人教导年龄稍大一些的孩子学习纺织技艺。对此，李鸿章称赞"养民不若令民自养之为佳"。希望每一个院童都能学习一门手艺的做法被盛宣怀用在了他日后所创办的孤儿院当中，这也是"以工代赈"做法的雏形。

盛宣怀将自己在河间地区纺织业中首创的"以工代赈"的初级模式逐步完善，推广到政府投资建设的各项基础设施工程，让受赈济者参加工程建设或劳务活动，获得劳务报酬，这种扶持政策取代了以往直接救济灾民的做法。盛宣怀将这种赈灾方式称为"以工代赈"，这个模式的核心理念与慈善公益界推崇的"助人自助"的观念相吻合，受到社会各界人士的赞赏。参与"以工代赈"的女工，不仅得到了劳动报酬，她们生产的产品还成为万国博览会的展品。

以"以工代赈"方式生产的丝织品和棉纱制品
参展1915年召开的巴拿马万国博览会

八、在天津筹建慈善机构"广仁堂"

由于盛宣怀主持各地的赈灾救荒工作,他的目光更长远了,他考虑到灾民自谋生存的能力很低,需要政府与社会团体的救助。于是他策划和筹建了民间的慈善机构,取名为"广仁堂"。

1878年,盛宣怀在天津东门外南斜街创设广仁堂。开办之初,其规模不大,经费主要来自社会捐助。1878年秋至1879年3月,广仁堂共收到捐银10627两。1879年11月,盛宣怀正式成立广仁堂慈善机构,其创办者和董事多为"南省助赈绅士",如王承基、吴大澂、经元善、郑观应、李金镛等。他们都有着长期从事民间慈善事业的经历和经验。盛宣怀晚年回忆广仁堂时曾说:"北省向无善堂。"广仁堂可称南方绅商在北方创设善堂的开山之举。广仁堂成立后,每月均有数百两至几千两不等的捐款,主要来自直隶、天津、上海的官员和士绅。

由于需要救养的难民数量太多,广仁堂需要扩建,但仅仅依靠社会捐助是入不敷出的。为了保证广仁堂的稳定和正常运转，在盛宣怀的授意下，董事刘毓琳、盛钟歧起草了一份《拟筹广仁堂长年经费章程》，其中最主要的一条是请求按季度从进口弹药的税金中领取4000两经费。这一请求得到了李鸿章的支持。从1879年起，李鸿章管辖下的津海关、东海关、山海关三个海关按每箱（100斤）加捐税金一两的办法，拨交广仁堂作为经费，这成为广仁堂最可靠的经费来源。1882年，筹到一定数量的经费后，盛宣怀选择在天津西门外太平庄建造新堂。新建的广仁堂是一座占地五十多亩的建筑群，规模十分宏大，共有房屋269间，可一次收养难民750人。

广仁堂逐渐成为盛宣怀慈善事业的活动中心。他到山东做官时，又在烟台、济南等地设立了广仁堂。北京也有广仁堂的分号。1897年以后，他的活动重心移到上海，广仁堂的活动重心也随之移到上海，并在上海成都路斜桥盛宣怀寓所附近的派克路（今黄河路）设立了广仁堂办事处。广仁堂的运作是十分规范的，堂中有一个常设董事会，处理日常事务；堂中不仅收养孤寡幼童，还设立戒烟所，帮助吸食鸦片的烟民戒烟；堂中设立义诊所，免费为穷人治病。盛宣怀办电报的得力助手俞棣云即是上海广仁堂总经理、董事，长达10年之久。上海当时著名的中医陈莲舫曾长期在上海广仁堂坐诊，后来还担任广仁堂的医务总裁。

灾荒发生时期，广仁堂又转为义赈机构，成为盛宣怀举办义赈的组织和活动中心。1916年，盛宣怀逝世后，按照他的遗愿，广仁堂作为盛氏家族的慈善机构，仍然在慈善事业中发挥着作用，一直到20世纪30年代。

天津市儿童福利院的前身就是始建于1882的天津广仁堂慈幼所

九、历时三年，集资70多万两，解决山东小清河水患

盛宣怀担任山东登莱青兵备道兼烟台东海关监督后不久，1886年夏季，黄河泛滥，河北、河南、山东、安徽等地均发生水灾，而小清河更是"沟河漫溢，高（高青县）、博（博兴县）、乐（乐安县）、寿（寿光县）一片汪洋"，河面上连船的踪迹也难以寻觅，政府每年还要用三五万银两赈济灾民。

盛宣怀一方面积极组织各省绅商，特别是上海绅商捐助赈灾，同时针对"山东济阳、惠民等处黄水为灾，情形极苦"的情况，"就招商局与怡和、太古、麦边各洋行轮船公司议于搭客略增水脚，俾助赈款"①；另一方面又向山东巡抚张曜呈上《万言书》，提出要治理山东境内的黄河，疏浚小清河，发展内河航运业，以治本的方式解决水患问题。

为了疏浚小清河，盛宣怀做了大量的调查研究，他亲自到沿河村镇，

---

① 夏东元：《盛宣怀传》，四川人民出版社，1988，第150页。

详细勘察度量,与当地官员、百姓研究治理的施工方案。1889年起,他开始用"以工代赈"之法,整治自历城至寿光县历年泛滥成灾之小清河。"殚三年之力,疏瀹河道四百余里。两岸农田受益甚大"①。首先,盛宣怀提出了疏浚小清河的原则,即"不容泥守陈迹""规复小清河正轨,而不拘牵小清河故道"。其次,他又提出疏浚小清河的具体方案:组织灾民"以工代赈",从小清河下游入手,分段疏浚。首次疏浚的河道从博兴县金家桥起,至寿光县海口止,全长约百里。

盛宣怀以上海等地绅商"所集赈款,招募附近灾民,分段挑挖,以工代赈"。经过灾民的挑挖,小清河的下游"水势归槽,畅行入海","縻金不及二十万,历时不过数月,而官免筹费,民获有秋,成效已著"②。

1891年秋天,张曜不幸去世,继任山东巡抚福润希望盛宣怀把小清河上游的疏浚工作继续承担起来,经过商议,最终确定上游的疏浚方案"由金家桥向西取直,就支脉预备两河套内,择其洼区,接开正河,历博山、高苑、新城、长山、邹平、齐东六县,计长九十余里。又在金家桥迤下起,循预备河旧址,开浚支河,以承上游各湖河之水,引入新河,衔接归海。从此民田无漫溢之虞"。疏浚小清河上游的费用,仍由盛宣怀募集,当地灾民则通过"以工代赈"来解决。

盛宣怀治理小清河尽心尽力,据相关资料记载:"(他)以历年兼营河务,往往累月驻工,或亲行履勘,风日不避。常从羊角沟棹小舟出海,遇暴风雨雹,舟几覆,衣履尽濡,饱受寒湿,返署而喘乃大作,由是蕴寒辄发,过劳亦发,根株不可拔矣。"③《清史稿》也记述了盛宣怀治理小清河的事迹,说盛宣怀"因讨测受灾之故,益究心水利,其治小清河利尤溥"。

小清河上下游工程历时三年,征调民工数十万,耗支白银70多万两。从此,小清河两岸居民安居乐业,再不用受水灾之祸害。1893年12月,

---

① 夏东元:《盛宣怀传》,四川人民出版社,1988,第489页。

② 中国史学会主编《洋务运动(第八册)》,上海人民出版社,2000,第53页。

③ 同上。

山东巡抚上奏:"小清河全功告成,推盛首功,传旨嘉奖。是河工程阅时三载,用镪七十余万。皆盛筹集。"[1]

盛宣怀尽职尽责、尽心尽力地治理小清河,造福沿岸、惠及山东的善举,受到当地人民的尊敬。

小清河纪念碑

小清河自济南至章丘段开浚新河百里,仍以济南诸泉为源;下游开挖金家桥以下新河百余里至海口,新改入海处在羊角沟,废弃原入海河道。全河一律展宽至十丈,开深一丈至一丈三尺;出河之土夯筑成堤,使河两岸成各宽十丈之马道。这是一次较为成功的治理,不仅免除了水患,人们还借水行舟,恢复并发展了山东的内河航运。

十、勇敢地挑起了赈灾的重任

紧接着的几十年中,中国频发旱灾、水灾、地震等自然灾害,灾

---

[1] 夏东元:《盛宣怀传》,四川人民出版社,1988,第496页。

民生活在水深火热之中。面对这些灾情，盛宣怀深感自己的责任，勇敢地挑起了赈灾的重任。

历史上记载盛宣怀多次参与赈灾活动，其中亲自主持的、较有影响的如下所示。

乙未（1895）冬，值湘省长、衡、宝三郡大饥，湘抚陈右铭中丞宝箴驰电告急。盛宣怀于岁暮百忙中犹捐资募款以拯之。

戊戌（1898）九月，盛宣怀向朝廷奏请足食备荒，速筹积储，以固根本。奉旨嘉纳。上年徐淮海等属水灾，刘忠诚会商盛宣怀选派熟悉放赈人员，次第赈恤，地方赖以安帖。忠诚特疏上闻，传旨嘉奖。至是冬，待赈尤急。盛宣怀又遵旨会同李铁船、严筱舫两观察等垫巨金，散放冬赈。

庚子（1900）十一月，奉命筹办陕省义赈，值乱事未宁，公私告匮。盛宣怀以行在重地不能不从宽筹济，尽力号召凑垫巨资。关中要区，饥而不害。

甲辰（1904）自夏徂秋，直隶水潦，山东河溢，四川旱灾，筹募赈需又复日不暇给。盛宣怀自知劳顿过度，苦于不能少休。七为初旬，遂患湿温壮热，至廿余日兼发外症，昏愦中所言皆要政。神志稍清，则索逐日来电览之。长子昌颐交卸德安郡篆遄归侍疾，月杪始有转机。

乙巳（1905）初春，时日俄战局方亟，波及东三省，地方骤遭兵祸，外部奉旨电致上海绅董筹设红十字会。盛宣怀与尚书吕公海寰、侍郎吴公重熹为领袖，积极筹募。

丙午（1906）初夏，至杭州西湖养疴。未逾月，时三藩市地震灾重待赈。粤督岑公谆嘱力为筹募，而湘抚庞公鸿书又以衡、永、辰三郡大水见告。湘赈未毕，而徐淮海及皖北水灾继起。端忠敏公自鄂移督两江，与苏抚贵阳陈公坚请盛宣怀提倡义赈。盛宣怀约吕公海寰以全力助之，号召之广遍于华侨各埠，英商李德立发起华洋义赈公会，各国绅富谊切恤邻，争愿输赀。盛宣怀力请于朝，多发帑金，通电各省，多拨官款，以免相形见绌。

十一月，奉旨吕海寰、盛宣怀电奏江北饥民情形，深为悯念。昨据度支部议复，该省截留漕米一折，已动拨漕，折三十万两。仍着该部再行妥筹接济，以恤灾黎。盛宣怀于垫募义赈百万之外，所代筹官赈办法以截漕为大宗。余若添铸铜元，则部加限制。移用挂捐溢款，则仅准半数，暂展实官捐，酌提镑，余则均未邀允。然已罗掘殆尽，道殣相望，而州县犹催科，关市犹确税。盛宣怀言于端、陈二公，惩其尤者。官赈凭册摊派，或滥或遗，非救人救澈之道。端公知其然，议将冬春两赈官义合办，盛宣怀并手订义赈办法十八条。于是效乃大彰，民沾实惠。

丁未（1907）春，逃亡饥民闻赈而归者，无虑数十万。上年次贫之户变为极贫，官义赈款，两皆不继。盛宣怀又酌拟治标四策：一曰借给麦种使补春耕；二曰多粜杂粮，以轻市价；三曰就近办工，俾壮丁得食；四曰设借钱局，以田作押。轻息宽期，俾可后续。大府下所司行之，所全尤众。其后江鄂洊饥，亦皆仿办。盛宣怀之仁心仁术、利溥力宏有如此者。

是秋江南北赈务结束，蒙恩赏"惠流桑梓"匾额。

戊申（1908）四月，留园义庄成立。经苏抚陈公启泰入告，蒙恩赏盛宣怀"承先收族"匾额。

己酉（1909）四月，盛宣怀感冒，时温缠绵月余。时甘省苦旱，浙西患潦，鄂以襄河溃堤成灾，而海州被水尤重，于丙午纷来呼吁。盛宣怀在病中云："吾每筹赈多在病中，倚枕冥想无数灾民惨像，辄忘己身痛苦。"仁者言乎！

庚戌（1910）正月，时江鄂连岁偏灾，议赈议蠲，靡所底止。盛宣怀疏请饬筹工抚、平粜、当田三事，为治标之计。并陈荒政治本策，以重农产、广种植、疏水道为要端。又推广昔人移粟、移民遗意，请饬东三省、直隶、山东各省熟筹交通垦牧，即于济荒之中寓实边之计。疏入，上嘉纳焉。

是秋，徐属及皖南北同时大水，饥民数百万，蒙城等处匪起。

十一月，江皖京官奏请派冯煦为查赈大臣、盛宣怀为筹赈大

第十一章　中国红十字会第一任会长

臣,并令筹垫巨款,迅派义绅驰往灾区赶放急赈。奉旨著照所请。旋又奉谕兼办豫赈,遂奏请设立江皖筹赈公所,沥陈此次灾区蔓延两省,地广人多,非丙午年徐淮海一隅可比,非多备巨款不足敷冬春两赈,惟有先行借垫以救急,变通捐章以劝捐,并开办华洋义赈会,厚集资力,迅速进行。庶可澹沈灾而培国脉,得旨允行。

辛亥(1911)四月,赈需追求,迫于星火。

壬子(1912)九月,盛宣怀携家从日本返沪,杜门戢影。

癸丑(1913)之后,风疾尚平。

养疴余间,日以筹办义赈为事,垫拨巨款,一身任之。每诵汉东平王"为善最乐"之言,自谓惟恐腰腹之不副也。

盛宣怀云"平生最致力者实业而外,惟赈灾一事"。鼎革后隐迹海上,值各省兵戈旱潦,仍力疾任筹义赈及江皖水利各端。即病榻呻楚中,每口授函电措拨款项。易箦前二日,犹命筹备黑龙江赈需。

(以上见盛同颐等:《杏荪公行述》,《龙溪盛氏家谱·附录二》,2011年修订)

十一、出任中国红十字会第一任会长

盛宣怀除了早年在天津创立广仁堂外,之后又在上海参与创立"万国红十字会",成为近代中国著名的慈善家之一。他一生组织和参与了数十次赈灾活动,1897年以后,更是担负起组织领导全国性的赈灾救荒工作。

在晚清,盛宣怀是一个众望所归的慈善事业家,全国各地发生灾荒,都会有人写信或者游说要求盛宣怀出面主持赈灾,甚至在华的外国人士创办的"华洋义赈会"也邀请他出席,希望他担任董事。盛宣怀对"行善"有自己的追求和认识,晚年他有一个名号叫"止叟",他解释这个名号,是由《礼记·大学》中的"止于至善"这句话引申而来的,意即把行善作为他的归宿,至死也要做善事,追求人生的完美。

随着盛宣怀把所从事的实业越做越大，他在实业界的地位已逐渐无人能及。他在主持官赈和义赈的过程中，往往可以调动所辖大型企业的资金，常常采用先垫款散赈，再募捐归还的办法，所以能及时散放赈银、赈粮，效率比官赈高得多。又由于他在政界的影响，以及关系十分广，在劝募义捐、购运粮食、减免税金等方面都极有办法，因此能一呼百应，在赈灾中发挥了巨大的作用，成为"义赈"界的领袖人物。

1904年，日俄战争在中国大地上爆发，为了救助陷于战区的民众，上海的一些慈善事业活动家仿效西方红十字会的章程和办法，创立了"上海万国红十字会"，这得到了正在上海任商约大臣的吕海寰、盛宣怀等人的支持，于3月10日正式成立"上海万国红十字会"。这是一个与中国传统慈善组织完全不同的机构，目的是让交战的双方军队，都能按红十字的国际惯例，为救援提供方便。这个机构虽然是民间发起的，但是背后受到两位商约大臣的支持。"上海万国红十字会"的华人董事沈敦和、施则敬、任锡汾都是长期在上海从事慈善事业的南方商人。时任中国通商银行总董的沈敦和说："红十字会之设始于瑞士，遍于环球。独吾国向不入会。以不入会之国而欲设红十字会，外人必不承认。不承认，则不允入战地以救民。事亟矣！"这些情况为中国红十字会的正式成立起到了先导作用。

战争两年间，"上海万国红十字会"起到极大的救护作用。光绪帝曾发上谕，"颁发内银十万两"作为经费，以为褒奖。1907年，"上海万国红十字会"改名为"大清红十字会"，吕海寰任会长。

为了让这个土生土长的机构得到国际的认可，盛宣怀说动了自己的老朋友英国传教士李提摩太，并游说多国人士加入，让这个组织架构看起来更"洋气"一些。经过协商，该组织的最高权力机构是董事会，由45名董事组成，从中再推出9名"办事董事"，其中西董7人包括英租界总董、法租界总董等，华董有沈敦和、施则敬2人。这时清政府因"局外中立"并不出面。

1910年2月，中国红十字会成立，清政府颁中国红十字会试办章程，

第十一章 中国红十字会第一任会长

1910年2月27日，清政府颁布上谕："吕海寰等奏酌拟中国红十字会试办章程请立案一折，着派盛宣怀充红十字会会长，余依议。"这是迄今为止最早确认清政府下谕，指派盛宣怀担任红十字会会长的原始文献，也可看成是对他在中国近代慈善事业中作出贡献的肯定。赈灾与实业，成就了盛宣怀的一生！

第十二章

中国第一家私人图书馆

一、勤奋好学，与图书特有的情缘

历史上评价盛宣怀的十一个"第一"，其中之一是"创办了中国第一家私人图书馆"。盛宣怀年轻的时候虽然没有中举，且一生忙于发展中国的实业，但他十分勤奋好学，手不释卷，与图书有一种特殊的情缘。

早年盛宣怀曾协助父亲盛康编辑《皇朝经世文续编》一书，在急剧变化的时代里，盛康反对恪守教条、专注制艺，仿照著名思想家魏源编著的《皇朝经世文编》，也从吏政、户政、兵政、工政等八方面收录文选120卷。盛康在盛宣怀及盛昌颐的协助下，编辑了《皇朝经世文续编》，盛康希望用经世致用的实学来治理国家和社会。

在参与编辑的过程中，盛宣怀发现家乡的藏书家有刊刻家乡先贤文献的传统。盛宣怀在进入李鸿章幕府后，一路创办洋务事业，全身心地投入中国实业发展，仍不忘组织人员编刻《常州先哲遗书》。

盛宣怀一生操办实业，涉足领域诸多，遇到自己不懂的知识与技术时，他深知要由外行变为内行，除了向有经验的人、向有真才实学的人学习请教之外，很重要的是要从书本中学习。如在湖北广济、大冶勘矿时，他告诉李鸿章，自己虽然对于"地学化学，格致门类，一名一物，绝无所知，然犹欲勉力考究其近似，冀不为人所蒙蔽"（见盛档，《盛宣怀致李鸿章函》，光绪二年十一月二十二日）。为此，他到处寻觅矿书。通过学习，他大致了解了开矿的专业知识与方法，并对矿事提出一些见解。他还请在福建工作的张鸿禄帮他找一本斯米德翻译的关于五金矿论的书。1876年10月下旬，当得到该书的第一卷时，他喜出望外地学习起来。盛宣怀还十分注意学习报纸上有关矿学知识的文章，经过学习他掌握了不少矿学理论（见盛档，《张鸿禄致盛宣怀函》，光绪二年十一月二十二日）。1881年冬至1882年秋，他督办津沪电报线路架设工程，除向丹麦工程师和对电报有经验的郑观应学习、请教之外，他还找了有关电报的书籍学习。他自己这样做，也要求工程技术人员认真读书学习。为了便于工程技术人员学习掌握新技术，他在购买国外技术设备的时候，除了引进相关的技术文本、图纸之外，也会让经办人员购买一些相关的图书，供大家学习。

在创办实业中，盛宣怀认真读书学习；在治国理政上，他也认真读书学习。如1895年，他读了郑观应所著的《盛世危言》，思想上十分震动。4月8日，他致函郑观应，感谢郑所赠《盛世危言》四部，说："乞再寄赠二十部，拟分送都中大老以醒耳目。"以致该书也触动了光绪皇帝，6月7日，盛宣怀又致书郑观应，告以"《盛世危言》一书蒙皇上饬总署刷印二千部，分送臣工阅看"①。

盛宣怀在与洋人打交道的过程中，十分关注他们国家的政法、财政、军事、商务、教育等状况，很希望通过学习他们的书籍来了解这些情况，但限于语言文字的障碍，他寄希望于能尽早将有关书籍翻译出来，供更多的人来学习。1898年9月，南洋公学译书院成立之后，盛宣怀支持译书院大量购买日本与西方国家新出版的书籍，并且聘用了一批"中外博通之士"担任翻译。据统计，至1901年8月，译书院所翻译的书，已出版的有13种；已译好，尚未出版的有15种。其中最多的是军事类书籍，其次是政法、理财、商务、学校方面的书。译书院成立到停办约4年时间，共翻译出版13种40余部书。译书院所出版的书在当时风行一时，对社会的思想和舆论都产生了不小的影响，为中外文化与教育交流作出了贡献，对民主思想的传播也起到了积极的作用。

二、盛宣怀与苏州藏书

苏州阊门内铁瓶巷内，有一所大宅院，名曰过云楼。过云楼是清代怡园主人顾文彬收藏文物书画、古董的地方。楼前庭院除叠筑假山

---

① 夏东元：《盛宣怀传》，四川人民出版社，1988，第500页。

花坛外，还种植名贵花木，保持了硬山重檐、门窗古雅、雕刻精细的建筑风貌。

盛宣怀年轻时在苏州与顾文彬、顾承父子合开典当行的时候，就闻知顾氏居住的铁瓶巷内，有一座过云楼，藏有大量的古代书法名画、善本古籍等。过云楼以收藏名贵书画著称，享有"江南第一家"之美誉。过云楼藏书终年置于密室，顾氏对家藏善本书籍秘而不宣，亦不许人登楼一观。这反而引起不少人的关注，自然也引起了青年盛宣怀的兴趣，当然，他始终没有登上过云楼翻阅顾家的藏书。但是，过云楼的存在使盛宣怀对苏州私人的藏书倍加关注。

苏州私家藏书聚散无常，但流传有序。所谓"物聚必散，久散复聚"。

清代，苏州藏书在全国是首屈一指的。清乾隆三十七年（1772年）开"四库馆"，搜罗全国遗书。两江总督、江苏巡抚、两淮盐院呈进的有四千六百六十六种，占第一位，而苏州地区又在其中占了很大的比重。

苏州藏书家对所藏的图书大多进行过整饬、修补、装潢，并进行了分类、编目和标签处理，有一定的保管利用规则。他们大多精于校雠，所以往往皆有善本。许多藏书家还对藏书进行了批阅、提要、校勘和考证。盛宣怀对苏州的藏书家十分尊重与钦佩，对苏州的藏书楼也十分关注，并且很注意收购苏州藏书家的藏书。

1904年以后，盛宣怀宦途浮沉，又有丧子之痛，因此在治事之余，颇寄情于金石书画，亟以此道遣怀。他托人四处打听收购图书，数年中大有收获，其中包含苏州江标灵鹣阁的不少旧藏，以及常熟赵氏旧山楼的藏书。

江标，亦被称为灵鹣阁江氏，字建霞，元和（今苏州）人，生于1860年，死于1899年，年仅39岁。1888年考取进士，被任命为翰林院编修，做过湖南学政，是维新变法运动的重要人物。江标是版本目录学家，著有《宋元行格表》《黄荛圃年谱》《沅湘通艺录》等。清光绪年间江标汇辑经说、书画、目录、地志、传记、笔记等著作，以金石书最多。此外，他还收藏介绍西洋政治、学术、风俗的书籍，他"新旧兼收"。江家的藏书十分丰富,其死后唯留藏书十橱,后为盛宣怀所得。

赵宗建,清末藏书家,字次侯,一字次公,一作次山,号非昔居士,常熟人。他文采斐然,然而他与盛宣怀一样,数次考试均未中,后以太常博士就试于京兆,独居野寺,不与人来往。他居于北山之麓,造园林,建藏书楼"旧山楼"。赵宗建广购博收,藏书日益繁富。其藏书大多为钞校稿本、仿宋刊本、明刊本、汲古阁本、殿本及清代精刻本,文献价值极高。他有大量稀有版本,如司马光的《资治通鉴》草稿,朱子的《大学章句》草稿,徐霞客的手书游记底稿,钱曾手写的藏书目录,钱谦益的日记、信稿、《红豆山庄杂记》手笔,以及大量的宋元珍籍、名人日记、信札等。赵宗建去世后,藏书多被盛宣怀等人购得。

盛宣怀收集藏书有三个鲜明的特点:一是主张藏书要古今兼收,中外并蓄;二是主张藏书要注重实用;三是主张藏书要向社会开放。这些于今仍有借鉴意义。盛宣怀从办实业、办教育的实践过程中认识到,自己不必像苏州藏书家那样去建一座藏书楼,而应该去建一座图书馆,让图书馆成为广大图书爱好者的家。

三、出巨资,编刻《常州先哲遗书》

盛宣怀一生忙于经办实业,没有更多的时间著书立说,晚岁闲居,选新旧养生家言,刊成卫生丛书若干种。自著有《奏议》二十卷、《电报》六十卷,《公牍书函》若干卷,定为《愚斋存稿》。他在世时《愚斋存稿》未能完成编刻,后人将其刊出。

盛宣怀秉承着"中学为体,西学为用"的思想,在大办实业的同时,为了薪火传承,保存地方文献,"萃前辈之精神,为后人之模范",毅然决定要为"江山代有才人出""江南无与常匹俦"的家乡常州编辑一部前无古人的《常州先哲遗书》,将历史上在常州大放异彩的先哲大师们的著作汇集起来,让常州的子子孙孙传承先哲"究天人之际,通古今之变"的精神内涵。该丛书从校勘到钞校到刻字全由名家负责,

刊刻极精雅，堪称近代郡邑丛书之冠。

《常州先哲遗书》是一部"地方性丛书"，由盛宣怀出资主编，刊刻于1895至1911年，距今已有百余年。缪荃孙是《常州先哲遗书》的实际主编。该丛书是把多种单独的著作汇集起来，给它冠以总名称的一套书。《常州先哲遗书》分为前、后编，共77种，745卷，11004页，约770万字。（前编）第一集46种，除"附"为清人著作外，余多为宋、明人作品，刊刻于光绪二十一年至二十三年（1895—1897）。后编则多为明清人著作，有光绪二十五年序，光绪三十四年至宣统三年（1908—1911）刻成。每书后皆有盛宣怀的跋文，仿《四库全书》体例，介绍作者、版本、内容等情况。全书版式整齐划一，多出自湖北陶子麟和南京李义和之手，刊刻精良。

《常州先哲遗书》的面世，在清末学术界、出版界曾引起过很大的反响，被喻为出版界的"师资"。清末大儒叶德辉，在其被誉为中国版本目录学"里程碑式的作品"《书林清话》中，批评了许多滥刻书籍，盛赞"唯《常州》（《常州先哲遗书》），出自缪艺风（缪荃孙）老人手定，抉择严谨，刻手亦工。后有作者，当取以为师资也"。

盛宣怀出巨资、缪荃孙花费很大精力编撰刻印《常州先哲遗书》，因此很多常州地方珍贵文献免于失传，流传至今，后人得以一睹古人的风采，了解古人的思想、艺术和科技成果。

刻字的好坏关系到书的形式美，缪荃孙所刻书多出于湖北陶子麟和南京李义和之手。两人均是当时较有名气的刻字工人，其中陶子麟尤善仿宋体，最为古雅。缪荃孙刊刻的丛书文质并美，备受好评。

《常州先哲遗书》印出来后，好评如潮，在民间广为流传，文化教育界人士往往将这套丛书作为珍贵礼物赠送给亲友。可以说在文献学上，《常州先哲遗书》刻本在一定程度上就是善本和精品的代名词，具有极高的艺术价值和审美价值。

2006年，常州文化部门计划将盛宣怀出资主编的《常州先哲遗书》重新出版，并列入常州文化"十一五"发展重点项目，至2010年3月全书正式出版。

四、东渡考察日本图书馆

在"自强首在储才,储才必先兴学"的宏愿下,盛宣怀先后创办了北洋大学堂与南洋公学。在南洋公学办学近十年之际(1906年),盛宣怀考虑到上海作为当时全国第一大城市,却没有一所公共图书馆,与上海的地位不相符,于是他与时任两江总督端方相约在上海合建"淞滨金石图书院",将各自所藏图书公布天下。为此,盛宣怀特刻就一方"贻之子孙不如公诸同好"的印章。后盛宣怀几度催促端方践约,都没有下文,盛只好自行其志。他将在上海建造图书馆作为他的一项重要事业。

1908年(光绪三十四年),盛宣怀东渡日本就医,同时考察日本的实业和风土人情,其中主要的内容之一是考察日本的图书馆。到达日本一个星期之后,即8月21日,盛宣怀就去参观日本私立大桥图书馆,该馆赠送给盛宣怀大桥图书馆的章程、书目、年报等资料。8月23日,在东京养病的著名出版家张元济专程访问盛宣怀,盛宣怀与他谈道:"此来欲观览图书馆、博物院章程,以便在沪仿行。"9月10日,盛宣怀参观考察日本的帝国图书馆,他在《东游日记》中写道:"帝国图书馆,大楼二层,规模宏敞。藏书楼共八层,每层高仅七尺,书架称是便于取携,每日看书者约七八百人。据接待员云:'所藏宋板及钞本不少,惟不付阅。'其阅览室分特别、寻常、妇女三处,入阅须先购券,特别券纳资五十钱,寻常三十。卷轴浩繁,不及细观,购取其书目一部,并留题游日以志鸿雪。"盛宣怀不枉此行,回国后就着手筹建自己的图书馆。

1909年3月28日,盛宣怀又去函日本,委托但少村赴日求读的侄孙但焘代为考察帝国图书馆,该馆馆长嘱司书官太田氏接待了但焘。当太田氏询问盛宣怀是想建国家图书馆还是私家图书馆时,"焘告以由宫保(盛宣怀)独立创办,期为全国楷模"。1909年4月25日、4月28日,但焘连发两函将考察详情禀告盛宣怀,并附手绘书架草图。但焘还考察过早稻田大学的图书馆,将该馆章程翻译后寄给盛宣怀。

盛宣怀亲笔批语"阅过原文，请寄一份其房屋式样，请绘示"。这些都能说明盛宣怀对建馆是谋划已久的。

盛宣怀图书馆的藏书，除了平时收集，以及托人到江南等地的藏书楼收购外，另一来源是在日本购书。盛宣怀到日本就医那年，除考察日本现代图书馆外，还逛书肆，选购图书。他在9月12日的日记中写道："向闻日本颇有旧书，因赴神田各书肆购求。惜维新以后，讲究新学者多，旧书廖如星辰，书贾专事营运，亦不收买。过十数家不得一部……乃选购日本理财等书数十种而归。"正当盛宣怀无所收获之时，在日本留学的沈祚延与但焘听说他要在日本购书，就主动拜访，并介绍说日本东京求文堂旧书最多。于是，9月14日盛宣怀即由但焘陪同赴求文堂购书。盛宣怀在当日的日记中写道："中国书籍不少，而精本标价极昂。内有钞本《钦定西清砚谱》一部，计二十五卷，乾隆四十三年奉敕撰，凡陶之属六卷、石之属十五卷，共砚二百，为图四百六十有四，附录三卷。则今松花、紫金、驼基、红丝、傍制澄泥诸品，共砚四十有一，为图百有八。每砚正、背二图，亦间及侧面。凡御题及诸家铭识，一一钩摹，精好绝伦。称系内府藏本，问其价，二千元。"从日记中可见盛宣怀在日本购书之用心。次日，求文堂的主人就送书上门求售了。盛宣怀一次就买下几百种书的消息在东京传开后，日本书肆的人纷纷送书上门求售。盛宣怀在日本除大量收购中国古籍外，还购买了日本出版的科技、政法、经济类图书。他在日本短短三月余，先后购得各类图书1500部以上，并收到一些日本朋友赠送的图书。

盛宣怀回国后，依然随时注意图书的购置、收藏，并注意根据自己的特定需要补充图书。

五、"愚斋"图书馆的落成

1910年，盛宣怀在上海斜桥盛公馆（静安寺路110号、111号，今南京西路上）的东面，拨出一块地（六亩五分）建造中国首家私人公共图书馆——"愚斋"图书馆。图书馆建筑与场址由盛宣怀亲自规划、布置，工程由通和洋行承办。有意思的是，为了建造图书馆他竟专门聘请了苏州同里风水先生叶嘉棣，为建造图书馆谄吉："贵行辕内东首兴建图书馆大厦，定用壬山丙向兼子午三分，其方位在签押房（盛行辕秘书处）之正东，合上房（四合院里位置在正面的房屋）之东南。""图书馆起建拟用庚戌年三月初八壬子日巳时（1910年4月17日上午9时至11时）动工竖柱，即于是日酉时（下午5时至7时）高上正梁，取太阳在戌宫，三合照向，大吉大利。"

1910年10月（宣统二年九月），仅用了半年的时间，一座图书馆就落成了，题名为"上海图书馆"（以盛宣怀别号"愚斋"冠名是后来的事）。

图书馆分普通看书处、特别看书处、女客看书处、售票处、办事处。阅览区域为二层楼，藏书区域为四层楼。另筑图书马路，从白克路（今凤阳路）出入，并扎篱笆与盛公馆隔开。工程验收后仍由通和洋行照看，以应付各处洋人前来参观。

清朝末代皇帝溥仪得知盛宣怀创办的图书馆落成，特派人赏赐"惠周多士"的匾额，以示表彰。

欲将盛宣怀耗费历年心血收购的数十万卷古旧图书进行有序编目，不是一件容易的事。此项"工程"于1911年4月1日正式开始，由首任上海图书馆总纂罗㮚主持。近世著名藏书家陶湘在致盛宣怀的条陈中对罗㮚颇有微词，认为他"所编两年，毫无头绪"，竭力向盛宣怀推荐一直在图书馆内工作的普通员工王冠山，担保王"一年之内，大功告成"。罗去世后，盛宣怀延请名家缪荃孙继任总纂。缪费时一年三个月将书目编成，缪荃孙编的《愚斋图书馆藏书目录》有两种书目：一是《愚斋藏书目录》三十一册，一是《盛氏图书馆善本书目》一册，再由盛宣怀文案吕景端复校（京师图书馆成立后，缪荃孙任首任监督）。

盛宣怀藏书迁入新建成的馆址后，于1913年着手筹备对外开放。盛宣怀对文化事业一直很热心，而筹建图书馆是盛宣怀最后的文化事业活动了。尽管由于后来的波折，盛宣怀创建的"上海图书馆"并没有向上海市民开放（新中国成立后，1952年7月22日，上海图书馆在

第十二章 中国第一家私人图书馆

南京西路325号开馆）。但他的这种文化意识，对文化公益事业尽力之精神，是永远值得后人称颂的。

六、"盛档"是一座亟待挖掘的史料宝藏

盛宣怀终其一生都十分注重文档的留存，各种文稿、信札、账册，甚至宴客菜单，吉光片羽，无不悉心收藏。其实，自盛宣怀的父亲盛康起，便十分注重个人档案的整理与保存。盛宣怀更是一个仔细认真的聪明人，每一封书信，每一笔钱款，每一次活动，事无巨细，均会记录在案。久而久之，这样大量的资料，加之许多珍贵的藏书，都需要有一个妥善安置的地方。这个地方既要安全，又不能离自己居住的地方太远，于是他便选择了离自家住宅不过百米的位置，建造自己的"愚斋"图书馆。

盛宣怀在世共26106天，目前仅上海图书馆收藏的"盛档"就有一亿余字。如果加上目前流散在海外的"盛档"，数字就更为惊人了。

上海图书馆收藏的盛宣怀档案约17.5万件，是盛宣怀家族自1850至1936年间的记录，包括日记、文稿、信札、账册、电文等，内容涉及政治、经济、社会、军事、外交、金融、贸易、教育各方面。中国近代史上重大历史事件，如洋务运动、义和团运动、甲午中日战争、辛亥革命等，都有所涉及；近代史上众多名人、要员都与盛宣怀有往来，并留下了大量书信、文札等史料。"盛档"是一座亟待挖掘的史料宝藏。

著名学者、思想家王元化先生说："西方外来文明对中国文化发生较重大的影响，彼此融合，在历史上有过两次。这个'外来文明'里面，是包括了印度的，以往说这样的融合，开始萌发在东汉的时候，根据现在的资料研考，似可以向前推到西汉了，比如佛教传过来，中国就接受了释迦牟尼。中国以往的文化中，形而上的思维、抽象逻辑的内容相对要少。这一次外来文化的影响，到魏晋、唐时期，这一文化表现的特征就明显了。第二次，就是从明末清初开始的近代启蒙，通过传教士的传播，到近代更有中国翻译家的努力，将西方的大量著

作翻译过来,如严复翻译的《天演论》等。这样的西方的启蒙思潮,实际是现代思潮对中国的影响。鲁迅、胡适、梁漱溟等,都在这次文化融合影响的里面。"

王元化先生又说:"盛宣怀所处的年代,是一个'转换'的年代,他所做的那么多的事情,是近代中国政治、经济、社会形态发生着变化的典型缩影,那么,今天我们正在挖掘、整理的盛宣怀档案里,是否能够作这样的推测和希望,我们会发现西方的文化思潮,对近代中国发生冲击的各类实证。"

王元化先生称,"盛档"的出版是一项具有现实意义与历史意义的文化工程。他说:"盛宣怀档案的价值,是其他档案不可比的。其存世数量之大,内容之丰,涉及面之广,罕有匹配。更重要的是,它对近代中国史和近代上海史,具有填补空缺的作用。"

他为研讨盛宣怀会议题词:补史之阙,纠史之偏,正史之讹。

王元化先生表示,"盛宣怀档案"全面出版、研究工作的启动,是一项具有现实意义与历史意义的文化工程,可以使我国近代史研究进入新的阶段。

第十二章 中国第一家私人图书馆

附 录

曾祖父盛宣怀与北京"竹园"

·盛承懋·

在北京城北鼓楼西侧的一条幽静的小巷里,有一座中国庭院式建筑,现在被称之为"竹园",也被命名为"盛园"(地址:西城区旧鼓楼大街小石桥胡同24号)。它就是曾祖父盛宣怀于清朝末年任邮传大臣时期的私邸。该私邸距离紫禁城(故宫)3公里,距离天坛13公里,距离颐和园14公里。

目前很难考证曾祖父盛宣怀是在哪一年拥有这座宅子的,花费了多少银子,从谁手上买下它的,清朝灭亡时它又是被怎么处置的。但是有一点是可以明确的,即从1896年10月,曾祖父盛宣怀被授予太常寺少卿衔开始,至1911年他流亡日本之前,他每一次到北京办事,都会住在自己的私邸里。

该私邸以其独特的、具有中国古典式建筑及优美的庭院式风格,至今仍被人们称颂与赞美。园内楼阁相续,长廊曲折,雕梁画栋,竹林荫翳,假山喷泉,幽静清雅。春季百花争妍、竞吐芳菲,夏秋花果繁盛、彩灯垂檐、翠竹摇风,冬日则苍松傲雪,独具英姿。园中的抚松斋、醉杨轩、阳光餐厅等建筑,装修富丽精美,陈设古雅齐整。园内具有鲜明的明清风格,古朴别致,风雅宜人,它们曾是曾祖父办公、会客和举行宴饮活动的极佳场所。

尽管"竹园"具有典型的北方建筑特色与风格,但是它与曾祖父盛宣怀在苏州的"留园",却有某些异曲同工之美,如"竹园"隐逸在一条幽静的小胡同里,陌生人走过大门,谁也想象不出,内中会有如此绝美的建筑;同样,进入留园平淡无奇的石库门,也很难想象如此美妙绝伦的园林艺术会深藏于其中。再如,"竹园"虽然处在北方的自然环境下,但是仍然可以享受到小桥流水、白栏相依、莹光烁烁、鸟语花香的情景,使人依稀可以感悟出一些苏州"留园"的韵味。

曾祖父盛宣怀当时承担的职务与实业,使得他的大部分时间仍要在上海、天津、武汉及国内其他地方奔波。通常在以下几种情况下,他会住到北京的"竹园"里。

一是被皇上召见,他必须提前在"竹园"准备或等待。如,1896年10月,皇上召见,盛奏对关于南北铁路事一时许(10月20日,曾祖父奉命"以四品京堂候补督办铁路总公司事务",并被授予"专折奏事特权");1899年12月,入对,面奉懿旨暂时留京,备随时商询要政;1901年10月,被授予办理商务税事大臣,任务是议办通商各条约,改定进口税制;1905年5月,被召见,面奉皇上垂询卢汉铁路工程及黄河桥工情形,即着又被召见三次。

二是被朝廷嘉奖或晋升,有的时候也必须亲自在场,这时候也会住到"竹园",并要提前养精蓄锐。如,1896年10月,被授予太常寺少卿衔;1897年12月,被补授大理寺少卿衔;1901年11月,因保护东南地方有功,被赏加太子少保衔;1902年2月,被授为工部左侍郎;1903年4月,皇上召见,命赏福字、匹头、饽饽、肉食;1905年7月,奉谕:着加恩在紫禁城内骑马;1907年,奉召进京,次年任命为邮传部右侍郎;1911年,升为邮传部大臣。

三是曾祖父盛宣怀主动向皇上呈奏折,这种情形下往往会在"竹园"待得久一些,除了事先把准备上奏的奏折征求上司的意见,对奏折进一步思考外,等待皇上的召见,经常也要花去一些时间。如,1896年11月,上奏《条陈自强大计折》《请设银行片》《请设学堂片》;1900年3月,有人谓电局利权太重。曾祖父盛宣怀疏陈历办情形,恳将所管各局、厂一律交卸,以让贤能,俾释负荷,保全末路。未获允准。仍留京会议洋货税则。

四是由于他所担当的职务，必须在北京处理，那当然要在"竹园"住下来。如，1898年12月，与日本订购淡水海线合同；1901年12月，与英、美所派商务大臣议约专使晤谈；1904年1月，与日本小田切万寿之助签订大冶购运矿石预借三百万元矿价正合同，以冶矿等物产作押。

特别要提到的是，曾祖父盛宣怀与日本小田切万寿之助，在"竹园"有较多的交往。小田切万寿之助出生于日本东北山形县米泽藩一个中级武士的家庭，从小跟着父亲学习儒学。马关条约后，日本急需通晓中国事务的外交官，外务省就将远在美国的小田切万寿之助调派为驻杭州领事。他担任杭州领事后即结识了曾祖父盛宣怀，除了负责交涉杭州专管居留地、东南互保外，还签订了大冶购运矿石预借矿价正合同，修订日清通商航海条约等。

日俄开战后各国积极在北京布局，北京一时间成为各国在华信息交换及处理对中国借款问题的重地。日本政府看重小田切万寿之助的语言能力及在中国的外交经验，于1905年2月推荐他赴北京，从此他作为日本银行团的代表长驻北京，工作重点是处理中日间的借款问题，特别是汉冶萍公司事宜。

小田切万寿之助办理与中国间的外交及借款问题，主要交涉对象就是曾祖父盛宣怀，他可以直接进入曾祖父的官邸"竹园"商讨公务，也可以自己草拟中文条款直接与曾祖父商议。他们之间来往密切，主要是因为曾祖父的身份特殊，既是清朝邮传部尚书，内阁改制后又担任邮传大臣，尤其是他所执掌的汉冶萍公司直接关系日本的国家利益。

为了促成中日合办汉冶萍公司，日本方面特别重视1908年9月盛宣怀的访日之行。曾祖父这次访日名义上是医治哮喘病，实际上是赴日本考察工业发展。此次行程主要由小田切万寿之助安排，短短三个月时间，曾祖父盛宣怀拜会了日本政界、银行界、大企业的诸多头面人物。其间伊藤博文等人建议中国应该学习日本实行铁道国有化政策，后来此举成为辛亥革命的导火线，曾祖父盛宣怀也因此而丢官并亡命日本①。

新中国成立后,据说董必武副主席曾经居住过"竹园"。"文革"期间,康生搬进了"竹园",其在中国书法、绘画、收藏等艺术上的造诣,可以侧面印证"竹园"不俗的美学品位。改革开放后,"竹园"变成了竹园宾馆,对外开放。

我第一次去"竹园",是十多年前的事,我到北京出差,一位从苏州城建环保学院房地产专业毕业的学生,说要请我吃饭,就把我和几位老师拉到了"竹园",一去才知道"竹园"与盛氏家族的缘分。学生领我到挂着曾祖父盛宣怀相片的门口,朝里面望了一下,由于大门上了锁,我看不太清里面的陈设。第二次是在 2012 年 9 月 10 日,因参加母校——北京师范大学 110 周年校庆,与同学聚会,我在竹园宾馆里预定了席位,正好是挂有曾祖父及其家眷(我的三位姑婆)相片的那一间包厢。我与夫人陈秀,北师大的老师和同学,在那里吃得很尽兴。餐厅经理得知我是盛家的后人,还给餐费打了一个大的折扣。最近一次是在 2015 年 6 月 6 日,我去参加空军航空医学研究所离休的二姐夫鲍杭中的葬礼。在送别了二姐夫后,盛氏家族"大房"的部分亲戚一起到竹园宾馆聚餐,除了大哥盛承志、老弟盛承宪,我们三兄弟外,还有二姐盛瑛及其儿子女儿、盛愉的大儿子周岗等。竹园宾馆的经理,接受了我们带去的礼物——《龙溪盛氏宗谱》。据经理介绍,这是盛宣怀后代到"竹园"来的人数最多的一次。

(苏州日报 2015-10-27)

---

① 乃明:《中日关系史上的汉冶萍——以小田切万寿之助为切入点》,《光明日报》2015 年 6 月 17 日。

曾祖父盛宣怀在苏州的故居

·盛承懋·

苏州天库前 48-1、48-2 号住宅是盛宣怀的故居，是我的曾祖父盛宣怀、祖父盛昌颐、父亲盛毓常共同居住过的地方。

1876 年，我的五世祖盛康购得留园，他决定致仕以后长期居住在苏州，于是他先在苏州西中市为夫人盛许氏等购置了公馆。曾祖父盛宣怀当时已经进入李鸿章的幕府，他的绝大部分时间都在各地奔波。为了使家眷有一个安定的生活环境，盛宣怀在苏州阊门西中市附近的天库前购置了 99 间房屋。

西中市是一条东西向的大街，东自皋桥，西至阊门城门口，全长不到一里，明清时期被称为阊门大街后更名。这条街道当时是古城内最繁华的大街，两侧餐馆、酒店、纱罗绸缎店、药材店、古玩珠宝店、皮货行、鞋庄、响器店等铺子星罗棋布，街上行人、轿子川流不息。皋桥的东边，是城内另一条比较繁华的大街东中市。在西中市南面，有一条与西中市平行的、相距 100 米左右的小巷，就是"天库前"。曾祖父买下了天库前的 99 间房屋后，经过修建与装饰，就把家从常州搬到了这里。其中的一部分房屋自住，另一部分房屋则对外出租。早期，苏州电报分局由官办改为商办后，电报分局就是租借天库前的房屋为局址的。

天库前与西中市的东边，通过一条名为吴趋坊的街巷将两者相连，天库前与西中市的西边，则通过一条名为专诸巷的小巷将两者相连。

因此天库前的"地头脚角"非常好,由天库前的住处,到留园、到阊门、到观前街、到火车站、到轮船码头都十分方便。

曾祖父在天库前的住宅建于小街幽巷深处,小巷清洁又宁静,可谓闹中取静。整个建筑由数个院落组合而成,每个院落则由一进房屋、一个天井组成。"正落"由门厅、轿厅、大厅、内厅、下房等构成,坐北朝南;"边落"也是坐北朝南。大厅是9米多宽的三开间厅堂,主要用于曾祖父接待宾客、宴请之用;大厅的楼上是曾祖父办公的场所;内厅是曾祖父的书房与接待个别客人的地方。

1903年,湖南人马伯亥在曾祖父的支持下在苏州创办了电话公司,公司的地址选在西中市边上的泰伯庙内。公司的第一批用户是江苏巡抚衙门、藩司、臬司、织造府、苏州府、总捕府及苏州商务总会、电报局等。私人电话只有天库前盛宣怀住宅一家,这也是苏州第一部住宅电话。天库前家中安装电话后,曾祖父在家中办公与接待客人更加方便了。

内厅的楼上则是曾祖父与夫人生活起居的场所,"边落"中有建筑尚好的楼堂及可供孩子活动的场所,另建有库房、厨房、洗衣房及专供佣人居住的房屋。

祖父盛昌颐在成家之后,虽仍在湖北等地任职,但是在天库前也有了属于自己的房屋。盛家晚辈与长辈住在一条巷内,相互往来十分方便。

曾祖父大部分时间不在苏州,祖父也在外地做事,所以他们生活在天库前的日子不是很多。天库前的房屋里以女眷、孩子居多,再加上管家、奶妈、佣人,也是很热闹的。

女眷们在一起,离不开吃、穿、孩子等话题。钱是不成问题的,佣人上街买菜,路也很近,鸡鸭鱼肉与新鲜的蔬菜,每天有不同花样;各种点心、熟菜、酱菜,要想尝尝,走到阊门大街就能买到,十分方便。不过苏州的口味与原先习惯的常州口味不大一样,只能慢慢适应。苏州人吃得精致,就说猪肉吧,随着时令变换,肉的烧法不一。老苏州戏称,一年四季,就是要吃好"四块肉",即春季的酱汁肉、夏季的荷叶粉蒸肉、秋季的干菜扣肉、冬季的酱方。女眷们慢慢吃着、学着、试做着,也就逐渐改变了原来的口味。但是,家人们也会时不时怀念老家的口味,要请人带一点"常州萝卜干"来吃。

穿着打扮也要花去不少时间,好在阊门大街上的纱罗绸缎店,以及盛许氏在东中市开的"同福利洋布店",都可以买到上好的丝绸、布料,再请裁缝师傅上门量好尺寸,过些日子就能穿上新做的衣服。

女眷与孩子们最高兴的就是到留园去看戏或游玩,这时管家会叫街上的马车夫,负责接送他们去留园。

家人或小孩遇到不舒服时,就到附近去请有名的郎中,再拿着郎中开的方子,到阊门大街上的"沐泰山"药店去买药,吃了药,一般就没事了。

女眷们最重要的任务是养育与教育孩子,小的时候主要是注意孩子身体的发育与养成良好的习惯;到了读书的年龄,就要请教书先生来教小孩子写毛笔字与读四书五经等。这时候大人或教书先生所教的东西是小孩一辈子都不会忘记的。我父亲在我小的时候,经常会一边唱着他那个时代学的儿歌,一边哄我弟弟睡觉,"我家有个胖娃娃,正在三岁时,伶俐会说话,不吃饭,不喝粥,整天吃'妈妈'。头戴小洋帽,身穿大红袍,经常脸带笑,好似海棠花,爹爹、妈妈、爷爷、奶奶,怎么不爱他?"

在我刚进入中学年代时,父亲会背给我听他那时候从教书先生那里学到的唐代的诗、词,有一次他给我唱柳宗元的《江雪》:千山鸟飞绝,万径人踪灭……在我重新走过天库前盛宣怀故居宅门的时候,仿佛还可以听到从宅园里传出来的妇人哄着孩子睡觉时所唱的儿歌,以及教书先生让父辈们背诵着"千山鸟飞绝,万径人踪灭……"诗句的声音。

(苏州日报 2016-07-04)

留园盛景 长留天地间

·盛承懋·

留园的第一代园主徐泰时

留园最早是在明朝万历年间,由太仆寺少卿徐泰时建造的园林,当时称为东园,因在它的西边另有一座园林"西园"(即现在的西园戒幢律寺)而得名。

徐泰时,字大来,号舆浦,是明朝万历年间的进士,曾任工部营缮主事,因为修复慈宁宫有功,被提拔为工部营缮郎中。后来,他又负责修复万历帝寿宫(即定陵)。可是,徐泰时为人耿直,敢于直言,得罪了权贵,被弹劾回家乡听候勘问、审讯。回苏州后,他就"一切不问户外事,益治园圃,亲声伎"(范允临:《明太仆寺少卿舆浦徐公暨原配董宜人行状》)。徐泰时在著名画家、造园艺术家周秉忠(时臣)的协助下建造了这座园林,即当时的"东园"。

东园建园之初,徐泰时邀请周秉忠堆叠了"高三丈,宽可二十丈,玲珑峭削,如一幅横披山水画"(袁宏道:《园亭纪略》)的大型假山。"叠怪石作普陀天台诸峰峦状"(江盈科:《后乐堂记》)。现今留园中部假山的总体框架,就是自建园之初留存下来的,整体山势未变,逶迤连绵,忽高忽低,几乎占了留园中部的一半空间,构成了留园山水风光的骨架。徐泰时又在园中"石上植红梅数十枝,或穿石出,或倚石立……有池盈二丈，清涟湛人……池上为堤，长数丈，植红杏百株，间以垂杨，春来丹脸翠眉，绰约交映"（江盈科：《后乐堂记》）。徐泰时把东园建造得"宏丽轩举，前楼后厅，皆可醉客"；瑞云峰"妍巧甲于江南"，石屏玲珑峭削"如一幅山水横披画"，整个林园平淡疏朗，简洁而富有山林之趣。当时建园所用的建筑材料，都采用青石。青石色泽素雅，易于雕凿，且滑润有光泽。建园初始，徐泰时造了若干座青石花坛，至今仅剩两座。一座在"远翠阁"前，另一座在"佳晴喜雨快雪之亭"前，花坛线条流畅、造型简约、色泽素雅、古朴大方，距今已有400多年历史。徐泰时造园时，将一腔忠君报国的热情寄托在园林山水之中，为了表达其忧国忧民的情怀，园中主厅被命名为"后乐堂"，取自范仲淹"先天下之忧而忧，后天下之乐而乐"之意。

东园建成后，成了当时苏州文人雅聚的场所。那时苏州分为长洲、吴县两县，吴县令袁宏道与长洲令江盈科同为万历二十年进士，两人同治一城，常有行政纠纷，但是他俩都与徐泰时意趣相投，可谓是同道中人。因此，他们也经常被徐泰时邀请，在园中赋诗饮酒，之后三人成了密友。

明代万历二十七年（1599年）徐泰时去世。之后，徐氏后人不再富贵，又疏于治园，"东园"渐废。明清之际，东园几次更换主人，但是都没有很好地给予整修，园子逐渐荒落。

第二代园主刘蓉峰

清朝乾隆五十九年（1794年），江苏吴县人刘恕购得东园。刘恕，字行之，号蓉峰，曾任柳州、庆远知府。但他不到四十岁便称病辞官，从广西右江兵备道衔柳州知府回乡。刘恕对徐氏东园情有独钟，购得后重新修整，并进行了扩建。建成后，将园命名为"寒碧庄"。

清朝嘉庆年间，刘蓉峰开始对东园进行重修。刘蓉峰是一位"石痴"，他为修园觅石"拮据五年，粗有就绪"（刘蓉峰：《干霄峰记》），得"十二峰"如获至宝，即请画家、江苏昆山人王学浩作十二峰图，并请学者、画家、江苏吴县人潘奕隽为每张图配诗。十二峰的名称根据形神品题。刘蓉峰得十二峰后，十分得意，在园中建造了石林小院，将所得湖石分别陈列在一方方小天井内，并在这些天井内种树植竹，构成一处处对景，配成一幅幅小品。天井与天井互通，竹枝与藤蔓缠绕，院外有院，景外有景，真可谓匠心独运。在这十二峰中，刘蓉峰特别钟情于一枚名为"晚翠峰"的湖石，还专门写了一篇《晚翠峰记》。刘蓉峰在《石林小院说》中记叙了他寻觅峰石并"筑书馆宠异之"的经过，又说观赏湖石不仅能给人美感，还能得到很多为人处世、道德修养的启发。至今，在留园，若沿石林小院东廊向南折东，可见廊壁上嵌有几方书条石，镌有王学浩以行书抄写的刘蓉峰《石林小院说》。从刘蓉峰将文章镌刻在青石上嵌入墙壁起，"书条石"就成了留园的一大文化特色。留园现存的三百七十多方书条石，根据内容大致可分为历史文献与书法艺术两大类，书条石现在成了名副其实的留园历史档案馆。

　　留园东部是高低错落、曲折深邃的建筑群。其中最重要的建筑是五峰仙馆。这是一座宽敞的大厅，面宽五间，硬山造，屋宇高深宏敞。旧时，因厅内梁柱均为楠木，故俗称楠木厅。明代徐泰时东园时期，此厅称为"后乐堂"，清代刘蓉峰寒碧庄时期，此厅又更名为"传经堂"。刘蓉峰与明代园主徐泰时一样，喜欢邀请一些书画名家聚于其私家园林"寒碧庄"内，或肆书读画，或讨论风雅，或挥毫交流，其子刘运龄自小耳濡目染，得其父辈影响，最终成为翰墨名家。刘运龄在刻印方面古雅有法，有《传经堂收藏印谱》存世。

　　刘蓉峰将徐氏东园更名为"寒碧庄"有多重含义：一是园内多植名贵树种白皮松，有苍凛之感；二是园内既有山水之美，又广植绿竹，故"竹色清寒，波光澄碧"；三是慕"前哲"韩文懿公，"尝以寒碧名其轩"。东园经过刘蓉峰的整修，又重新焕发了光彩。"寒碧庄"虽然得以整修，但是附近的百姓却不习惯用这个园名，他们宁可把"寒碧庄"叫成"刘园"。晚清朴学大师俞樾在《留园记》中写道："出阊门外三里而近，有刘氏寒碧庄焉，而问寒碧庄无知者，问有刘园乎，则皆曰有。盖是园也，在嘉庆初为刘君蓉峰所有，故即以其姓姓其园，而曰刘园也。"

清同治、光绪年间活跃在苏州的私家园林园主

近代苏州历史上私家园林比较兴盛的年代，要数清朝同治、光绪年间。

当时活跃在苏州私家园林界的园主有怡园的主人顾文彬、曲园的主人俞樾、网师园的主人李鸿裔及留园的主人盛康等。其中顾文彬最年长，盛康次之，李鸿裔最年轻，比顾文彬足足小了二十岁。这四位园主虽然在年龄上有一定的差距，但有三位中了进士，李鸿裔中了举人。当时与这些园主经常交往的还有苏州听枫园的主人吴云等。

有意思的是，这些园主中只有顾文彬是苏州本地人，其他三位都是外乡人，盛康是江苏武进人，俞樾是浙江德清人，而李鸿裔是四川中江人。顾文彬作为苏州人在苏州建造园林，很自然，那另三位外乡人怎么也都跑到苏州来买园子了呢？

要说这三位外乡人之所以会在苏州拥有私家园林，首先，当然要有经济实力。其次，他们都十分喜爱苏州园林的文化与艺术。此外，他们都与苏州建立了某种关系。李鸿裔中举后，被派到江苏担任按察使与布政使等官职，罢官后就将家安置在苏州了。俞樾中了进士后，曾任翰林院编修，后来又受到咸丰皇帝的赏识，任河南学政，但因被御史曹登庸劾奏"试题割裂经义"而罢官，他认为苏州是官员退隐的好去处，最终选择了到苏州安度晚年。而盛康到苏州来买下留园，很大程度上与他跟顾文彬之间的关系有关。咸丰六年，顾文彬就任湖北盐法道，继任此职的正是盛康，所以两人有许多共同语言，之后两人又都转至浙江任职，交往更多了，这样盛康就经常登门拜访顾文彬。

盛康在杭州任官，经常往来于常州、苏州、杭州几地。同治十二年（1873年），盛康看上了苏州城外的"寒碧庄"，他希望功成名就后在这方净土中参悟人生。光绪元年（1875年）四月，顾文彬从浙江宁波的任上告老还乡，得知盛康欲购"寒碧庄"，积极为之参谋，并

愿意为他做中保。光绪二年（1876年）四月初一，盛康在买下"寒碧庄"前夕，邀请顾文彬、李鸿裔等陪他实地察看。他们遍游内外两园，感觉该园"古木参天，奇峰拔地，真吴中第一名园，惜失修已久，将来修葺约在万金以外"。当时"寒碧庄"的主人几经更迭，园主已变为程卧云。盛康与程卧云协商后，确定了价格，交易地点选在苏州城里铁瓶巷的顾文彬府邸。顾文彬自告奋勇，担当交易的中保，并申明"不取中费"，盛康花了五千六百五十两白银正式购得"寒碧庄"。

盛康倾全力修葺破园，留园成吴下名园之冠

咸丰十年（1860年），苏州阊门外均遭兵燹，街衢巷陌，几乎毁圮殆尽，仅"寒碧庄"幸存下来。但"寒碧庄"已变成"芜秽不治，无修葺之者。兔葵燕麦，摇荡春风中"的一个破园子。

盛康得园后，就着手扩地重修，他在仔细研究旧园的特点与状况之后，认真地向当地从事建筑、园艺、花卉等各种专业的能工巧匠请教，并注意倾听一些文人、学者、士大夫的意见。修葺后的园林显现出鲜明的特点：规模虽然不大，布局却十分精巧；以水景擅长，水石相映，构成园林主景；花木种类众多，布局有法；景观和建筑的布局不拘泥于对称的定式，灵活多样；蕴含诗情画意的文人气息；建筑群形成重门叠户、庭院幽深的景致；色彩素雅，以黑白为主色调。

由于盛康准备在退隐之后居住在园中，因此在修葺园林的过程中，他扩展了园林的一些功能。为了方便日常生活起居，盛康在留园东部修建了众多的建筑，形成了以主厅为中心、适合多种需求的房舍格局；留园北部保留了菜畦瓜棚，当年家人在这里种蔬菜、养鸡鸭，营造了一种回归田园的隐逸色彩。盛康在扩建留园时，设立"龙溪盛氏义庄"（又称"留园义庄"），购族田数千亩，以接济宗亲，这也成了留园的一大特色。

整个留园占地约35亩，分中、东、西、北四个部分。

留园中部是留园的主要构成部分。园中逶迤连绵的假山和宽广的

水池，有江南园林的典型特征，加上银杏、枫杨、榆、柏等多棵百年古树，使游人宛如进入山水之间，营造了幽雅宜人的闲适气氛。盛康在扩建时，山水的整体架构基本保持徐泰时"东园"最初的格局，但是他在假山的修复、亭子的建造、池塘的整修、小桥的架设、花草树木的栽植上下足了功夫，使进园的客人都为之一震。中部的涵碧山房，原为园中的主厅，盛康修园时，决定把以后的主要活动移到留园的东部，于是在东部修建五峰仙馆与林泉耆硕之馆。涵碧山房虽功能有所淡化，但在修葺时，仍保留原先的风格。

　　留园东部是留园最具特色的地方。这里曾是"五世祖父"盛康及其家人生活起居和宴饮活动的场所。盛家住宅就建在东部的东园一角。五峰仙馆与林泉耆硕之馆是东部最主要的建筑，五峰仙馆最先是徐泰时的"后乐堂"；之后，改为刘蓉峰的"传经堂"。盛康在翻建传经堂时，将它连同其四面的回廊全部改成了厅堂，装修富丽精美，陈设古雅齐整。盛康决定把它作为留园的主厅，重大宴请活动多在此举行。五峰仙馆遂被誉为"江南第一厅堂"，它可以说是在留园三代园主不断修建改造下完成的。此馆北部西侧置有一座大理石圆形座屏，这是一块极其罕见的巨型圆形大理石，直径一米有余；座屏石面的纹理色彩构成了一幅天然的"雨雾图"。此石采于云南点苍山，石质细腻上乘，堪称留园一宝。此馆东西墙面，悬有四幅大理石挂屏，红木屏板上各嵌一圆一方色泽明净的大理石，暗合古代"天圆地方"之说，隐喻着园主对"天地合一"这种人与自然和谐相处氛围的期盼与追求。林泉耆硕之馆，位于东园一角北面的石库门内，林泉，指山林泉石，因其幽僻，往往用来意指退隐；耆硕，指年高而有德望。馆名之意是指来此相聚的均是隐逸高士。该馆俗称"鸳鸯厅"，鸳鸯厅面宽五间，宽22米，进深13.7米，单檐歇山造；四周有回廊环绕，厅内天花则做成一间两翻轩的形式，中间以圆光罩、隔扇、屏门板将厅分隔成相等的南北两部分，似两厅合并而成。为附会"鸳鸯"之意，南北两部分在设计、风格、用料、装饰、功能上都显示出明显的不同。鸳鸯厅的天井外则是戏厅，主人与客人常在此聚。鸳鸯厅的建筑装修富有书卷气，家具陈设极为讲究。

为了方便日常生活起居,盛康又修建了"还读我书斋""揖峰轩""西楼""鹤所""汲古得修绠"等多处建筑,这些建筑也各有特色与用途。盛家于光绪年间在东园一角内建造了苏州第一座近代室内大型戏厅(有意思的是,它也是苏州最早试用电灯照明的戏厅)。这样留园东部形成了以五峰仙馆为中心,适合读书、休憩、小聚、宴请、听戏、品曲等多种需求的活动场所。

出鸳鸯厅沿廊北折,建有一座单檐歇山的建筑,它是盛氏的家庵,盛康别号待云,故庵名"待云"。

鸳鸯厅北小院的主景是冠云峰。冠云峰是留园的又一宝。北宋末年宋徽宗为建造皇家园林,委任朱勔广搜江南奇花异草和湖石名峰。苏州太湖盛产名贵石峰,是朱勔必到之地。北宋灭亡后,朱勔被杀,已搜集的一批湖石名峰就留在了江南,冠云峰就是其中侥幸留存的一峰。后几经周折,这一名峰终被盛康购得。盛康也可算作是一位"石痴",为赏鉴此峰,专门在冠云峰周围建造了一组楼、台、亭、榭,并以"冠云"命名。冠云峰高6.5米,是国内最高的湖石名峰。古人品赏石峰有四项审美标准,即瘦、透、漏、皱。冠云峰无论从哪个角度说,都堪称十分完美。冠云峰两侧还有两座较高的湖石峰,西边的为岫云,东边的为瑞云,三峰相伴,如同姐妹,合称"留园三峰"。冠云峰北建有一座两层的冠云楼,歇山造,面阔三间,东西两端各接出一间,但微微缩进。此楼墙面有收放,屋顶有起伏,又有湖石花树三面环绕,显得自然流畅。冠云楼北墙正中嵌有一方乳黄色的鱼化石,它是留园的"三宝"之一。此鱼化石呈薄片状,浅黄色,凑近凝目细看,可见二十几条小鱼镶嵌在石面浅层,其头骨、脊骨等都清晰可见。据考证,该石出自浙江建德地区,距今已有一亿四千多万年了。盛康扩建留园增建"冠云"小院时,从他处觅来嵌在冠云楼内,为使其与冠云峰相映衬,增添了石趣。

附录

留园西部占地近十亩,是留园的山林风光,假山规模宏大,可登临,可攀援,可种植,充满着轻松自在、无拘无束的天然野趣。西部假山为留园的最高处,昔时登山远眺,苏州近郊上方、七子、灵岩、天平、狮子、虎丘诸山景色皆清晰可见，足不出园尽得山水佳趣。

留园北部的"又一村"内，在扩建留园时，保留了一片菜田，数间茅屋，并饲养鸡、鸭、鹅、羊等，一派农家田园风光，盛康有意在园林内营造出这种回归田园的气氛。

盛康花了三年时间修葺园子，使留园的泉石、草木、亭榭等比昔时更增雄丽，使留园成吴下名园之冠。

他们因园结谊

盛康修园时，张之洞的族兄张之万调任江苏巡抚，自然成了留园的座上宾。张之万善书画，留园东部扩建后，即手书"奇石寿太古"五字以赠，这五个字被盛康制成匾，悬挂在留园"林泉耆硕之馆"北厅的上方。

1892年，五峰仙馆修复，恰巧盛康又得文徵明"停云馆"藏石。盛康便邀请著名书画家、金石学家吴大澂为馆题写匾额，又将得石之事记在匾额上。此匾历经百余年，仍完好地悬挂在厅堂上方。

盛康购园、修园的过程，增进了他与苏州知名园林园主的交往与友谊。怡园园主顾文彬、网师园园主李鸿裔、曲园园主俞樾、听枫园园主吴云，为盛康购园、修园都出过力。光绪二年（1876年）十月，留园修葺完毕后，俞樾应盛康之请，为其写下《留园记》。同样，光绪三年（1877年）五月，俞樾又应顾文彬之请，为顾写下了《怡园记》。

盛康修留园，震动了苏州，也惊动了苏州及各地的文人雅士，俞樾、张之万、吴大澂等知名大家，都成了留园的座上宾，特别是曲园名人俞樾，经常受邀在留园宴游小住。

冠云峰归留园曾轰动一时，俞樾为此特地撰写了《冠云峰赞有序》，被镌刻在屏门板上。俞樾在文中写道："留园之侧，有奇石焉，是曰冠云。是铭是镌？胚胎何地？位置何年？如翔如舞，如伏如跧。秀逾灵璧，巧夺平泉。留园主人，与石有缘。何立吾侧，不来吾前？乃规余地，乃建周垣，乃营精舍，乃布芳筵。护石以何？修竹娟娟。伴石以何？清流溅溅。主人乐之，石亦欣然。问石何乐？石不能言。有客过此，请代石宣：昔年弃置，蔓草荒烟，今兹徙倚，林下水边。胜地之胜，贤主之贤，始暌终合，良非偶然。而今而后，亘古无迁。愿主人寿，寿逾松佺，子孙百世，世德绵延。太湖一勺，灵岩一卷，冠云之峰，永镇林泉。"其置于林泉耆硕之馆内。留园的戏厅、待云庵等处，当年均有俞樾撰写的楹联。

经过盛康的修葺，园内呈现出"嘉树荣而佳卉茁，奇石显而清流通，凉台燠馆，风亭月榭，高高下下，迤逦相属"（俞樾：《留园记》）的美好景色。前园主姓刘，因此而民间俗称刘园，盛康取"刘园"之音而易其字，改名"留园"，留园之名始于此，喻此园长留天地间。

他在这儿参悟人生

现在留园每天游人如织，但人们在游览留园美景的时候，很少会关注留园曾是园主参悟人生的场所。

1876年，盛康购得了留园，随后就扩地重修，他在对旧园的主景、建筑、园艺等进行精心修葺的同时，很注重在园内构造出一种参禅的环境与氛围。盛康功成名就后归隐留园，是希望在这方净土中参悟人生，寻求超脱。他为了参禅，特意在园内建造了家庵，并用自己晚年的号"待云"予以命名。不仅如此，他还给园中多处景点题上带有禅意的名称，如"闻木樨香轩""自在处"等。待云庵西廊壁上嵌有两方石刻"白云怡意""清泉洗心"，表达了同样的意境；待云庵的正南方有一座半亭"亦不二亭"，其名也深含禅意。由待云庵往南，空间由大变小，视线由分散而集中，走在丛丛修竹、依依小草之间，可稍微感悟到园主参禅的情境。

参禅除了要静下心来思考问题，也需要有一个读书的环境，因此盛康又修建了"还读我书斋""揖峰轩""西楼""鹤所""汲古得修绠"等多处建筑。"汲古得修绠"，实际上也是书房，房名取自韩愈《秋怀》

附录

中"归愚识夷涂，汲古得修绠"一句，指做学问犹如到深井中去打水，短绳无法打到深井水，要获得高深的学问，必须用修绠。"鹤所"，指昔日仙鹤放养在假山下，自由自在，与山上青松相伴，构成一幅生动的松鹤长寿图，营造了一种颐养天年的图景。

在急剧变化的时代里，盛康反对恪守教条、专注制艺，仿照著名思想家魏源编著的《皇朝经世文编》，他从吏政、户政、兵政、工政等八方面收录文选120卷，在子、孙的协助下，编辑了《皇朝经世文续编》，希望用经世致用的实学来治理国家和社会，表达了他一生的追求。

1902年，盛康87岁，他在留园已经整整生活了26年，看到儿子盛宣怀也已功成名就，于是无牵无挂地驾鹤西去。

盛宣怀在留园停歇了下来

接着我的曾祖父盛宣怀成了留园的主人，当时盛宣怀在事业上已经达到了顶峰，留园成为他穿梭于京、津、沪等地途中难得小憩的驿站，也是他在官场、商海中受挫时休养生息的后花园。1906年，他因办汉冶萍公司与张之洞意见相左，流露出"俟得替人可以接手，即当寻桃源入山，唯恐不深矣"之意。

随着朝廷摇摇欲坠、仕途频频沉浮，加之老年丧子（我的祖父盛昌颐于1909年去世）的隐隐作痛，盛宣怀在治事之余，除了为筹备"愚斋"图书馆操心之外，多了一点休闲的心境。辛亥革命后，盛宣怀流亡日本。1913年，盛宣怀回国后在给友人的信中说："归国后故园独处，书画自娱，如梦初醒，不欲知秦汉以后事。"留园西部缘溪行一带的桃源意境，似乎是为他"不欲知秦汉以后事"的心境而特意营造的。而盛宣怀也有了一点时间，摆弄园中的花草，使得后山上的花草长得更加鲜艳、茂盛。经过盛氏两代世祖30多年的扩建营造，盛氏留园变得富丽堂皇，其泉石之胜，草木之美，亭榭之幽深，盛誉一时。

盛宣怀也想安下心来，长久在留园住下，像父亲盛康那样，在这里参悟人生。然而，世事难料，1916年4月27日，盛宣怀在成就了一生的事业之后，在上海静安寺路自己的老公馆里安详地离开了人世，命运未能遂了他的心愿。

盛宣怀生前曾遗命"僧衣薄殓"，而家族却违背了他的意愿，决定按当时最大的排场和规矩，为他举行厚葬。按照家乡的风俗，盛宣怀的棺椁停放在家中一年半后，到第二年冬至（1917年11月18日）才举办出殡仪式——这成了一次不是国葬而胜似国葬的"盛典"！

那天午后一点，浩浩荡荡的出殡队伍从盛家老公馆出发，将盛宣怀的棺椁送至外滩的轮船招商局金利源码头。盛宣怀的棺椁在那里又停放了几天，1917年11月24日才用船送至苏州。

而苏州方面，家族事先拓宽了留园马路，上津桥水陆码头也整修一新。码头上搭有巨大的祭棚，早晨七八点钟，阊胥一带已人山人海，至十一时，各城门已阻断不通（2005年，苏州动力厂靠上津桥畔，开发商在整地时挖掘出一块青石碑，碑文隶书"皇清诰授，光禄大夫，太子少保，邮传大臣，武进盛公神道碑"）。盛宣怀的出殡船快接近苏州上津桥水陆码头时，事先在码头上准备好的苏州乐队和吹鼓手就演奏了起来。杠夫们抬着盛宣怀的灵柩，登上了岸边，围观的民众越来越多。随后，由警厅骑巡队十六匹马开路，从北京雇来的六十四名杠夫原班人马抬着盛宣怀的灵柩紧随其后，家族及苏州各界送葬队伍沿着留园马路，在乐队和吹鼓手的吹打声与家族的哭啼声中，灵柩送至留园义庄。

盛宣怀的棺椁抬到了留园义庄，放在事先筑好的一个厝——用红砖砌成的圆顶小间，此圆顶建筑如同南京明孝陵的无梁殿。棺椁放在小间中央。小间不大，棺椁四周有空隙，下面铺有轨道，可以推进推出。外有一扇门，这是防火灾的，因为曾祖父的棺椁要停放两年时间。

1920年2月21日（农历），盛宣怀的棺椁由一支庞大的船队，运到江阴马镇（现徐霞客镇），名为老旸岐的墓园安葬。老旸岐这块墓园是盛康早年买下的，占地80余亩。从地形地貌看，三面临水，水通运河，而运河又通海，真可谓是块风水宝地。盛氏盛隆、盛康、盛宣怀三代先祖都先后安葬于江阴墓园。

附录

当年留园的园主离开我们已经一百多年了。然而留园盛景，却长留天地间！

（新华路时光 2022-01-22）

参考文献

[1] 夏东元. 盛宣怀传[M]. 成都：四川人民出版社，1988.

[2] 易惠莉. 中国第一代实业家盛宣怀[M]. 南京：《江苏文史资料》编辑部，1994.

[3] 中国史学会中国近代史资料丛刊：洋务运动[M]. 上海：上海人民出版社，1962.

[4] 方一兵. 汉冶萍公司与中国近代钢铁技术移植，北京：科学出版社，2011.

[5] 刘广京. 英美航运势力在华的竞争 1862—1874[M]. 上海社会科学院出版社，1988.

[6] 徐润. 徐愚斋自叙年谱[M]. 南昌：江西人民出版社，2012.

[7] 王珏麟. 盛宣怀的保险足迹（上）[N]. 中国保险报，2017-10-13.

[8] 沈磊. 盛宣怀和他奏请开办电话业务的奏折[J]. 通信企业管理，2007（2）.

[9] 黄领，黄婷. 张赞宸创办萍乡煤矿及其意义[J]. 萍乡学院学报，2018（5）.

[10] 《交通大学校史》编写组. 交通大学校史（1896—1949年）[M]. 上海：上海教育出版社，1986.

[11] 雷儒金，尚平. 浅谈汉冶萍公司的民族性及其成败的现代启示[M]//尚平，张强. 第二届汉冶萍国际学术研讨会论文集. 武汉：武汉出

版社，2018.

[12] 顾必阶.中国铁路建设与汉冶萍[M]// 尚平，张强.第二届汉冶萍国际学术研讨会论文集.武汉：武汉出版社，2018.

[13] 兰日旭.盛宣怀与中国通商银行的均衡用人之策[J].中国保险，2011（18）.

[14] 于乃明.中日关系史上的汉冶萍：以小田切万寿之助为切入点[N].光明日报，2015-06-17.

[15] 宗鹤年.清授朝议大夫封通奉大夫湖北补用知府宗府君墓志铭[Z].

[16] 《丁家立：以哈佛为蓝本，为北洋育精英》[N].天津大学报，2014-12-30（04）.

[17] 王宗光.盛宣怀与南洋公学新论（上）[N].上海交大报，2010-05-23.

[18] 王玉国：丁家立与北洋大学堂[J].天津大学学报（社会科学版），2003（1）.

[19] 贾箭鸣：百年淬厉电光开[M].西安：西安交通大学出版社，2014.

[20] 康雨晴，史瑞琼.南洋公学和它的两份章程[N].中国科学报，2019-04-03.

[21] 《交通大学校史》编写组.交通大学校史资料选编[M].西安：西安交通大学出版社，1986.

[22] 盛懿，孙萍，欧七斤.三个世纪的跨越：从南洋公学到上海交通大学[M].上海：上海交通大学出版社，2006.

[23] 吕成冬.从盛宣怀档案中盛宣怀与唐文治信函看盛唐关系（1907-1914）[J].常州工学院学报（社科版），2010（6）.

[24] 季全保.寻访老常州[M].南京：南京大学出版社，2012.

[25] 盛承懋.盛氏家族·苏州·留园，上海：文汇出版社，2016.

[26] 盛承懋.盛宣怀与湖北[M].武汉：武汉大学出版社，2016.

[27] 盛承懋.盛宣怀与晚清招商局和电报局[M].北京：社会科学文献出版社，2018.

[28] 盛承懋.中国近代实业家盛宣怀：办实业走遍天下[M].天津：天津

大学出版社，2018.

[29] 盛承懋. 盛宣怀与汉冶萍 [M]. 武汉：武汉大学出版社，2019.

[30] 盛承懋. 盛宣怀与近代中国高等教育 [M]. 武汉：武汉大学出版社，2021.

[31] 盛承懋. 盛宣怀与近代中国金融和保险 [M]. 武汉：武汉大学出版社，2022.

[32] 盛承懋. 盛宣怀与中国近代铁路建设 [M]. 武汉：武汉大学出版社，2022.